幸福への段階

結婚生活を愉しむ

河盛好蔵

私はときどき本気になつて考えるのですが、世のなかには、結婚生活を、つまり家庭を楽しんでいる人と、そのために苦しんでいる人と、一体どちらの方が多いんだろうか、と。

私たちの眼にふれる結婚生活を取り扱つた文学は、十中の八、九までは、仲の悪い、時には仇敵のように憎み合つた夫婦を描いています。稀には幸福な夫婦を描いた小説もありますが、そういう作品は、どこか浮薄なところがあつてこちらの身にしみて感じられない。

また男同志が（おそらく女同志の場合もそうだと思いますが）より集つて話をする時には大てい女房の悪口やら棚卸しが始まる。尤も、これは口ほどのことはないので、恐妻をもつて任ずる男は大てい家庭では手に負えない暴君であることは事実の示すところで、とくに日本人は、他人の前では、自分の妻君について、とりわけその美点について語るのをいさぎよしとしないようです。したがつて彼らが口で云うほど妻君に悩まされているかどうかは大いに疑問のあるところですが、しかし長い結婚生活を通じて、お互いに憎しみまでにはゆかないとしても、嫌悪の情を覚えなかつたような夫婦がもしあるとしたら、そのちは余程幸福な夫婦と云わなくてはならないでしょう。

日の新聞に現れる家庭の悲劇も、大ていは夫婦仲のうまく行かないことがその根本的因になつています。戦後は離婚が容易になつたと云われるにしても、長い間つれそつ婦が別居をしたり、別れたりするのは、よくよくの深い理由があるものと思わなければりません。

婚生活のなかに、持続的な幸福を見出すことは、これほど六つかしいのであります。人、とくに未婚の人たちは、それは誤まつた結婚をしたからであつて、最初に慎重にを選択していたら、そんな不幸な目に会う筈はないと、主張されるに違いないでしょしかし残念乍ら、そうはゆかないのです。人間の性格とか能力などというものは、そ単に分るものではありません。まして、結婚するまでは、相互に、自分の悪い所はで

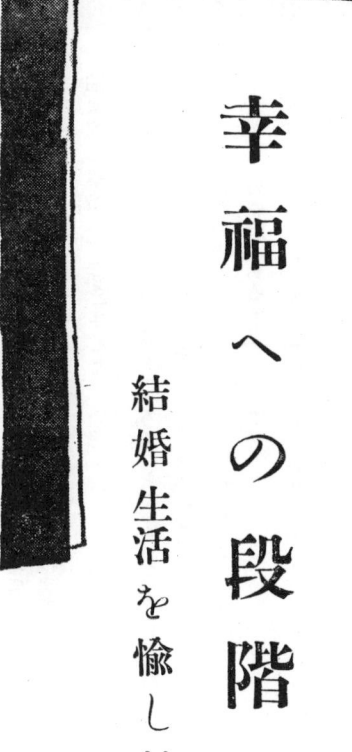

きるだけ匿そうと努力するし、また相手の悪い所をできるだけ見まいとするものです。二人が恋愛関係にある場合にはとくにそうです。恋は盲目と云われますが、恋愛とは相互の誤解の上に成り立つていると云つても云いすぎではないと思います。その証拠に熱烈な恋愛結婚をした夫婦ほど後になると仲が悪くなります。最初はあまりに相手を美化し、理想化しすぎたために、幻滅の悲哀が一層大きくなるのでありましょう。

持続的な幸福は見出しがたい

私に課せられた題目は、どうすれば結婚生活に於いて夫婦は幸福になりうるであろうか、ということであります。この甚だ六つかしい問に答えることであります。しかし、すでに書いたように、結婚生活に於いて持続的な幸福を見出すことは不可能に近いというのが私の確信でありますから、最初から私にはこの問いに答える資格を欠いている。にも拘らず、うつかりこんなことを引き受けたのは、私の軽佻浮薄な性質によることはもちろんですが、私自身のなかに、たとえ持続的な幸福ではなくとも、結婚生活を破局に導きたくないという欲求があるからです。云いかえれば、この機会に、どうすれば、長い結婚生活を大過なしに過すことができるかを考えてみたかつたからであります。

ところで、最初の私の疑問に戻りますが、世のなかには仲の好い夫婦と、悪い夫婦とどちらの方が多いのでしょうか。私には、そのどちらでもない夫婦、云いかえると、片時もそばを離れるのが厭なほど好き合つている夫婦や、二六時中いがみ合つている仇同志の夫婦の、どちらにもぞくさない、お互いに、相手の長所も欠点もすつかり知り合つていて、しかし長い年月共同生活をしてきたことから生じる、おのずからなる親愛の情によつて結びついている夫婦、今更別れることは相互にとつて何かと不便であり、また新しく結婚し直しても、決してすばらしい幸福などを見出しえないであろうことを相互に納得しているような夫婦、仲の好い時代や悪い時代をいろいろと経てきて、割れ鍋に閉ぢ蓋の自覚に相互に達したような夫婦が、世のなかの夫婦の大部分を占めているのではあるまいかと考えられるのです。そうして、結婚生活をゆるぎのないものにするためには、できるだけ早く、このような境地に達することを学ぶことではあるまいかと考えるのです。

抽象的な幸福に内容を与えよ

こんなことを書くと、いかにも悟りすましたようで、とくに若い人々の反感を買うにきまつていますが、しかし私に云わせれば、そもそも結婚といものを何かすばらしいものに考えること、人生の幸福は結婚のなかにしかないように考えることのなかに、多くの不平不満、更には不幸や悲劇の原因があると思うのです。

もちろん、どんな人間でも、わざわざ不幸になりたいために結婚するのではありません。一人で生活するよりも、いろいろ苦労はあるにしても、それを償つてあまりある幸福があるにちがいないと思つて結婚するのでありましょう。しかし幸福というものは、それを抽象的に考えるときには、いくらでもそれを拡大して考えることができる。結婚の当初にはどんな人でも、自分たちの将来が明るくて、いろいろの幸福がどつさり自分たちの前途に

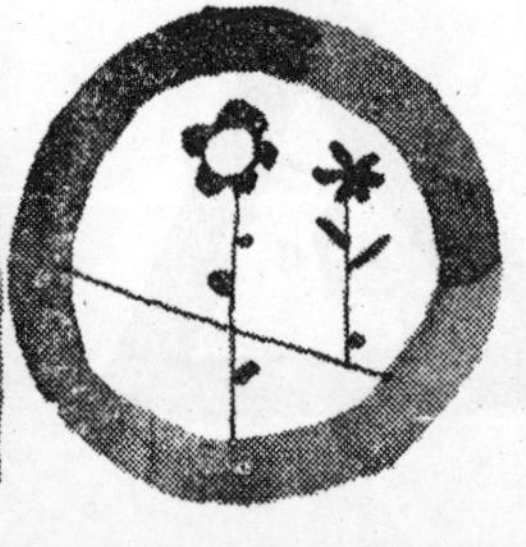

待っているように空想する。否、その空想を楽しみたいために結婚するのだと云うことさえできましよう。

だが云うまでもなく、心のなかに描かれた抽象的な幸福は、それを想像すること自体は幸福であるとしても、本当の幸福とは云えないでしよう。私たちはその抽象的な幸福に内容を与えなければならない。それを実現化しなければならない。私たちが結婚生活にいろいろの幻滅を感じ始めるのは、実に、その実現化の途上に於いて起るのです。夫婦が相互に不満を抱き始めるのも、自分のことは棚に上げて、相手が自分の夢を実現するために余りにも無力であり、無能であることを悟るからでありましよう。ここに結婚生活に於ける最初の危機があります。そのとき、もし相手と同じく自分もまた無力無能である、したがつて相手を咎める前に、相互の力の弱さをお互いの愛情によつてかばい合い、二人の力を一つにして、その力の届きうる位置にまで相互の夢や理想を引き下げることを考えた人だけが、その危機を脱することができましよう。そして大ていの場合、人は好むと好まざるに拘らず、このような操作を行つて危機を切り抜けているのです。ただそのとき、自分をひどく惨めなものに考える人と、これが人生であると悟つて、現実的な智恵を身につける人とで、それから先の結婚生活の幸福と不幸が分れるのだと思います。

云いかえれば、早くも結婚生活に見切りをつける人と、これから本当の結婚生活が始まるのだと考える人との区別が生じるのであります。そして、云うまでもなく、後者の人が長い結婚生活に堪えうる人なのであります。

しかし、結婚生活に於けるこのような危機はさまで恐ろしいものでもなければ、乗り越えにくいものでもありません。何しろお互いにまだ若くて、生活力に溢れているのでありますから、この種の危機感が却つて生活を張り合いのあるものにしてくれます。

私は自分の結婚生活を振り返つてみて、子供たちがみな幼少で、私も家内も夢中になつて働いていた時分のことを考えると、よくあれで身体が続いたものだと思いますが、しかしその時分は、それほど苦痛には感じなかつた。つまりお互いに若くて元気だつたのであります。若くて、健康だということは何ものにもまさる神の恵みだということをつくづくこの頃は考えます。どうすれば二人が幸福になるであろうか、などということを考える前に、まず力一ぱい働いてみる、それが幸福を生む最大の要素です。とくに若い時代はそうだと思います。人生に対して、何ら積極的な手を打たないで、徒らに抽象的な幸福ばかりを追求している人はすでに人生に疲れた人と考えてよいと思います。

生活の安定がもたらす危機

しかし結婚生活における最大の危機は、ささやかではあるにしても確実な、内容のある幸福を自分の手で獲得したと考えた頃に訪れてきます。具体的に云えば生活が一応の安定を見、自分の将来についても、ある程度の見通しがつき、現在の道を迷わず、勤勉に歩いている限り、平穏な人生を送ることができるという自信がついた時であります。このような時期には、従来の日本の家庭では、そしておそらくこれから先もそうだと思われますが、夫婦のうち、夫の方がまだ盛んな生活力をもつているのに、妻の方ではすでに生活に疲労

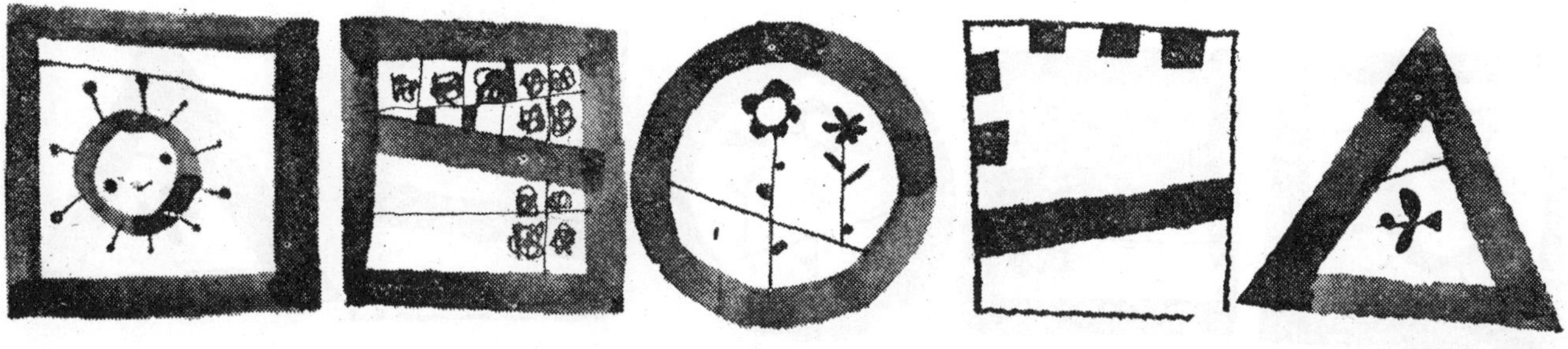

を感じているのが一般であります。日本の家庭では、妻に課せられた役割や仕事がそれほど過重なのであります。夫が生活に疲労し切っているのに妻君の方がまだ水々しいという場合も稀にはありますが、妻の方が夫より早く老けるのは、どこの家庭に於いても見られることであります。そのときに、謂わゆる「正午の悪魔」が世の夫たちの心の隙きを狙います。私は男というものは例外なしに浮気をやりたい下心があると確信するものですが、世の人妻たちが最も悩まされるのは、この男の浮気という奴でありましよう。この浮気をいかに封じるかということに、大きく云えば、結婚生活の浮沈がかかっている、と云つても過言ではありますまい。

浮気する夫に対して妻も人生を楽しむ

もちろん私は、男の浮気を奨励したり、それをよしとするのではありません。しかしその事実をはつきりと認めなければ、二人と共にある幸福についての方策は出てこないと考えるのであります。そんなら、どうすれば夫の浮気を封じることができるか。私は、妻もまた自己の幸福を常に探求する熱意を失わないことにあると考えます。云いかえると、妻もまた人生を楽しもうとする態度を堂々と示すことであります。夫が若々しさを失わないで、人生を楽しみたいとしているのに、妻の方でもそれに負けないで、夫と共に人生を楽しもうとする熱意を失わないことが大切です。自分はすでに年がよつて、新婚当時のように夫と肩を並べて歩くことに引け目を感じるなどというような劣等感を決して抱いてはなりません。亭主が浮気をしたくなるのは、彼自身も内心は衰えを感じている生命力をかき立てたいためであります。したがつて、自分と長く共同生活をしてきた妻が、依然として、人生に対して積極的な興味や欲望を示すのを見たら、彼自身も生命力の枯渇を感じないに違いない。むしろ、妻によつて、逆に生命力のかき立てられるのを感じるでありましよう。

しかしそのためには、妻は、結婚生活のそもそも最初からエネルギーの蓄積を考えなければなりません。長距離競走をやる積りで、若くて、美しい時代に、力を使い切つてはなりません。夫が自分の魅力に引かれている時代には、むしろ夫をして自己に奉仕せしむべきでしよう。これは云うべくして、なかなか実行しにくいことでありますが、男というものは狡くて身勝手なものでありますから、女の方でも、先々のことまで考えて、ほどほどにやるのが利口なやり方です。男の方ではなかなかそうはさせませんが、しかし長い目で見れば、男にとつてもその方が得になることではないでしようか。

私の話はひどく混乱しましたが、要するに夫婦というものは、精神的にも肉体的にも、同じように年を取つてゆくこと、夫婦同士の足並をできるだけ乱さないようにすること、喧嘩をしても憎み合つても、おのずから元の調和に戻るように智恵を働かせること、つまり一見平々凡々たる夫婦になることが一ばん困難ではあるが、比較的無事幸福に人生を送る確実な道であろうというのが私の結論であります。

（筆者は評論家）

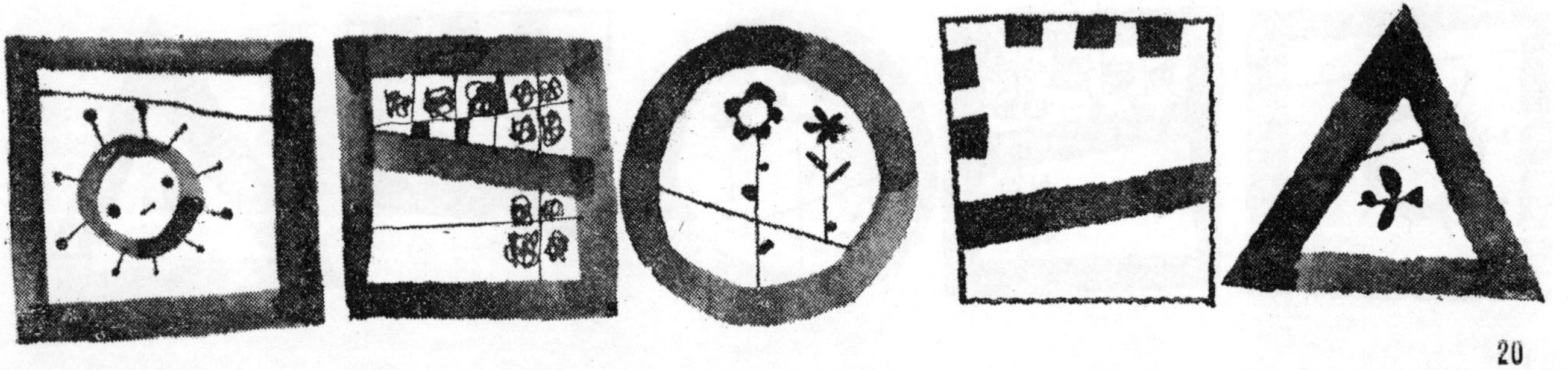

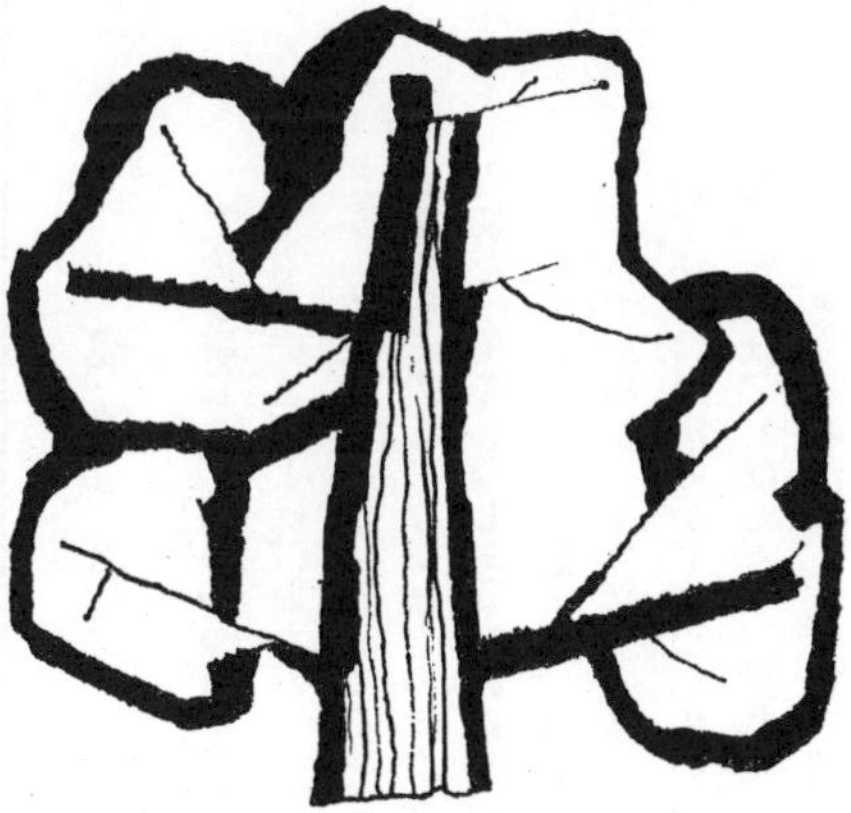

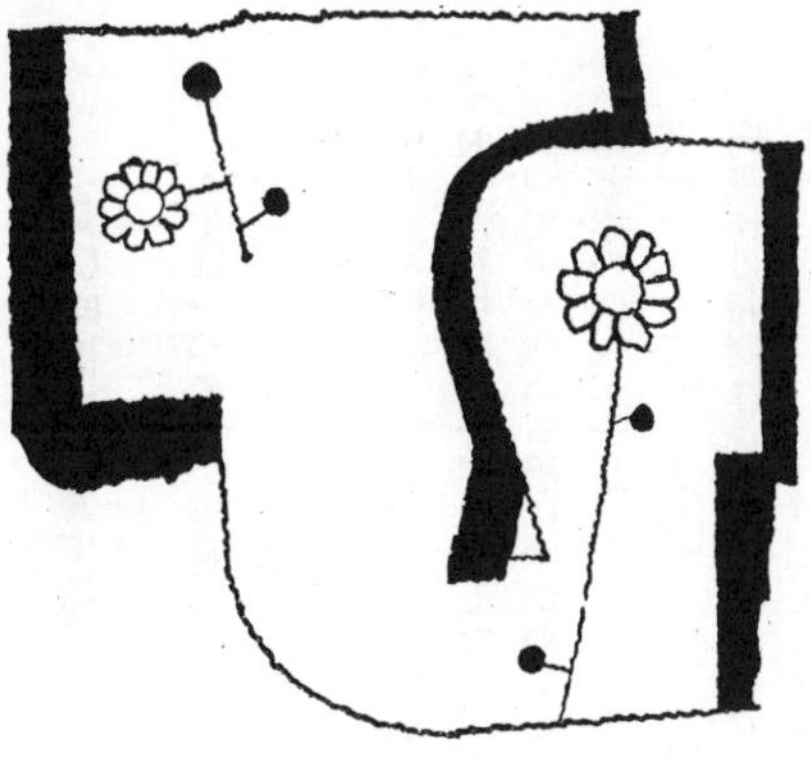

アダムとイヴの話を持ち出すまでもなく、ひとりの男性とひとりの女性とで構成されるひとつの単位は、大きな人間社会を組織するいわば最少の素粒子ともいえるだろう。ここに「二人の幸福」と題する特集を試みるのも、それが窮極にはすべての人間社会の幸福に拡充されるべき最も近く、かつ最も重要な前提であるからに外ならない。

特集

二人の幸福のために

執筆者

石垣綾子（評論家）
井上靖（作家）
佐多稲子（作家）
佐野周二（映画俳優）
中原淳一（本誌）
林髞（医博）
菱山修三（詩人）
古谷綱武（評論家）

執筆者

堀秀彦（評論家）
松本恵子（評論家）
三木鶏郎（冗談音楽）
武者小路実篤（作家）
山本杉（医学博士）
山本松代（農林省生活改善課長）
渡辺一夫（東大教授）

（イロハ順・敬称略）

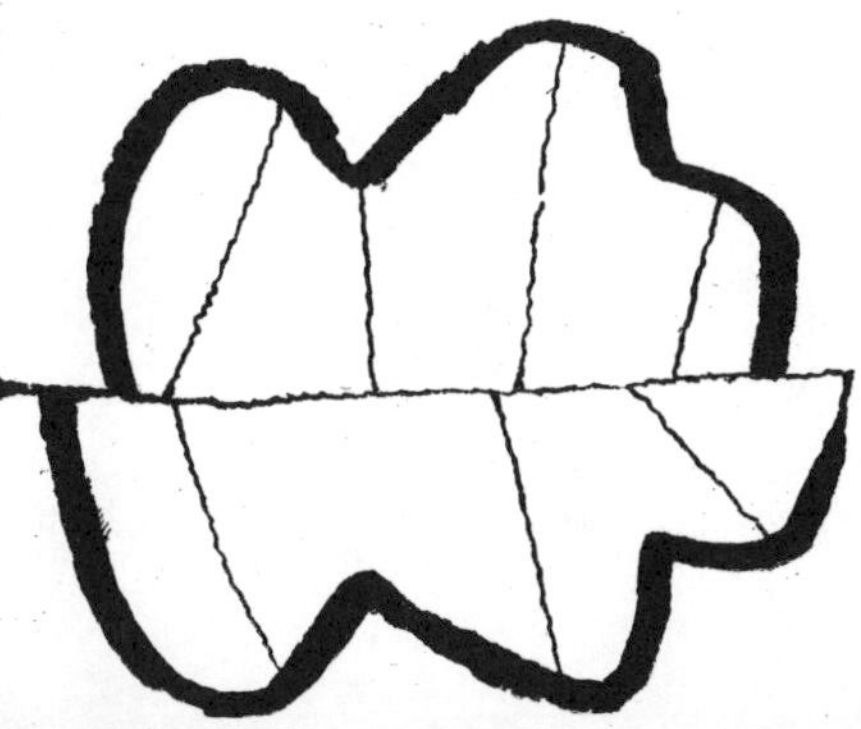

徒らに幸福になろうとしてあせることは禁物だ。ここに掲げた数々の身近かな事柄の中にこそ幸福の種子がまかれているかも知れないのだから。グユスターヴ・ティボンは言う、「二つの存在がただ幸福になりたいという欲望によつて繋がれている限り、彼等は愛し合つているのではなく離れ離れである。愛することは二つの喜びを共にすることではなく生命を共にすることである」と。

長い時間を用意すること

人生は一つの硬い素材を手にして彫刻を作つてゆくのに似ている。ノミを一つ入れたら、その範囲で将来出来上る作品を規定する。ポロリとおちた石片はつなぐによしなし。と云つて手を休める訳にゆかぬ。もと赤の他人が一諸になつて一つの芸術を作つてゆくとしたら、この共同制作の時間は長期に亙るとカクゴすべし。

（三木鶏郎）

初心

なにごとも始めがかんじんだ。結婚の始めに、ふたりとも本当に深い幸福感を味あうことが大切だ。そのときのいい印象を持ちつづけることができれば、その後の生活において、ふたりはよく協調できるし、その後どんな危機がきても、かならず切り抜けることができるだろう。何よりもまずふたりがしつくりといかなければならない。

（菱山修三）

愛情と必要

愛情を信じたり、ちかつたりするよりも、夫と妻とは、おたがいがおたがいにとつて、かけがえのない、必要である人間になることのほうが大切だ。その必要しあう二人のあいだにかよいあう感情を、愛情とよんでよいであろう。その必要のほうをわすれて、愛情にかじりついていると、それは、しぼんだり、枯れたりしてしまうものだ。

（古谷綱武）

ときどきお世辞を言い合う

とつてつけたようなお世辞でも構わない。とにかくほめ合つたり、礼を言つたり、感心したり、——言葉のプレゼントにもの惜しみしないこと。言葉のプレゼントには一銭もかからない。人間は男も女もほんとうはほめられることに飢えているのだ。「そんな空々しいこと！」などというのは人間を知らないものの言草である。

（堀　秀彦）

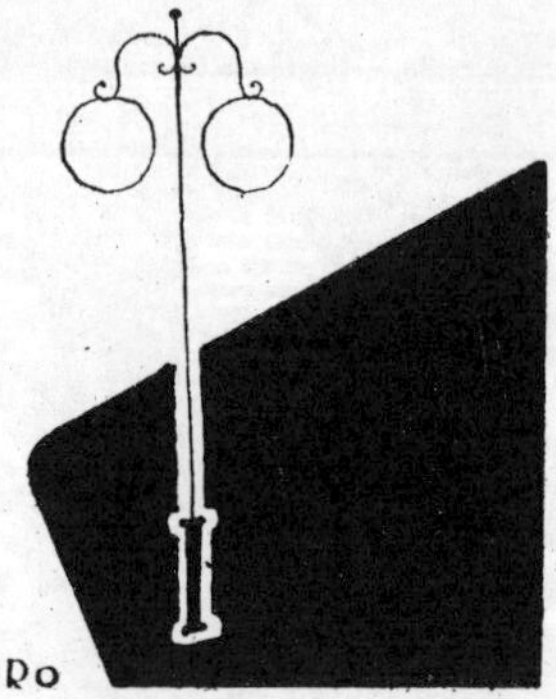

食卓の上に花を

花瓶など要りません。小さな空瓶で結構です。それにその時々咲いている小さい草花を挿して食卓の上に置いて下さい。これだけで食卓は明るくなります。食事時間を少しでも娯しいものにするために、もつと努力すべきだと思います。

（井上　靖）

たあいないウソ

ウソをつく事。こんな事を云えば夫婦はウソがあつてはいけないと云う人達に叱られそうだ。もちろんウソにも色々ある。私の云うのはお互にすいさつする事の出来るウソの事である。他愛のないウソには腹を立てるわけに行かない。使い方は時と場合である。見事だと思う程のウソには太刀打出来ない。それくらいのウイットを持ちたいもの（渡辺一夫）

言訳ではない真実を

「遅かつたね」「えゝちよつと」「何処へ行つてたの」「本をさがしてたの」「今頃本屋は閉つてるぜ」、妻が遅く帰つた時の会話、こんな場合「私疑われているみたいでいやだわ」と妻が云つてみたところでしかたがない。そう思われたくなければ「遅くなつてごめんなさい。実は今日は……」と始めから今日あつた事を明かにする方がよい。（中原淳一）

「結婚は無数の未知数をもつ方程式だ」

（シテーケル）

心に十思つて、言葉に八つ位あらわすこと

心の方が余計思つていることが、相手に何時も感じられることが大事だ。心より口のほうがうまいことを言えば、すぐ信用をおとすことになる。すぐ別れていいのなら、お世辞もいゝかも知れぬ。益々味が出るには、心で思つている方が大事である奥床しくもある。つきあうに従つて味が出ることが大事と思われる。

（武者小路実篤）

建設的な目的をもつ

二人の生活に張りが出来ると言う事。それには、二人が共通の目的を常に持つて進む事が大事じやないかと思う。それは、家を建てると言つたような大きなものでなくても良い。夏は水泳に、冬はスキー日程を組む、或いは庭木を殖すと言つた様なものでも良い。但し必ず建設的な目的がなければならない。

（山本松代）

女房の妬くほど

女房の妬くほど亭主もてもせず――！と言う川柳は、まことにウガつたもので、世の亭主は全て之を訴えたい処だろうが、この格言（？）をよく辨えて貰いたい。女房の方が少しも認識してくれないとすれば、亭主の方も多少は努力して安心させて置く要があると言う訳。――

（佐野周二）

誕生日を祝う

お互にお誕生日を祝いましよう。朝の食卓で旦那様だけに付いたお吸物椀を訝りつつ蓋を取るとお祝の言葉と共に、たつた一本の煙草が現れたとしても旦那様の顔が輝き渡るでしよう。又お目出度うといつて旦那様の差し出した大きな包を解いていく裡に包装紙の山ができ最後に小さな香水が出てきたりしたらさぞ楽しい笑声が起るでしよう。

（松本寔子）

「昆虫界では芋虫から蝶々が出る。人間界では蝶々から芋虫が出る。」

（チエーホフ）

夢も勿論、隙だらけのものだが、理性もやはり現実の前に出れば、思わぬ隙間を暴露するものである。期待が大きければ大きい程、幻滅も又大きい。

妻も広い生活の場へ

家事をゆるがせにせよとは言いません。而し女が家庭にのみ閉じ籠る時代は過ぎ去つたのです。ＰＴＡ、婦人会、世相にそつてもつと社会に大きく眼を開くべきです。ひいては子供の教育の為、又、広い知識で夫婦の話題を豊富にするもとにもなりましよう。妻も広い生活の場へ。

（佐多稲子）

健康な身体こそ幸福に繋る

結婚した夫婦の幸福は健康な身体に宿ると言いたい。相手を確める為に異常の無い身体を認め合う、あの結婚の手始めに交す健康診断書だけでもう事足りたとすべきではない。週一回とはいかなくとも月一回位は確実な習慣をつけて医師の診断を受けたいものです。多忙だとか、面倒くさいとかの言葉は結婚の幸福を取逃す源だと思う。

（林　髞）

人前で妻を蔑む

よく日本の夫婦には、人前に出ると夫は妻の事を悪しざまに云つたりする。そのくせ、二人だけになると、今いつた事を謝つたり、急に丁寧になつたりする。そんなことは妻を愛する夫の仕草だろうか。立派な妻だと思つたら人前で、殊更に妻の事を云う必要もない。立派な夫だと見せる為に云うのかもしれないがむしろその好意は物笑いの種となる。

（石垣綾子）

自分の正体を段々見せること

本当に正体を見せずに両方がいい処だけ見せてつき合つていくのでは変屈になる。自分と違つた人間が愛されている事になつては困る。だから正体を段々見せて、それでお互が益々仲良くなるのでないと長続きはしない。正体が解れば解る程よさと味が出、益々仲良くなれるように注意すべきだ。同時に相手がどうしても触れたくない処にはふれない必要がある。（武者小路実篤）

苦しい時は易しく、楽しい時はむづかしい

昔から功なり、名とげ、金が出来ると、妾をもつと云われる。苦労を共にしている時は夫婦の間はヒビが入らない。お互になくてはならぬからである。人間なんてマコトに勝手に出来ている。この危険を救うには仕事の望みを大きくもつて絶えず苦労を保存しておくこと。もう一つ苦労の比重をなるべく、夫にかけて、妻を美しく若く保つ——つまりヌカミソくさくしないことである。（三木鶏郎）

料理に興味をもつて

今日もコロッケ、明日もコロッケでは凡そ夫サービスの精神はゼロ、美味しい料理で夫を喜ばす。それは妻の愛情のバロメーターとも言われます。料理は美味しく、毎日変化を持たせて工夫を凝らすべきです。その為には興味を以て、ハツラツとした気持で。（佐多稲子）

主人の友達を大事に

お友達を大切にしましよう。旦那様のお友達がいらつしたらいつでも歓迎し、その代り旦那様にもあなたのお友達と親しんでいただくように仕向けましよう。男同志の友情というものは絶体的なものである事を心に止めておき、旦那様がお友達に助け船を送ろうとする場合などたとえ焼け石に水と分つていても惜げなく協力する事です。（松本恵子）

予防医学

生活はともすれば同じことの繰り返しだ。それは固定しがちで、保守的になりがちで、惰性に陥りやすい。しかも勇気を出し、努力をしなければ、どんな生活でも破滅しかねない。わるい予感は必ず的中するものだ。なんでも、わるい予感がしたら、わるいことがおきないように先手を打て。予防医学が本当の医学だ。何事も迅速に。（菱山修三）

愛情の変質

子供ができるとかならず妻の心の中には子供が大きな場所を占める。このとき彼女は夫をおろそかにしてはならない。夫はいままでのように妻を独占できない。夫は動揺する。彼は彼女をいたわり、しずかに待たなければならない。そのうちに彼の心の中にも子供が大きな場所を占めてくる。二人は大きな生の不思議に触れるのだ。（菱山修三）

花

晩のしたくのものなど買いにでて、ふと、季節の花の美しさに心ひかれて、夫にもその目のたしなみをわけたくて、買つてかえるようなことがある。そんなとき、「なんだ、花なんか買つたのか。高かつただろう。いくらしたんだい。」といきなり、ぶあいそにいわれると、なにげなくいつたのだろうが、妻はさびしい思いをするのである。（古谷綱武）

「善良なる女性は、天才ある男子に匹敵する」

（ロマン・ローラン）

「顕微鏡で覗いてみれば、愛の姿は間違いや躓きや、不和や、矛盾などの急激な増殖に他ならない。」

（シャルトンヌ）

結婚とは相索き相斥ける男女という二つの双曲線どうしの、変幻極まりない日常的な交渉の歴史である。解答はおそらく人それぞれの限りなく忍耐づよい実践の彼岸にあるであろう。

赤字のうめ合わせ

経済を上手にとるのは主婦の役目ですが、赤字の時など旦那様に内緒で自分の貯金や内耺のお金で埋め合せて、いい子になつていると、旦那様は自分の渡しただけで旨くいつていると思い込み、後日それが主婦の不平の種になる例がよくあります。二人で検討した上であなたの貯金を注ぎ込むなり内耺するなりする方がいいでしょう。

（松本恵子）

愛のアルバム

夫婦の写真はいつも年代を追って整理しておきたいものです。つらい時のも、楽しい時のもみんな貴い生活の記録です。

時々ながめて「お前も昔は若かつたなあ」「あなただつて」と笑い合うとき、しみ〴〵とお互いの若労をねぎらう気持がわいて新しい味わいを感じ合えるものです。

（山本　杉）

ヒステリーと言う名の病気

甘やかせば甘やかす程ひどくなる、人類中最もタチの悪い病気がヒステリーである。これになると正確な判断は勿論、夫婦の幸福をも摑み得ない。自分の力量以上に見せかけよう、或いはそれ以上を要求すると言う気持のアセリが原因で、それは向上の精神を以て夫婦が相歩みよる努力をして、一種の悟りを開かねば治らない。

（林　髞）

言葉の使いかた

「おい、おれの机のうえ、さわつただろう。インキのふたがあけつぱなしだ」「知りません」「きみでなけりや、やつたもんないよ」「うちにいるのは、わたしだけじやありませんよ」「とにかく、きみはだらしないよ」ちよつとした言葉の使い方だけ気をつければ、あらそいにはならない。こういうおろかなことはやめよう。

（古谷綱武）

下着をめい〳〵で洗う

僕の家のちよつとした話をしよう。風呂へ入つた時に家のもの誰れもが、下着を洗う事にしている。もちろん僕も洗うわけだ。妻としてみればそれはとてもいやな事らしい。けれど今はしごく普通に習慣化された。そんな小さな事からでも、自分ですると云う事、それは夫として、妻の立場をより良く雑務から開放する事になろう。

（渡辺一夫）

「結婚とは、美を媒体とする善き我の出産である。」

（プラトン）

夫婦げんかはしてよいものかわるいものか

けんかになる夫婦と、ならない夫婦のあることを考える必要があります。けんかのできる夫婦はまず無難な夫婦とみなければなりません。けれど口ぎたなくののしり合つたり、他人が眼をそむけるようなけんかはしてはなりません。そのようなけんかは二人の幸福をはばむものです。けんかをするにも、やきもちをやくにも度をすごしてはなんにもなりません。

（山本　杉）

正直

正直が大事なことはわかつている。嘘はすぐはげる。しかし何でも正直に言えばいいとは中々いかない。時には御世辞も必要な時もある。少し位腹が立つ時があつても默つている方がいゝ時もある。見て見ぬふりをする事も必要な時がある。馬鹿正直は正直にはならない。思いやりがゆきとゞけば別だが、お互に欠点があるのだから、見逃す必要の時もあり、あばたも笑くぼ位に扱う事も時には必要である。

（武者小路実篤）

1＋1＝3の原理

結婚の意義は、一人では出来ない生活が出来得るところにある。男女二人が一緒に生活する所に一人では味わえない人生の面白味が湧いてくる。勿論、そこにはそれ丈又苦労も大きいでしよう。でもそこから人間の幅と深さが出てくるとすれば大きな立場に立つてその苦労にも堪えていくのが当然です。

（山本松代）

ねまき

ひるまの身なりは、ふだん着にまで心をくばつて、質素でも清潔で、いつもきもちのよいすがたをしている妻がいる。

それなのに、ねまきやふとんは、よごれてもほころびても、それほど気にしない妻がいる。夫婦の生活をほんとうに大切にするのなら、他人の見ないねまきやふとんにも、もつと愛情をこめよう。

（古谷綱武）

信頼の上に立つ幸福

もし相手が信じられなかつたら、不安でおちおち暮して行かれない。例えば、タクシーに乗つていて、もしその運転手の腕に信頼が無ければ安心してとても乗つていられるものではない。二人の仲だつてお互を信じられれば相手のどんな事にも疑をもたないが、信じられなかつたら、ほんの些細な事にも事毎に不安に駆られてくる。信頼は幸福の鍵。

（中原淳一）

時にはだだをこねる

良妻賢夫人にならないように心掛ける事、ヒステリイは禁物ですが、承知の上で時には怒つて見せたり、だだをこねて見せたりする方が変化があつていいものです。人間はあまのじやくなもので、余り平穏無事だと、退屈して悪魔のささやきに誘われるものです。四月馬鹿日など大いに利用して大笑いに終るような事件を起しましよう。

（松本恵子）

「不平をこぼさず、何事にも従順である、男性にとつて魅力あるが如き女であれ」

（ミルの女性論）

女の心

女の心は鏡のようなものだ。女の心を知らない男は本当の幸福を知らない。日常坐臥を共にするので、妻は夫の心をすみずみまで知つてしまう。夫の気持ち次第で彼女の心は海のようにひろくもなるし、節穴のように小さくもなる。双方に、一等必要なものは思いやりだ。譲りあうこと、無私無欲の、あの慈愛の雨を降り注ぐこと。

（菱山修三）

男への認識

[illegible]業柄、私などやはり外での交際が多い方で、従つて夜陰に帰宅という事は免れない処であるし、紅灯の巷に出て社会学の実地教育を受けていないと時代色から遠ざかつて了う恐れがある。これはあながち独りよがりではないと思う。（勿論、友人と酒盃を傾ける事が性来好きなのだが。………）

（佐野周二）

お互の話に興味を持つ

お互の話に興味を持つ事。旦那様の話はどんな詰らない事でもむずかしい事でも熱心に聞いてあげましよう。無口な旦那様でも自分の専門の話だと俄に雄弁になるものですから、巧く話を引き出して旦那様にお喋りをさせる事です。旦那様はあなたが大変にいい話相手である事を発見し、二人の間に深い友情が結ばれるものです。

（松本恵子）

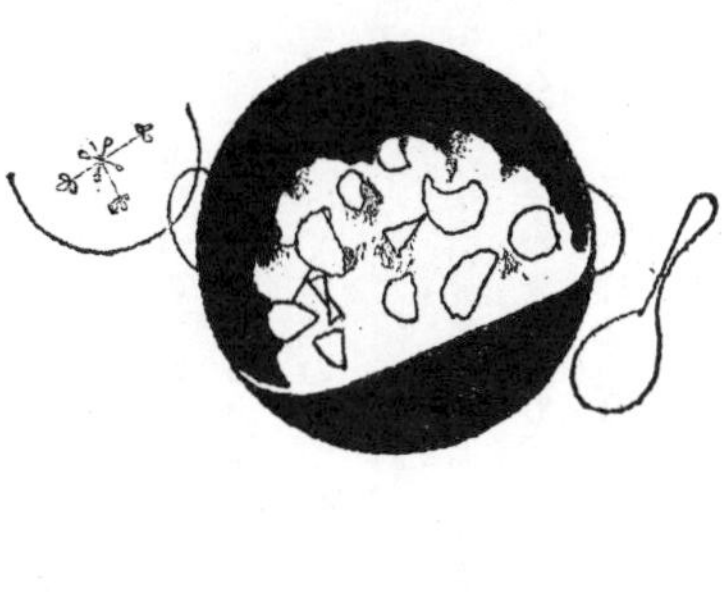

束縛の範囲を出来るだけ拡げておくこと

デ・ファリアの「三角帽子」に出てくる主人公夫妻にお互にやきもちをやかせ合うという仲のよさがある。これが昂じて飛んでもない事件を産むが、夫婦がお互に束縛し合うと長もちせずに破綻を生じる。願わくば伸縮自在のヒモにつないどく方がいい。お互に個性ある人間である。ムリな束縛は禁物。

（三木鶏郎）

おくりもの

彼女は花をテーブルの上に、或いは夫の机の上に置く必要があるだろう。それはどんな野花でもよい。同じように彼は時としてハンケチでも耳かざりでもコンパクトでも、ささやかなおくりものをして、いわば彼女に不意打ちをかけるがよい。それが彼女を若返らせ、彼女を喜ばせ、彼女に生きがいを与え、無限の愛の源泉になる。

（菱山修三）

「結婚とは、自己犠牲という最大の月謝を払つて学ぶ、相手を知る為の『愛の学校』である」

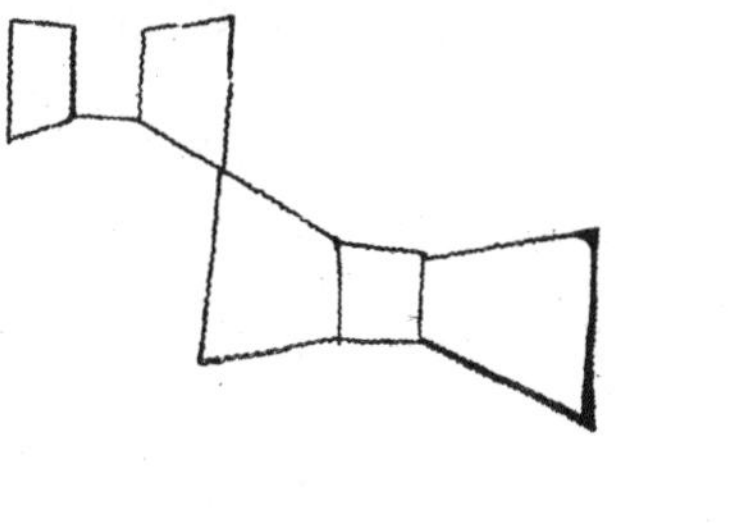

足をあらう

ねるまえには、顔をよく洗つて、コールドクリームをすりこんで、よごれをおとしたきもちのよさで、床につく。それは夫にたいしても清潔な印象をあたえるであろう。

しかしそれといつしよに、足もかならずていねいに洗つてねよう。よごれている足は、よごれている顔よりも、もつと不愉快なものである。

（古谷綱武）

家事のこみ入つた話は機会を見て

ちよつと休みたいと思う時に、いろいろと家の事などを話されたりすると主人はおこつたり返事をしなかつたりする。そんな時にいろいろと話す妻も妻だが、なるべくは夫の方でつかれているからまた後でとかなんとかおこつたりする事もなく気持よく云うことが出来ると思う。妻の方でも、出来るだけ主人の事を考えればこんな事も起らないだろう。

（石垣綾子）

古くさくなつた女房

夫がこぼす愚痴が「女房が古くさくなつた」と言うのであれば、それは誰の責任でもない夫の責任である。夫唱婦随は、男性の置かれた社会的立場から当然の傾向であつて、妻は夫によつて啓発されるものである。妻も努力すべきであり、又共に語り得る妻とする様夫自身も心掛くべきである。

（佐多稲子）

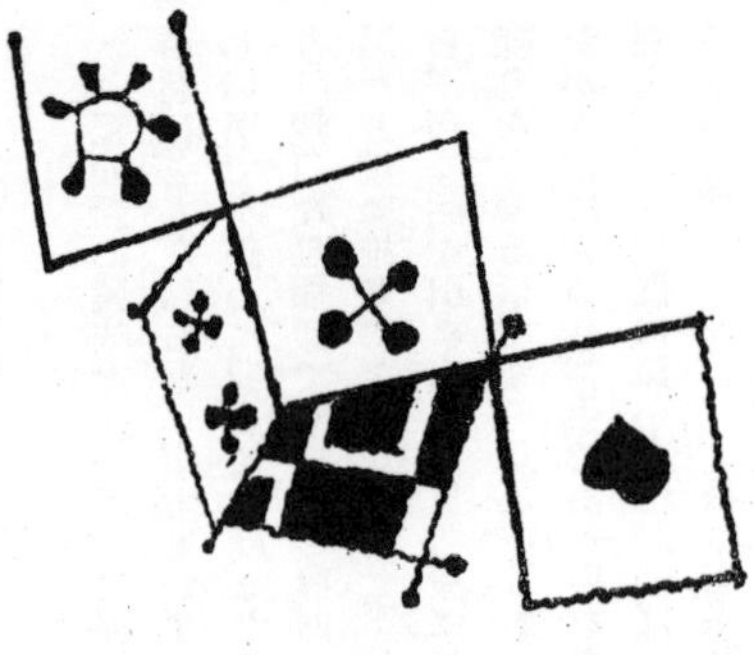

燃えるとき　燃えないとき

夫婦が恋愛感情で燃え上つているときはワヅカであるとされている。この時は共同制作はどん〳〵進む。しかしクタビレて手を休める時もあるし片方が病気で倒れるときもある。山あり河ありという訳だ。本来ワヅカの期間しか燃えないとされてるこの炎をとろ火でもいいから絶やさないようにして、というより、むしろ始めオダヤかに後に至ると炎の勢が増すようにしたら一番よろしい。

（三木鶏郎）

「結婚の翌日から心持の上でやもめになつてしまう妻はなかなか多い」

（モリース・ドンネイ）

夜遅く帰つた旦那様に

旦那様が宴会などで夜遅く帰つていらしても、お茶漬け位出せるようにひそかに用意しておきましよう。お酒の席ではよく御飯を食べそこなうものです。又そんなに遅く家へ帰りにくいお友達を連れて来る場合もありますから、そんな時にあわてたりいやな顔をしたりしないように、コーヒーやお茶の支度をして待つとしましよう。

（松本恵子）

さんしよの葉

「せつかく、おとうふのおつゆをつくつたんだから、庭のさんしよの葉をつんできていれよう」

はじめは、そんな心遣いをたのしむ妻であつても、夫が、それを入れても入れなくてもおなじ顔をして食べていると、妻のほうでも、そんなめんどうなことはやめようという気持になつて、不精になつていく。

（古谷綱武）

清潔第一

生活のモラルの第一は清潔だ。清潔が趣味を培い、また趣味を導かなければならない。その第二は整頓だ。在るものは、その在るところに常にキチンとなければならない。それが生活に快調を与える。その第三は計画の上に立つた夢だ。何かしら目標をもたなければいけない。毎日はその目標に達するための準備でなければならない。

（菱山修三）

共稼ぎの夫婦はとくに二人の生活を持つことです

お互いの職場を自分だけのものにしないように、夕食のときなどゆつくりと話し合い、仕事のこと交友関係のことを報告し合い理解を深めましよう。ときには気らくに外で待合せて夕食を共にして帰るなど、解放された二人だけの生活をという意識が共稼ぎをみじめなものにしないでほこりに充ちたものにするのです。

（山本　杉）

生活の中にリズムを

「年がら年中、働いて、食つて寝る。」それが人間の生活の全部であつてはならない。日曜日だけは亭主が炊事をして妻が寝坊をきめこむ。土曜の夜は映画を二人で……等々。変化を求めて生活するところに、「糠味噌臭い妻」から救われる道があると思う。

（山本松代）

共通の話題

「お前なんかにはわかるものか」と世間の旦那様は妻とむつかしい話題を交すことを面倒がります。せめて家庭内では浮世の風をさけたいという気持はわかりますが、それでは妻はます〳〵世の中の動きから遅れます。その日の新聞の記事の中で注意をひく問題をとりあげ、帰宅後の夕食の話題として二人で論じ合えたら——妻は夫の社会生活にも遅れず、二人の生活の反省ともなりましょう。

（山本　杉）

いつ旦那様に誘われても

いつ何時旦那様に誘われても直ぐに一緒に外出できるように朝起きたら第一にお化粧をし髪にブラッシを当てましよう。その為に十分位早起きをする事や手早くお化粧する研究をすべきです。一生おしやれを忘れない事、おしやれというのは流行品を身につける事ではない。いつも小ぎれいにし自分に似合う服装をしている事です。

（松本恵子）

一寸した電話の利用が家庭平穏の源

如何に僕が紅灯の巷をうろつくと言つても、拙宅などは中学三年を頭に四人の子持ちと来ては、今更あらぬ疑いで亭主の胸倉を取るなどという心境からは遠いのだが、迷酊上の間違い——自動車にはねられるとか、何処かの溝にはまりこむとか言つた心配の方が先に立つ——そこで安心させて置く術を考え出したのが電話の利用という至極変哲のないものです。

（佐野周二）

置きかえ

和室には上等な品物がなんでもひとつあればよい。ごたごた置かずに、なんにもない方がすがすがしい。洋室は椅子やテーブルが揃つていなければならないが、必要で充分ということが鉄則だ。家具だの置物だのを置きかえること、絵をかけかえること、——この「置きかえ」或いは新しい「組み合せ」は、生活における詩の源泉だ。

（菱山修三）

「愛には年令がない。いつも生れかわりつゝある。」

（パスカル）

日曜の朝

「もうなんじだい」「きつと九時半ぐらいよ」「なんだ、もうそんなか。それできみねてるんか。いくら日曜だつて、さきにおきて、雨戸ぐらいあけてくれなきや、世間態がわるいじやないか。」夫がねむいときは、妻もねむいのである。世間態のために、妻を睡眠不足にするのはよそう。疲れている妻は、夫にとつてもしあわせではない。

（古谷綱武）

勉強の時間を

自分達の自由な時間を尊重する。これは、ある意味では冷めたくも見えるが、個人と云うものを造り上げる為におたがいに勉強する必要がある。夫の仕事を全部知ることもないが、相談されそれに答えられる程の知識を得ておくのも妻の立場だろう。そうした事も、夫が前進すれば妻も進む。それにはおたがいに学ぶ時間が必要なわけだ。

（渡辺一夫）

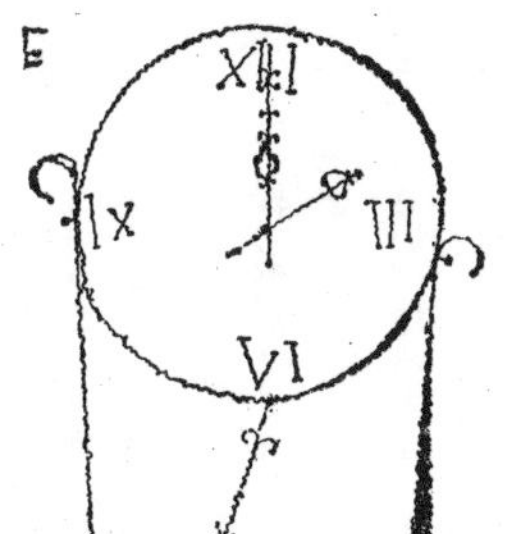

笑いの哲学

夫は妻を笑わすようにするがよい。妻は夫を笑わすようにするがよい。笑の数がふえれば、それだけ幸福の機会の数はふえるわけだ。愉しく笑うことができれば会話は万点だ。作法も万点だ。みだしなみも万点だ。暮し方も万点だ。彼女は彼のために、彼は彼女のために身だしなみをよくするがよい。そしてその上に笑をおくがよい。

（菱山修三）

たしなめるコツ

外で飲めば電話を利用して家内を安心さすのが僕の常道だが、今何処そこにいる、これから何処と何処を廻つて帰るが緊急の用事があつたら何番へかけろ——と直接自身で家に連絡をとり、女房を呼出す事を忘れない。『アーラ！　ずい分呂れつが廻りませんことよ、好い加減になさつたら……』と女房の方も、これ又うまい時にブレーキを忘れない。（佐野周二）

舅姑は二人で労つて

二人住いのアパート生活なら別ですが、現在の日本では大抵が舅姑と一緒に住む場合が多いようです。古い家族制度を云々する前にどうしても已むを得ないものなら、むしろその仲をうまくとつて行くこと。夫との生活は姑の方が長い事情を考えて、姑を立てゝ行く。老人には労わりの気持を。…………（佐多稲子）

家庭の友

客のない家は、心の貧しい家だ。家庭の友と云つていい客が、始終来ない家は、心の貧しい家だ。

心の貧しい家には不幸が見舞う。

病気が出はいりする。燈火は暗くなる。笑いが絶える。心置きなく話のできる友達、気楽に往来できる友達、知見をゆたかにしてくれる友達本当の家庭の友が必要だ。（菱山修三）

なれつこを試む

之は、夫婦生活が長くなればなる程注意しなければならない事で、主人への心遣いから、身づくろいに至る迄凡ての事に言えます。悪い方に気をつかうのではなく、馴れ合いの中で尚細心の注意を。古い言葉の、「親しき中にも礼儀」にあてはまります。その意味で、ワンマンと言うのもどうでしようか？（山本松代）

ほめことば

妻の手料理をほめるのに、これはそとで食えばいくらはとられる、とかならず金銭に換算していう夫がいる。しかしそれだけでは、心をこめて料理した妻には、ものたりないのである。どんなふうにしてつくつたのか。その料理法にも、もつと夫たちが興味をもつて、妻の苦心談をきいてほしい。それだと、はりあいがでるのである。（古谷綱武）

夫が無断で外泊してきたとき

どんなことで外泊しないとも限らない、そのような時、角をたててかみついてしまつては味もそつけもない夫婦になつてしまうでしよう。どんな時にも人間の幸福はシーソーゲームのようなものだと感じさせることです。一方で楽しむことが他方で一人の人を悲しませては本当の喜びにならないのですから、愛するということの上に、お互いの貞操のあることをお互いが知ることが大切です。（山本　杉）

いつも家の中に花を飾りましよう

お金を出して花を買わなくても、野の花でも雑草でも美しい眺を作り出す事ができます。生垣の伸びた枝を切つて活けてもいいではありませんか。緑の葉だけで淋しかつたら色紙で花を作つて糊で付けておいてごらんなさい。見る人は「何の花かしら？」と眼を見張り「ああそうか！」と微笑むでしよう。（松本恵子）

「結婚生活というものは夫婦が相愛している限り、互に嬉しいことを二倍にし、苦しいことを半分にし合う制度である」（マックス・オーネル）

夫が権力をたてに……

此のくるしい時世になれば、まず、生活の為に考えるのは銭《かね》の事だ。そして、普通の場合その銭を得るのは夫であろう。

妻は家庭で家を守り子を育てる、そしていよいよヌカミソくさくなるそれだけで妻は随分みじめだ。その上に夫が外部の働き(収入の点)をたてに色々と命令したりする事は、いよ〱妻を弱くする。そんな事で幸せがくるだろうか。

（渡辺一夫）

習慣は必ずしも尊敬の現れではない

外国では男性がコートをとつて女にかけてやり、ドアを開けたら女性が先に出るように習慣づけられている。日本ではその逆のようだが、その外国の習慣は女性を尊敬した行為だと云う。しかし、その外国では一番軽蔑している女性にでもコートをかけ、先に出してやるのだし、日本はその逆であるのだが結局はどちらの場合も習慣だと言う事であろう。

（中原淳一）

「男子仲間は好んで妻の無知と無恥とを非難するが、彼等自身がその原因であり、彼等の行動に従つてそれを助長している事を忘れている」

（Ｉ・Ａ・ベーベル）

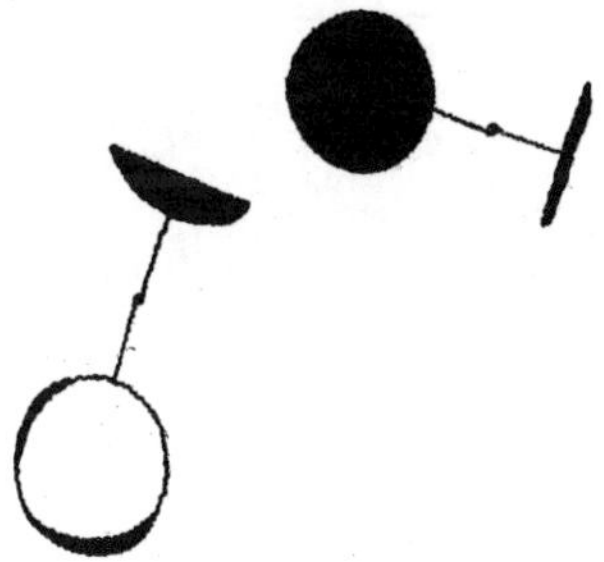

感謝

お互に他人行儀ではない感謝の念が必要に思われる。相手にとつて、自分の存在が有意義であると、お互に思え。お互に腹の中で感謝する気持がある事は大事と思う。損したなどと言う気がお互にあつたらうまくいかない。何時までたつても、もう露骨な仲になつても、何処かに感謝の念があればその仲に何か美しいものが絶えず生れてくると思うのだ。

（武者小路実篤）

夫のつきあい

「きみ、きよう、社がひけてから、ちよつと、つきあつてくれないか」「そうだなあ」「ぐあいわるいのか」「そうでもないが、女房にことわつてこなかつたんでね」「そんなら、いいじやないか」

せつかくつくつた晩めしに、かえるといつた夫がかえらないのは、妻にとつては、じつにさびしいことなのである。

（古谷綱武）

一家の女王としての自覚

結婚についていろんな注意は奥様ばかりが気を使わされるようですが、これは一家の女王として止むを得ない事です。女王である以上は如何に一家を旨く支配して幸福な王国を維持し　いくかはあなたの責任ですもの。社会に出れば男は役者が一枚上かも知れませんが、家庭では女の方が役者が一枚上でないと、王座の安泰は望めません。

（松本恵子）

家庭ではゆつたりとした気分を

家庭を本当に魂の安息所にするための工夫、妻君がしまりやでも、夫がけちんぼでもこの幸福は見失われてしまいます。生活を少しでも豊かにしたいという建設的な気持が一致した時だけ家庭は本当に幸福な生きがいを感じられるところとなります。部屋の飾、料理、生活の設計等々、互いに努力して創る時、明日の生活は二人のものとなります。

（山本　杉）

食器の一新

家具を置きかえること、出来れば買いかえることが必要であるように、食卓の上も時に一新する必要がある。彼女がもし生活を大事にするなら、彼女の注意は皿や小鉢に、その他の食器の類に絶えず及んでいるだろう。食卓の上が新鮮だということは、生活が新鮮だということだ。そして気持ちのよい客を迎えることができれば倖だ。

（菱山修三）

倦怠期

倦怠期は夫婦が必ず通らねばならない時期の様に考えられていますが、文字通りそれは飽く迄も「怠け」の時期なのです。夫婦どつちかゞ、或いは二人共に向上の精神を失つたところにあつて、進歩を止めた事を証明します。常に新鮮な気持で深い愛情を以て前進するよう心がければ容易に乗り切る事が出来るのです。頭から倦怠期と意識する事が先ず怠けです。

（林　髞）

責任感

結婚はひとつのビジネスだ。最低生活を営む自信のないひとは、遺憾ながら遠慮をしていただかなければならない。早くから年頃の息子や娘に何よりも「責任感」を植えつけておかねばならない。

結婚はひとつの競技だ。一度スタートを切つたら、ゴールインするまで、最後まで頑張らなければならない。

（菱山修三）

妻の友だち

女は結婚してしまうと仲の良い友達とも疎遠になりがちです。これも男性中心の家族制度の弊害がまだ残つているのです。自由に外で友達とつき合える夫は妻の友達づき合にも理解をもつべきです。夫を通してのつき合いだけでは女はやはり視野の狭いところに封じられがちです。時には妻にも昔の友達と自由に語るはけ口を求めさせてごらんなさい。また旦那様を大事にしようと思うようになります。

（山本　杉）

言葉遣い

言葉遣いはいくら親しい仲でも崩さない様にしましよう。美しい言葉遣いは女性にとつて香水も同様です。といつて無闇に「お」を附けるのは悪趣味です。もし「お会社」なんていうのを聞いたら誰でも吹き出してしまうでしよう。でも気をつけないと、それに類した言葉遣いをするものです。

（松本恵子）

お互がなくてはならない存在

素晴らしい恋愛時代をもつ事はたやすくても、素晴らしい結婚生活を送るのは容易な事ではない。恋愛は二人が激しい感情で只愛している事丈で成立する。だが結婚と言うのは厳しい生活の中で只「愛している」と云う言葉より、お互が相手にどれだけ役立つているかと云う事の方がむしろ二人の愛情を盛り上げて行く為に大きな役割を果すのであろう。

（中原淳一）

妻の服装

いままでの日本の夫は、妻から、「ねえ、あなた、洋服つくろうと思うんだけど、スタイルいつしょにえらんでくださらない」といわれても、たいていは、相談相手になれない。それを妻も夫も、さびしく思つていない。これからの夫は、愛する妻の身なりを、自分の趣味も加えて、ととのえてやれる智識を身につけたいものである。

（古谷綱武）

家内を同伴して飲酒コースを一巡

私の飲酒癖は我儘が出る方だから、行きつけの店以外は傍道へそれる事が殆んどない。例えば都内ロケの帰りは何処、ラジオ東京の録音の帰りは何処とコースが定つているし、たまには家内を同伴して飲酒コースを一巡。而して我が家は平和というわけである。

（佐野周二）

「結婚は性格を磨き合う砥石である。金であると思つた相手が銅に過ぎない事をしば〳〵発見する。」

（フランソワ・ドウキュレル）

客を招いて

晩ごはんに客を招いたようなとき、妻は料理をはこんでくるよりほかは、まつたく台所にとじこもつているような家庭がある。

こういうときには、妻もその食事と話との仲間に加われるように、なるべく前もつてつくつておけるごちそうでもてなすことにしたい。そしてそういときに、話題のゆたかな妻になつてもらいたいと思う。

（古谷綱武）

夫婦喧嘩は

相手が怒つている時にこちらもプリプリ怒れば火の手はいよ〳〵勢を増す、そしてどうにも手のつけ様がなくお互に理解も出来ずに別れる事になる。片方がカット来た時には、相手は、火のつくまでに、ユーモラスな言葉で（しかしあくまで茶化すような態度は許されぬ）消す様務める事。二人がこれくらいの度量を持てばまず浪も立つ事も少ないだろう。

（渡辺一夫）

小鳥を飼え

悲劇を見ても泣くひとは少くなつた。心が硬くなつたのであろう。まだ残酷さが足りないと云つたような顔附きばかりだ。喜劇を見ても笑うひとは少くなつた。喜劇は笑わせて中庸を教えるものだが、笑の喪失も心が中庸を見失つているからだろう。――小鳥の啼き声のする窓や戸の内は、心をやわらげる。小鳥を飼い心をあたためよ。

（菱山修三）

長所を認め会う

人間は人夫々、欠点もあり完全なものではあり得ない。相手の欠点を指摘するよりむしろ、長所をとり上げて理解をもち合いたいものです。ケイベツは大の禁物。夫婦生活は愛情を基礎とするが、やはり相手の長所を讃える事はそれ以前の問題だと思う。愛情とはこの理性で相手を理解する事に基くものです。

（佐多稲子）

時によつて盛装を

外出する時だけ美しく装うときめる事はないでしよう。結婚記念日とか。誰かのお誕生日とか特別の御馳走をした時には一寸新調のドレスを着て胸に花を飾つてもいいでしよう。外出着にばかりお金をかけるよりも、その半分をふだん着にまわして、洗濯をする時も、台所で働く時も、それぞれの場各に応じたおしやれをしましよう。

（松本恵子）

「愛する事を知るものは優れた男以外にない。」

（バルザック）

文房具屋の妻

ノートを買いにいつた。店番しているおくさんに、「これいくらですか」ときいたら、おくのほうにむいて、「お父さん、あれいくら」とどなつた。すると「父ちやん、いないよ」と子どもの声が答えて、ねだんがわからない。商家の妻は、夫といつしよに働く生活で、もつと本気で頭を使う生きかたをしたいものである。

（古谷綱武）

経済面（金銭上）の共同管理

生活費の凡てを、夫々が伝表にして週末に計算する。之は精神的にお互い秘密をもたない事と同様、大切です。世間によくあるポケット・マネー、へそくり等の秘密費は好もしいものではありません。生活費は勿論、娯楽費一切まで公開分配するのですが、この場合、主人の社交費は良く理解して、必要以上に苦情を言つてはいけません。（山本松代）

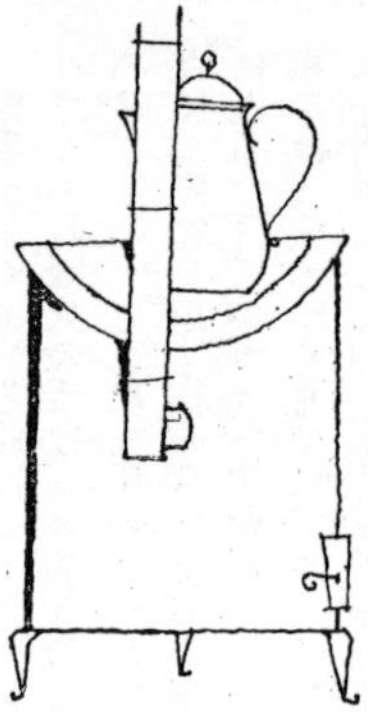

物事は始めがカンジン

自分でナットクのゆく結婚をすることでアル。ということは恋愛結婚という事になる。しかし見合であつてもかまわない。パパが云つたからとか、ママのためを考えたからというのも結構ですが、結局の責任は自分に来るとカクゴなさい。何にしても始めの覚悟がカンジン。（三木鶏郎）

夫の買物

デパートの雑貨売場とか夜店などで、ちよつと便利そうな台所道具などみかけると、なんでも買いこんでくる夫がいる。妻のよろこぶ顔をみたい夫の気持は、よくわかる。しかしそれが、いつもトンチンカンなものばかりなのはよくない。そういう買物をするなら、ふだん家庭でも、ときたま、台所にしたしむ夫になつてほしい。（古谷綱武）

周囲のおせつかいに図太く

とかく、日本人は他人の事に干渉をしたがる。良きにつけ、悪しきにつけ、むしろそれも悪い方へと羨望の眼をむけ勝ちです。自分では勿論それは戒めるとして、幸福な二人はその幸福を守る為に他人の干渉に少少図太くあるべきです。誰の為でもない、二人の為の幸福ですもの。（佐多稲子）

主人の好意には甘えて

新婚当時、せつかく旦那様が親切に台所の事に手を出したり、掃除を手伝おうとしたりなさるのを、男にそんな事をさせては悪いなんて思わず喜んでその助力を受け、早く雑用を片付けて二人で楽しむ時間を作る方が賢明です。たとえ世間から旦那様にあんな事をさせてと、非難されたつていいではありませんか、二人の幸福の為なら。（松本悳子）

愛情は充分にみたすこと

夫も妻も性行為によつて満足すべきです。このことにより惜しみなく愛情はゆきわたり、理解が深まり、そこに生活の創造があるのです。しかしもし無制限に夫が要求し妻がこれに無条件に従つていると、中途半ぱに、みたされることのない愛情のゆきなやみが起るのです。そして倦怠期といわれる打開のない状態に入つてしまうのです。（山本　杉）

「夫・妻同時に腹を立てゝはいけない。互に自分の怒る番を持つ事にしなさい」

（コナンーイル）

手みやげ

友だちづきあいで夜ふけまで街をのみあるいていた夫が、ふと、留守居の妻のさびしさを心にうかべて、すしの折詰など、手みやげにして帰つたときは、すなおによろこんだほうがいい。「こんなもの買うお金があつたら、子どもたちにスキヤキでも食べさせてやりたいわ」などということは、そういうときにはいわないようにしたい。（古谷綱武）

健康

どっちが病気でも困るがたまに軽い病気をするのはお互の愛情の表現に役に立つかも知れない。しかし身体はお互に大事にすることは云う迄もなく必要である。身体にあまり神経質なのはいけない。相手に対する愛情に自分の身体の健康のこと許り気にするのは勿論面白くない。時々自分の事は忘れる事が必要。

（武者小路実篤）

贈りもの

誕生日のプレゼント、夫は妻から、妻は夫からの贈り物が何よりも嬉しいものです。家庭の経済は一緒なのだから、贈り合つても意味はないと考えるのは少し浅はかです。たとえ一本のネクタイでも、一足の下駄でも、彼のため、彼女のためにと思いめぐらす時に深い愛情を感じるのです。夫の出張旅行の時など妻への記念として贈り物を買う習慣をつけたいものです。

（山本　杉）

最大の敵

一等恐ろしいのは疲労であり、知らぬ間にそうなつている疲労の累積だ。過失や事故はもとより、やけやニヒリズムも、——家庭が四壁に閉ざされた牢獄のような感じを持つてくる時があるのも、疲労の累積からくることが多い。熟睡安眠は身心にとつて一等大切だ。だから、夜具やベッドは清潔に、一等ぜいたくなものにするがいい。

（菱山修三）

犬を飼え

小鳥は啼き声だけがいいのではない。卵を生み卵をかえすところを、子供が見て慈愛の心を養う。犬は子供の遊び相手にもなり、番犬にもなる。犬は子供に小鳥と同じ作用をする。犬の愛情は真摯で、むらきがない。しかも純真そのものだ。純血種の犬を飼え。優生学がいかに重要なものか、愛情も亦いかに節度を必要とするかが解る。

（菱山修三）

「女というものは、男の活動にとつての大なる躓きの石であるんだ。女と恋しながら何かをしようという事は難かしい。ところが、そういう妨げなしに女を愛する方法がたゞ一つある。それは結婚という事だ。（中略）そうだ。重荷を運び乍ら両手で何かする事が出来るのは、たゞ重荷を背中へ結びつけたときだ。そして、それが結婚なんだ。」

「トルストイ　アンナカレニナ」より

「夫の生活の幅を狭めてゆく妻は不幸なるかな！」

（アンリ・ボルドー）

オトウチャン　オカアチャン

子どもが生れると、夫と妻とが、おたがいにおたがいを。オトウチャン、オカアチャンと、よびあつている家庭がある。子ども中心に幸福そうにもみえるのだが、しかしそうよびあつているうちに、気持まで、オトウチャン、オカアチャンだけになつてしまつて、夫を夫とかんじ、妻を妻とかんじる新鮮な感情まで失わないようにしたい。

（古谷綱武）

最良の嘘よりも最悪の真実を

二人の間は真実の姿でありたい。相手を喜ばせるどん大きな嘘もそれが真実でないという事は、二人を幸福にする何物でもないのは云う迄もないほどバカ〳〵しい事だけれども、二人の間には、偶々、そうした嘘がとり交わされる事もある。最良の嘘よりも最悪の真実の方が、二人の愛情を結ぶ絆になるだろう。

（中原淳一）

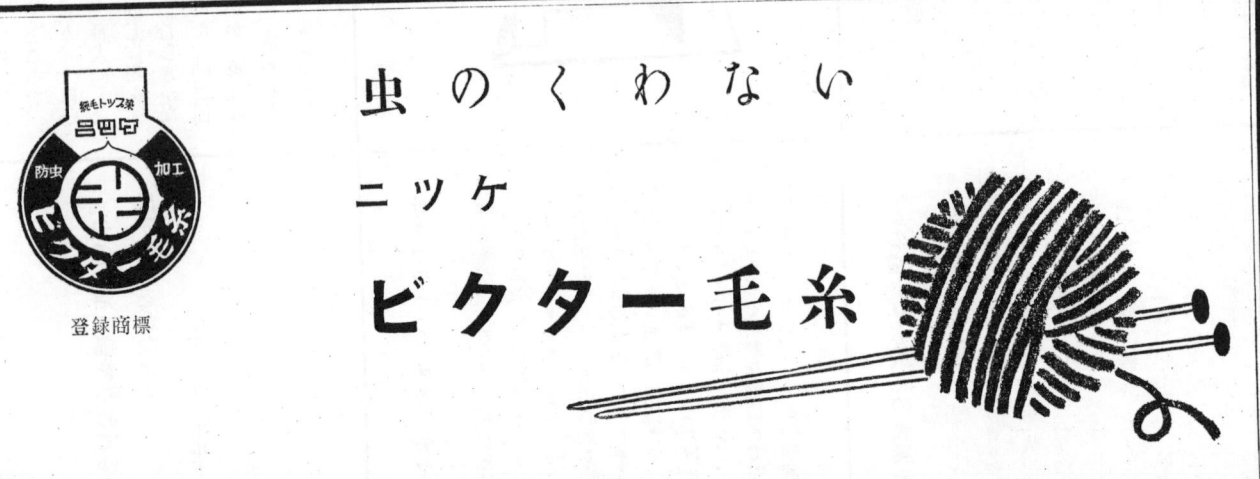

秋をたのしく

季節をながくいろいろにきる

モデル――淡路恵子（松竹）
久野和孝

季節の変る毎に、季節を先がけたきものは思いがけない程に新鮮な美しさを感じるものだ。花が散って街路樹が若葉に染まる頃、街の生地屋のショウウインドウがパッと夏の色に彩られた時にあれ程明るい新鮮な喜びに胸をふくらませたのに、八月も半ばを過ぎて、朝夕の風に何となく秋の静けさを想う頃にもなると、しっとりとした毛織物の肌ざわりややわらかな毛糸の色の美しさに心を奪われてしまう。そして又、季節を少し先がけた装いにも美しさと喜びを感ずる。

古くなったワンピースで

ワンピースには少し布地が足りないというような時に、スカートにしないでこんなジャンパースカートを作ってみるのも感じが変って愉しい。又古くなったワンピースをこんな風に仕立替えすればぐっと新しい感じで着られる。下に着るブラウスやセーターを取替えたり、この上に上衣を着たりすれば初秋から冬まで長く着る事が出来る。

中原淳一

二ヤールでつくるジャンパースカート

二ヤールで作る服。ふぢ色のやわらかいウールで作ったワンピースで白いカラーが明るく新鮮な印象である。この衿は取はずしが出来るように作って、秋口には写真のようにそのまゝワンピースとして着られるし、少し寒くなればこの衿をとって、ハイネックの白いセーターやブラウスの上にジャンパースカートとしても着られる。又衿元や袖口に残り毛糸などをとめつけても愉しい。

中原淳一

オーバー生地で

化繊メルトンのオーバー生地で作ったジャンパースカート。豊かなフレヤーを出したプリンセスラインのスカートはハイウエストになって、そこの切り替と衿ぐりや袖口には、この生地の厚味を強調するために黒のアストラカンで縁とりをした。これは中に綿を入れてふっくらと円く作る。この生地の厚さでスカートのフレヤーに美しい張りが出ている、下にはセーターでもブラウスでも着られる。

中原淳一

赤と黒のコントラスト

左頁のジャンパースカートの上に緋色のギャバジンで作った短かいコートを着る。小さく首にそらせた衿と、左右の胸に置いた長いポケットの蓋の裏にもスカートと共の黒い布をあしらい、又コートの裏には全体に同じ黒を使って裾は毛抜合わせに仕立ててある。スカートの布がそんなに余っていない時は別の黒いウールを使う。ゆったりとフレヤーを出したコートの裾が毛抜き合わせの黒い布をのぞかせて浮き上っている。その黒の効果が大へん美しい。

作り方一九四頁

いろいろに着られるドレス

これはワンピースの様に見えるが、プリンセスラインのジャンパースカートと、体にぴつたりとついた短いボレロとの組み合せ。左の写真では、短い袖の純白のレースのブラウスの上にジャンパースカートを着たところで胸につけたジャボは、左右にフリルを波打たせた中心の前立の位置に釦穴を開けておき、それをブラウスの前立の釦にはめるだけ。上の写真のようにボレロをその上に着ると、丁度ワンピースの胸にジャボをのぞかせたように見えるし、ボレロを脱ぐと下のようになる。

　また左端のように、ジャボをとつて衿元にリボンを結ぶとずつとスポーティな軽快な感じになる。こんな組み合わせも、ブラウスをセーターにかえたりして季節を長く色々に愉しんで着られる。

中原淳一

吊りスカートと上着

これは濃いグリーンのウールで作つた一組僅かな半端布が残つた時に、ただスカートだけにしないでこんな試みをしてみてはどうだろう。これはスカートを作る位の布があればその裁ち屑のような僅かな布で出来るし、もし一年着て飽きたら普通のスカートに直せばよい。この上着と組み合わせたり、下に着るブラウス等を調節すればこれも云うまでもなく、初秋から冬へながく着る事が出来る。

中原淳一

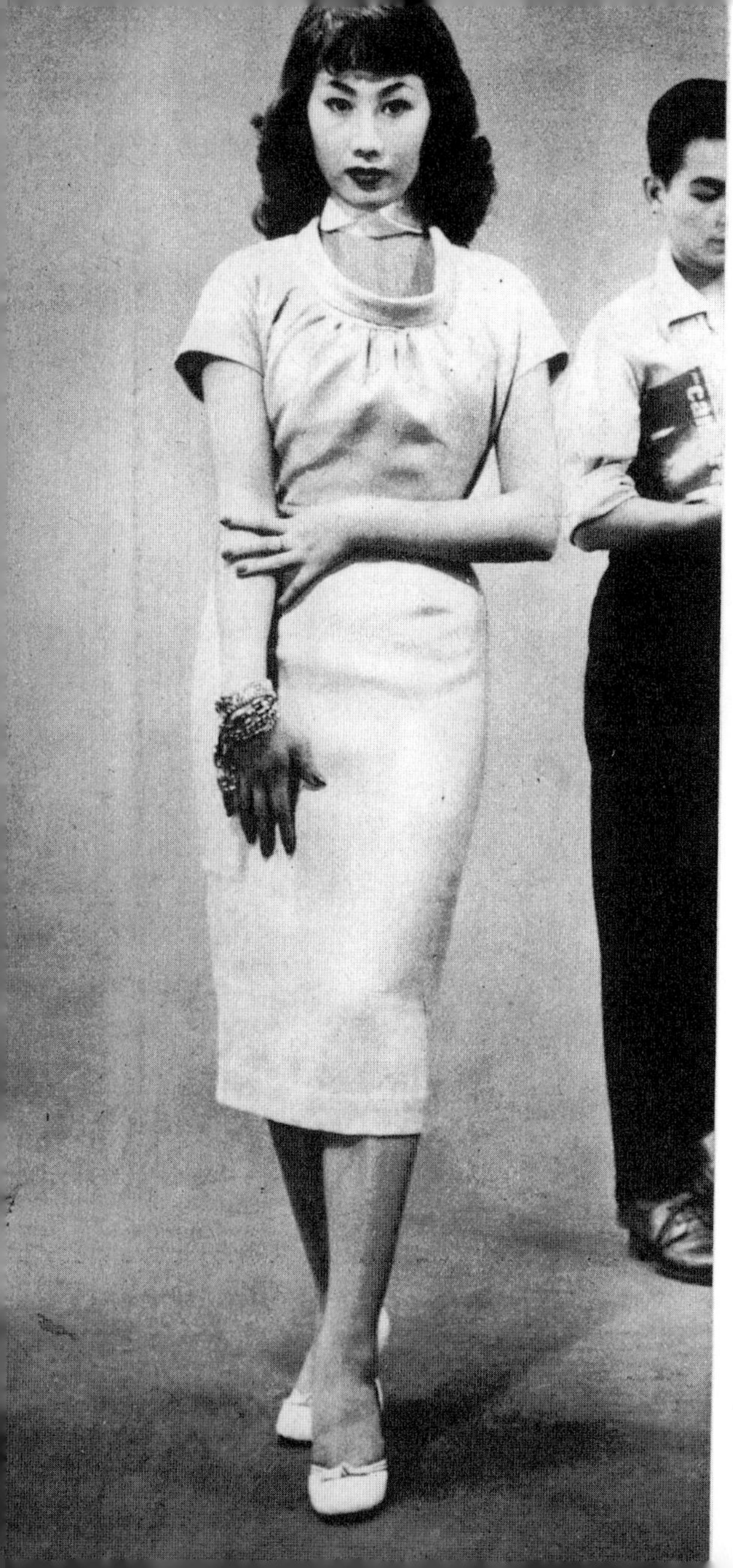

胸までのスカートと上着

薄茶の薄手のウールで作る。ウエストを包んで胸までぴつたりとはい上つたスカート（上）に胸をU字型にくつたウエスト迄の後明の上衣を組み合わせたもの。下には煉瓦色で腰の高い白いカラーをつけたブラウスを着る。こうして上衣と組み合わせるとちようどワンピースのように見えるが、下に着るブラウスは袖の長いセーターなどに取り替えて、ジャンパースカートとして見ても大へん面白い

水野正夫

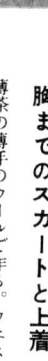

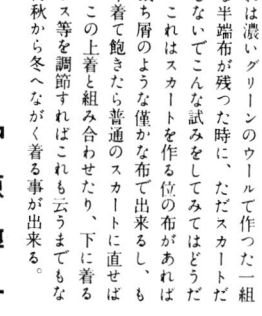

デニムでつくる

水野正夫

濃紺のデニムで作つたジャンパースカート。ウエストの切り替は無くスカートは前でタイトに後ではゆたかなフレヤーになつている大きく開いた胸元にステッチをしてピンと張らせたボウが大きく結ばれている。白地に紺の水玉のブラウスとこの濃紺のジャンパースカートが紺と白の美しい対照を見せている秋口のきもの。うす手のスエーターに変えればもつと先まで着られる。

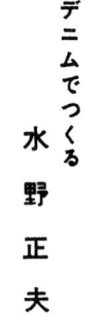

袖なしの上着とスカート

グレーのウールで作った袖無しの上衣とスカート。ブラウスは緋色の薄手のウール(下)。上衣のヨークの切り衿には前も後もブラウスと共布で玉ぶちをとつてある。衿ぐりからブラウスの衿をのぞかせている。このスカートはギヤザーをよせずに、ギヤザー分を全体に細かくダーツをとつて腰を張らせたもの。このブラウスも色々に変えて着られる。

中原淳一

若々しい秋の服

水野正夫

淡い煉瓦色でつくつたワンピース。前ではウエストの切替がなくプリンセスラインでぴつたりと体に添わせ、腰の高い白いカラーで若さと新鮮さを強調したもの。前に比べて後はゆつたりとふくらんでいて、それを脇線から出した巾広い帯でおさえる。後明はファスナーをつけ、スカートは細かいプリーツをたたむ。

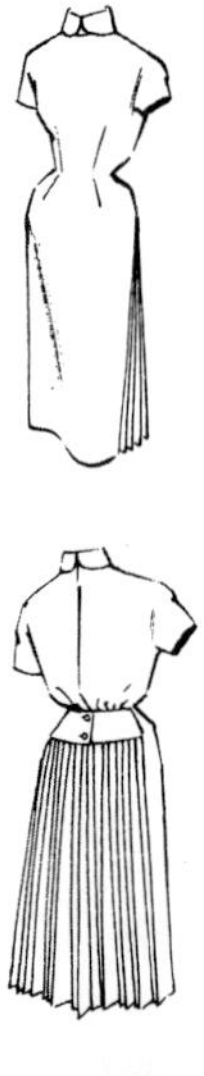

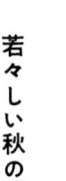

① からし色の上下に、白地に細い黒縞のあらく織り出されたワイシャツ。それに黒いネクタイと黒いハンケチ。靴下を揃えてみた。これならば大抵の場合に第一公式として着られる。

黄＋黒＋白

二枚の背広を組み合せて着る

水野正夫

着る人　根上淳（大映）

男の背広は、女のスーツの様にあまり上下を離して考えられないもので、新しく作る場合にも、上着だけを切り離して着たり、ズボンを他の上着と組合せて着る様な考えが出来てない為に、その上下お揃いでだけしか着られない場合が多いものだが、作る前にちよつと自分の持つているズボンやシャツ、上着の事を頭に置いてみるだけで、その服は随分と応用の広い服になる訳だ。

又、一枚の洋服をなるべく広い範囲に組合せて着ようと思つたら、型はシングルにして全体の感じがあまり片寄つたデザインにならない様に注意したい。それはその服の性質をスポーティにも、ドレッシイにも変えられる融通性を持たせる事で、女物と違つてあまり流行や、変つたデザインのない背広をシャツやネクタイなどでいろいろにその服の有り方を変える事が出来ると云うものだ。

又、そう云う場合には、複雑な色の交つた布地や、柄を選ばないで、なるべく簡単に外の色と結びつく様な柄や、色を選びたいものだ。（次頁につづく）

② 黒と白の縞の上下に白ワイシャツ。白靴ネクタイ、ハンケチ、ベルト、靴下は全部黒にして、全体を黒と白の二色でまとめてみたちよつとした街着や、くだけた第一公式として粋な感じ。

こゝでは二枚の背広を同じデザインで、片方を明るいからし色、もう一枚は白と黒の縦縞で各々作り、その二枚の背広の色である三色、からし色、黒、白を他にも使いながらどんな色や着方のヴァリエイションが出来るか考えてみた。

洋服の色を揃えたり、一枚や二枚の洋服をいろいろに工夫して着ると云う事は女の為の神経と考えられ相だが、これは自分自身が何時も新鮮な気持で服を着たいと希う気持の、一つのあらわれだと解釈したい。

二枚だけの服でこうしていろいろの性格を持った着方が出来る訳だが、この他に黒のズボンが一本あつたら又それだけで、どんなに沢山の性格を持った着方が生れて来るかもしれないと云う事も考えられる訳だ。

又、この場合にはこんな派手な感じだから到低普通の人には着られないだろうし、派手だからこんなにいろんな着方も出来ると考えられ相だが、これは片方が地味なグレイで片方の柄が極く細い黒と白との縞や、格子などであつた場合や又は両方共が各々配色の良い無地だつた場合にも、いろいろなヴァリエイションを作り出す事の出来るのは勿論の事である。

③ からし色の上下に黒のとつくり襟のセーターを着たもので、カバンもからし色のズックへ黒の皮をあしらつたもので、全体が黒とからし色の印象、ラフな感じの外出や遊び着の様な着方。

④ 縞のズボンにからし色の上着。黒いワイシャツにハンケチを揃え、グレイのネクタイをしめてみた。ちよつと見ると複雑の様で、全体にデリケートな神経を持つた様な印象の都会での散歩服の様な着方。

⑦　からし色の上下に黒と白との縞のワイシャツを着てみた。こうした場合には同じからし色の上下でも、白のワイシャツよりは楽な感じで、通勤着やちよつとした外出にはそれらしいきちんとした印象で、美しい着方。

⑥　縞の上下に、黒い厚手のタオルのシャツを着て、ベレー、ベルト、ハンケチも同じ黒に揃えてみたが、同じ黒と白でも、扱かい方に依つてはこんなにしやれたかんじのふだん着の様にも着る事が出来る。

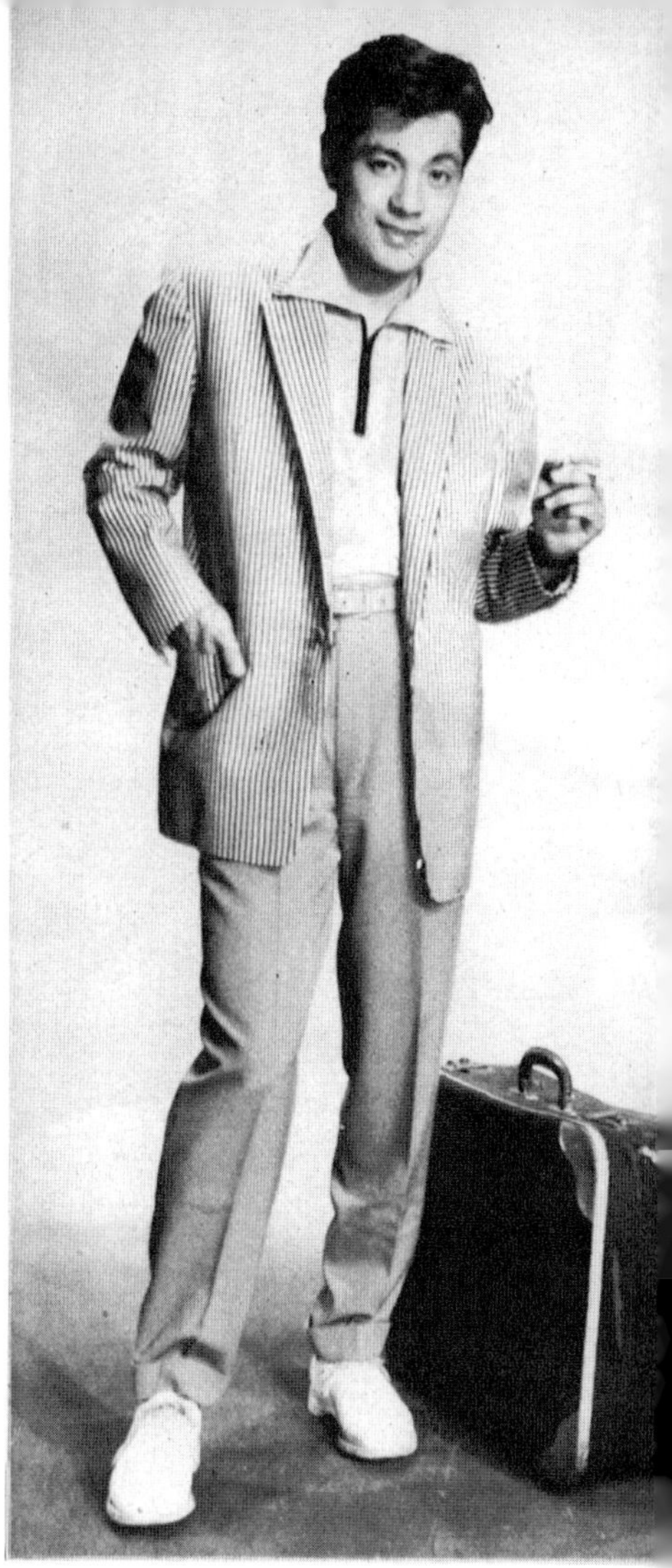

⑤　からし色のズボンと、薄いからし色に黒をあしらつたヂャージイのシャツを着て上から縞の上着を羽織つてみた。全体の感じがスポーツ着の様にくだけていて、柔かい色の調子が美しい田園風な味。

長火鉢を新しく生かす

中原淳一

右の写真のように椅子があれば、まず中心にテーブルが置いてあるのが普通だが、ここへ長火鉢をおくことによつて、こんなにも、この一隅が温かみをもつて来る。椅子と長火鉢と、そぐいの悪い筈のものが、アメリカの近代建築の中に竹の簾や、障子を採り入れた様な味がこの中に生れて来る。灰皿も必要ないし、チンチンとわいているお湯で談笑しながらお茶をいれるのも愉しい。

長火鉢を置いたらいいとすすめられても、家にはそんな都合のいい邪魔にならない壁面がない――と云う方があるかもしれないが、丸い火鉢だと、左の写真のように障子のところに置いても不安定だが、長火鉢はどこに置いても一つのゆつたりした雰囲気を作つてくれる。落付くところ、ゆつたりするところ、そんな意味でこの長火鉢の周囲は雑然としていても、それはそれで愉しいのである。

長火鉢と云うと、何かしら時代めいていて、商家の家財道具のような観念があつたけれど、これを新しい扱いで部屋のいろいろなところに生かすと、思わぬ面白さがある

戦災で焼いてしまつた人も、割に値段が高く、なければなくてすむ長火鉢は、殆んど近代人から忘れられた存在になつてしまつた。

そんな状態が、長火鉢をもつている人まで時代物だとばかり物置にしまいこんでいる家庭もあるけれど、この長火鉢のある所は部屋のオアシスのように、おとなも、子供も寄つて来る。これは外国の住居のコージーコーナーなのであろうか。

灰に埋めた炭火にかけられた鉄瓶には、いつもお湯がわいていて、ちよつとお茶を飲みたいと思つた時には、わざ〳〵台所のガスまで行く必要もなく、その場ですぐにお茶がいれられる。そんな時のためのお茶の道具の一揃いを小さなお盆にでものせて、猫板の上に置いて清潔な布巾をかぶせておく。

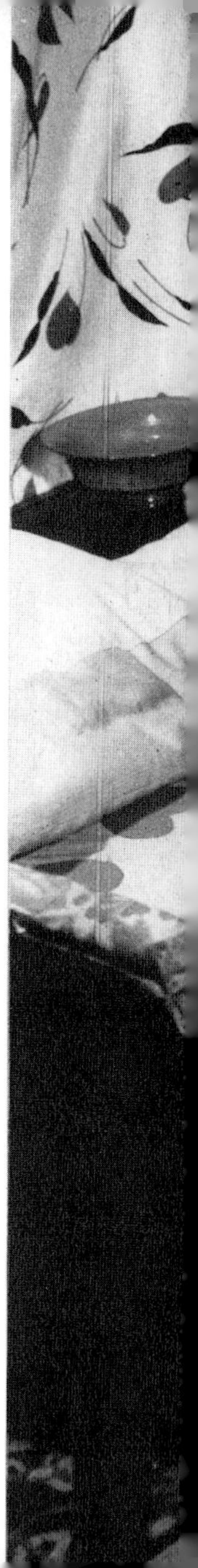

沢山の小抽斗はそれぞれ場所をきめて、爪切り鋏み、耳かき、切り傷や虫にさされた時のための薬や繃帯、判こ、等々の細かい身の廻りのものから、大きい抽斗にはレターペーパー、葉書、切手等の書簡用のもの、ガス、水道、電気等の受取、また家計簿を入れておく等、机の抽斗では整理し難いし又大仰に感じるものを入れるのには本当に重宝なものだ

ここは、やや広めの階段の踊り場であるが長火鉢を置くことによつて、通路の役目しかしなかつた所に、ちよつとした茶の間が出来る訳だ。始終ここを利用しなくても、住居のアクセサリーの役目も果してくれるし、お客のたてこんだ時など、そう固くならない相手ならここで充分用が足りる。この場合は低い簡単な椅子を置いたが座布団でもいい。

ふと手紙を書くことを思い付いた時など、机の前にわざ〳〵座つて、便箋やペンや封筒などを取り揃えることを考えて、ついおつくうになつてしまう時もあり勝ちだけれど、長火鉢の抽斗にそんなものをいつも取りそろえておいて、猫板の上でちよつと書けるようにしておけば軽い気持で手紙の筆もとれるというもの

毛ぬきや爪切り鋏など仲々適当な置場がなく、長火鉢の小抽斗ででもなかつたら、どこといつてきまつた入れる場所もないのではないだろうか。

長火鉢の前でちよつと一杯などというのはあまりいい感じのものではないかもしれないが、家庭に酒に親しむ男性がいる場合には、簡単にその場でお燗がつけられるというものだ。

長火鉢の前の座布団は出来るだけゆつたりしたものを作つて、休息の場所にふさわしいものにしたい。新しい長火鉢の生かし方をいくつか考えてみたい。

階段の上り口にはよく広い場所があるものだが、飾り棚を配して、こうしたくつろぐ場所を作つておくと仕事に疲れた時などたのしい憩いの場所となるし、階段の踊場と同様に気易いお客ならここで充分事足りる。雨降りの日の子供の遊び場としてしか、他には考えられないこんな場所も、長火鉢を置くことによつて何か落ちついたくつろぎの場所となる

部屋の中に長火鉢を置いて、そのまわりにだんらんの雰囲気を作ることが難しい時は、廊下に置く事も考えられる。これは廊下の突当りに整理簞笥を置き、その上に小さな手鏡等をおいて、長火鉢をその前においてみたもの。一間を間借りしていて、長火鉢を置くと夜具を敷くのに邪魔だという場合等には、こうして廊下に愉しい一間を作るのはどうだろう

カトレアの花のような

山本富士子さんの衣裳しらべ

最近、個性美と云うようなものが尊重され出してから映画界には数多くの個性的な女優は輩出したけれど、美貌と云う一語に盡きる人と云えば誰しも山本富士子さんをあげて疑いをもたないでしよう。

山本さんは万人の認める典型的な日本美人ですが、純然たるラテン系の顔立ちはスペインやイタリーの美人のようだと云つたら、皆さんは山本さんの美しさが急にエキゾチックに見えて来ることと思います。

山本さんは、昭和廿五年の第一回読売新聞主催のミス日本コンテストに見事一位に当選。翌年六月に日米親善

ピンクのタフタのカクテルドレス。真珠の様な柔かな輝き。衿元に散りばめた銀糸や真珠が細い銀のベルトと共にとけこんでカトレヤの花を見る様な美しさ。

初秋の午後外出に好んで着られると云うドレス。グレーと白が霜降りの様に織り出してあるトロピカルでそのグレーを生かす為にベルトなど附属品をグレーで揃えてみたとの事。マフラー・ベルト・ボタン・バッグと同色に揃えられたやわらかな感じの中にも、パキッとした味が、いかにも山本さんらしい好みのタフなしやれた外出着です

薄いオリーブ色のジャージエのアフタヌーン。布地の柔かな感じを生かして非常にシックなドレス太い栗色のデシンで出来たベルトがぐつとこのスタイルを引きしめています。このドレスをお召しになつた山本さんは、若奥様の様な落着を見せて居られます。面白い型をしたバッグや靴手袋もベルトと同色の栗色を撰ばれました。

使節として活躍なさいました。その絶対の美貌を唱われて昨年京都の大映映画に入社、『花の講道館』で一躍長谷川一夫の相手役の主役として、華々しくデビューされました。

此の一年の間に『浅草物語』『にっぽん製』とつぎつぎ十二本の映画に出演、廿二才という若さと美貌は、最近の天然色作品『金色夜叉』の宮で、その真価を発揮し大いに期待をもてる新星として嘱望されています。それは外面的な美しさばかりでなく、ほのぼのとした理智のひらめきや育ちの良さによるお嬢様らしいおつとりとした人柄が、どんなに映画界を席捲するだろうと云う注目を集めていると云えましよう。

京都で旅館を開いて居られる御両親。お医者様になられた美しいお姉様。人も羨やむ様な平和な家庭で成長された山本さんは、芸事も日本舞踊とお茶は先生程の腕前スポーツは万能そのうちでも水泳が特に御得意との事。

どんな役が振り当てられるか判らない女優としては全く、凡ての条件にサラッとパスする要素を兼ねそなえていられる山本さんですが、さすがにキヤメラを向けても即座に匂うような雰囲気を作り出して下さるのでした。

黒と白を基調にした薄手のグログランの外出着。子供ぽいのでとおつしやる山本さんに又大変よくお似合のもので，一見大人しやかな風貌もこのドレスで若々しい茶目気を見せて，本当に明るい雰囲気を出しています。白い小さなステンカラーの衿元には白と黒の縞のボウが印象的で可愛らしい感じです。

「大好きな色なのです。」と見せて下さつた此ドレスは臙脂色と黒を玉虫の様に織つた豪華なもので，大きく開いたスカートが，こくのある陰影を見せて，細い金のベルトがこのドレスにぴつたりとして上品な味をみせています。

このページのカクテルドレスには、衿元に工夫がしてあり、このドレスの山本さんの御自慢の点だそうです。写真ではよく説明出来ませんでしたが、筒の様になつていて、それをブローチなどで止めるのですが、その止め場所によつて色々と感じが変えられるもので、その都度を愉しんで居られます。

（ホテル・松平にて）

ウールの黒と白のシャツスタイル。ドスキンで出来た細い黒のズボン。「こんな楽な姿でのんびり出来る日が一番好き。」

と快活に話される山本さんの笑顔には，若々しい希望の喜びが一ぱいにみなぎつています。

和服は京都の渋いものを、洋服は、東京の銀座でと山本さんの着る物に対する夢ははてしがありません。ここに見せて下さつた数々のドレスも銀座の一流洋装店におつくらせになり、デザインは、ほとんど山本さん御自身のお考えによるものだとの事。アクセサリーなども、色々と御自分でおつくりになり、大き目のイヤリングをブローチに作りかえたりなさる事がお好きだそうで、みせて頂いたドレスにもそれぞれに細かい注意や工夫がみられます。

「これは父、私の考案の一つですの。」と見せて下さつたこの上衣は、お買物の折にOSSでみつけられたアメリカのバスタオル二枚で出来たもので、アメリカ的な派手な黄色が、きりつとしめられた黒のベルトと、細い黒のズボンが、大変たのしいものにしています。

タオルのふちを利用したポケットが活動的で、ふわつとしたタオルの膚ざわりが快よく撮影所などで好んで着て居られるとの事で、こうした洋服地でないものを色々とさがし出し、愉しいきものに工夫なさるのも趣味の一つの様にうかがいました。

洋服を着ればスペイン風な美貌，和服をきれば日本のお人形の様だと云えば誰れもが否定する人はないのではないでしようか。

京都象山お召で，色は濃いブルー。色紙の様な模様に，銀糸金糸臙脂と配色よく織込まれた落着いた中に若々しさのあふれたもので，帯はやはり京都の洛趣で求められたと云う，黄金色のウールのつづれ織の様に模様を浮き出したこつたもので美しい配色の愉しいきものの一揃。

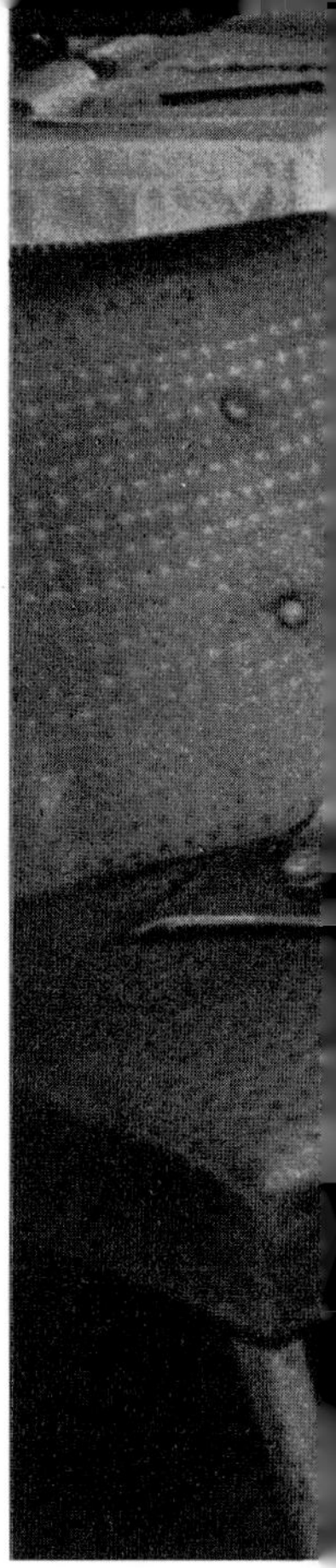

紺のツーイードのダブルのスーツ。これをお召しになつた山本さんの雰囲気はがらつと変つてどちらかと云えば少しふけた感じです。それが又ほかのもので感じなかつたシックな味わいを見せておられました。衿元にのぞいたサテンの白が清潔で，二つのハートを型どつたブローチがこのスーツにぴつたりと合つていました。

舞扇抄

宝塚歌劇も四十年の歴史を持ち，本年四月には創立四十週年を紀念して華やかな祭典が催された。第二期生として今日迄宝塚に生活した天津さんは，四十年に近い踊の世界に生き抜いて居られる。そうした永い歳月の努力の賜のように何時の間にか溜つた扇は六十本の多きを教えるという。そしてそれらの一つ一つには喜びや悲しみや過ぎ去つた様々な思いがこめられているという事だ。きつと手に取られたこの菊の扇にも深い想い出が秘められているにちがいない。

天津乙女

題簽　藤間保子

二十何年も住みなれた宝塚御殿山から、ここ武庫山の新居に移つてから、目まぐるしく三年がすぎてしまいました。北の窓から松の枝ごしに見下す武庫川や歌劇場一帯の箱庭のような風景も、この頃では、どうやら見馴れてしまつて、心の落ちつきを取り戻しました。

母一人子一人の静かな明けくれでは、母が私一人を生活の寄り処にするのは当然で、悦びも悲しみも、手鏡に写る姿のように、すぐ反映しますので、つとめて明るく健康にと人しれず心をくだいて居ります。

去年の暮れに舞台開きをいたしました三間半に二間の総檜造りの舞台も、実を明せば母のために、この新居の設計に加えたようなもので、私は母の嬉しそうな姿をかげながら眺めて「これでいい。これでいい」と合点合点をするのです。去年の十二月六日に、舞台開きのお祝いをいたしましたが、校長の小林一三先生御一家をはじめ、百人ばかりの友人知人恩人を御招待して華々しく、こけら落しをいたしました。私は『松のみどり』を踊り、花柳禄寿先生は『七福神』を舞つて下さいました。昂奮と歓喜と感激の交錯した、幸福感に陶酔しながら、私は快い疲労の中で、うわごとのように「お母さん、お母さん」とつぶやくのでした。母がこの日ぐらい満足そうな笑顔をみせたことを永い過去に私は知りません。小林先生がお祝いに下さつた自筆の『鳥諷蝶舞』の額を、母は少女のようにはしやぎながら、何度も押し頂くようにして居りました。

深夜のように静まつた舞台に座ると過ぎ去つたあの晩の賑やかな音階の色々に違つた笑い声が聞えてくるようです。「我が生涯の最良の年」という言葉を私はあの晩の私自身に贈物しましよう。

×　　×

宝塚の町から、武庫川沿いに一里ばかり繁みを登つて行くと生瀬《なまぜ》という絵のように風景の美しい小さい村があります。そこの、百姓家の壺井はつという小母さんが私の二十年来の着物の仕立て屋さんでした。はつさんはつい先達病気で亡くなりましたので、今後誰にたのんだらあんなに上手に縫つて貰えるだろうかと案じて居ります。あの、コテを当てないでフックリとした味を出せる人なんて、そうザラにあるものではない、名人芸だと思います。

踊りをやつていますと、生活の凡てが仕事中心で、万事踊りから出発いたしますので私の着物なども、常識で判断すると寸法が間違いではないか——と首をかしげる方もありますが、永い間の慣しが私だけに通用する一つのタイプを創り上げてしまいました。仕立の寸法を申しますと、肩あき二寸、クリなし五寸、袖付けすかさないで七寸五分、袖口が六寸五分、後巾七寸五分、前巾六寸五分。帯は全然お太鼓をやめてせまい男の角帯と同じ様なものを下腹にいたします。私が男踊りを主にする処から生れたスタイルではありますがこの形は上半身の動きを自由にする処に特徴があります。

私は大体『流行』には無頓着で、好きなもの、似合うものが、個性的にハッキリしているので世間の移り変りを気にするといつた苦労がありません。以前は紺、黒、白などの明確な色彩のものを身につけ、似合いもしたのですが、この頃、どうしたことか、赤や、くすんだ紫がすきになつて根本的に、服飾の色彩異変を来たして居ります。

踊りの時のお稽古着は木綿ちぢみにメリンスの裾、絹裏をつけたものを着る慣しですが冬はこの上に浴衣のちぢみを短か羽織りに仕立てて引つかけるようにして居ります。

廻す必要はねえだろう。八巻《はちまき》のしかただつてそうだ。タボ（カツラのツトの上に引ッかけるのがイナセで、タボの下にかけるのは百姓ぺだ」

私たちが何でもなくやっていることを、六代目は横縦から研究し尽

これは簡素な、それでいてお金の掛つた玄関の前で——。左に見える石燈籠はいわくつきの芸術品とのこと。又樹木の配置などもちゃんと法則にしたがつて植えられてある。こうした凝つた中に目立たぬ美しさをたたえているところなどにも天津さんの風格がしのばれるようだ。

心斎橋の中村屋、神戸元町二丁目の藤井、東京では銀座のえり円などが戦前からのお馴染です。

　この頃では親しい百貨店も、「お宅に向くものは一寸ありませんのでね」と、段々姿をみせなくなりました。

　着物の柄は菊の模様が大好きです。いわずと知れた六代目尾上菊五郎さんにあやかる意味からですが、今は亡き恩師を忍ぶ、思出の花になりました。

　この間、ある新聞にこんな記事が出て居りました。（自分で読むの少々テレるんですけど）――六代目が在世の頃、殆ど毎日の如く六代目の部屋へ来て顔のこしらえから、衣裳の着付け、さては六代目の言語動作に至るまで熱心に見守つている女性があつた。六代目には機嫌の上々の時と、馬鹿に悪い時がある。悪い時は側近者といえども居ずらいので、なるべくそばを離れようとするが、この女性は六代目が機嫌のいい悪いにかかわらず、部屋にいても決して邪魔にならなかつた。六代目も平気であつた。この女性は六代目が舞台へ立つと、かねて求めてある座席へじつと腰をおろして舞台の所作の一から十まで胸にとめて楽屋にいる時以上に熱心に舞台を凝視した。――

　この熱心な女性が、私だというのですわ。

　記事は、そのアト、まだこんな風に続いています。

――六代目もその熱心さにほだされてかわざわざ日劇の舞台へ天津を見に行つた。天津が芸質に恵まれ天リンの才能者であることは世評に高いにもかかわらず、芸道研磨にはいかなる辛抱苦心をしても、その徹底を期せんとするのであつた。天津が女六代目と称される所以も深き根幹はここにあるのではあるまいか。熱心、忍耐、精進、それに天分、然し天分に安んじて他の要素を欠くならば、恐らく芸道の第一人者となり得ないと思う。この点、天津乙女を高く買いたい――

　誰がお書き下さつたのか、恐ろしく買いかぶつたベタ誉めで、くすぐつたいのですが、私が六代目に抱いた、（今も抱いている）尊敬の気持ちは、むしろこの文章以上で、あの舞台を思出す毎に熱風のようなものが強い力で胸の底を激しく通りすぎるのを感じます。

　六代目は優しく教えて下さいました。

「神田祭の扇子の使い方をみたが、くるくると廻しながら使うのはいけねエ。普通にあをげばちやんと形になるのだから、殊更にくるくるして、形をつかんでいるのには、ほんとに感たんしました。踊りにもいろいろあつて、「判る踊り」と「判らない踊り」がありますが、六代目のは、何を表現し様としているかが、よく判断できる踊り方でした。

　歌舞伎座へ見物に行つて、はじまる前に、音羽屋の部屋に挨拶に行くと、お囃子の杵屋和風さんが、

「あら、又、天津さんが盗みに来たよ」

と大笑いです。六代目の踊りの秘伝を盗み去ろうとは不届き千万。小憎らしい奴だという意味と、芸熱心には敬服しました。という二つの意味がふくまれているセリフなのです。

　六代目菊五郎も、これをきいて、ニンマリと笑つて居られました。

「今日は、みてごらんなさい。菊五郎《せんせい》が、必ず、手を変えるから。」

　この予言は不思議に適中して、昨日とは、変つた新らしい振りで踊るのでした。

　又、楽屋の人たちは
「天津さん。安い月謝だれ」

と、いつて冷やかすこともありました。つまり、劇場の公演を毎日見物して、先生の踊りのコツを会得することが出来れば入場料なんて、安い月謝だ――という意味なのでしょう。

×　×

　だけど、私の心からの念願は、黒坊（黒衣をつけて同じ舞台に立つて何かと世話をする係）を一ぺんでもいいから、やつてみたいということでした。ついに果たされないで終つたことが返す返すも残念でたまりません。

すべてが新世帯のように新しくて気持が良い。上の写真は食堂で――。天津さんのところには"市ちやん"と云う名物の女中さんがいてすべての事を切り廻していらつしやる。

下の写真は天津さんの私室で。この部屋には片方の壁面いつぱいに，嵌め込みになつた箪笥が三棹並んでいる数々の美しい舞台衣裳や，独特の好みでまとめられたきものの数々がここにおさめられているわけだ。そしてその向う側にはベツドが据えてあり，大きな姿見もおかれてある。

踊りに生きる天津さんのお宅の中で、一番大切な場所と云えば、家の真中に大きな面積を占めているこの檜造りの舞台であろう。姿もうつし出す程に磨き立てられたこの舞台に立つて踊る天津さんは又一段と美しく輝きを増されるようだ。正面に掲げられた額は、恩師小林一三氏から贈られた氏の筆になるもので、筆の跡もあざやかに天津さんの芸術が語られている。

亡くなった六代目が私のために、ただ一つのかたみを残してくれたのは、「足袋」です。

舞台で使う踊り専門の足袋は、普通売つている足袋では、足の裏にぴつちりと着かないので形が悪くてはけません。

たしか鏡獅子を見に行つた時でしたかしら、是非その専門の足袋屋さんを紹介して頂きたいと無理をいつて教えてもらつたのが、銀座の「むさし屋」でした。

この足袋屋さんは戦災にもつぶれずに、松屋のそばに健在ですが、ここの足袋の特色は、足の裏のクリが大きくて、土ふまずがはつきりと見えることです。だから、足の形がほつそりと見えて何ともいえないスマートな魅力が感じられるのです。ぴつたりと身につくので、足が軽くて、何ともいえない穿き心地です。

戦争前に百足以上も持つていましたから、どんだ「買いだめ婦人」だつた訳ですが、よく罰が当らなかつたこと。

映画がすき、歌舞伎がすき、新派が好き、喜劇がすき、寄席が好き。

こうかけば、何もかもが好きで浮気者ということになりますが、それぞれの特徴、魅力を、性格的につきつめたいのです。そして一歩さがつて、自分の舞踊を冷静にふり返つて考えてみたいのです。ただ酒に酔払つたように座興にのつて踊るのでなく、私にその才能がありますならば、科学的に分析して、新らしい境地を開拓したいと願つて居ります。

女の一生をかけた真剣な仕事なのですから、汗にまみれ、血にまみれても、やり通さねばなりません。

この頃は朝九時から、夜十二時まで一週間ぶつ通しで研究して居りますが、割合に疲れません。疲れを感じる時が来たら、私の肉体が亡びる時なのでしょう。

カメラ・土屋一郎

かけいの水の流れるところ、四季代るがわる咲き誇る草花が所狭しと植えられてある。こうした庭の木々のたたずまいにも、天津さんの歩んで来られた芸の道のゆるぎない美しさがうかがわれる。縞目も渋いお召しもので庭に降り立つた天津さんは、かけいの水の清らかな流れの中に宝塚の将来への希望の流れを見られることだろう。

英語には “I love you” という適切な言葉がある。だからといつて，〃私はあなたを愛します〃というその直訳は，必ずしも日本人に向いた愛の言葉とは云えない。そこで，日本人の愛の告白はどうあるべきか？　そんなややこしい法則は無いにしても，そうした悩みを解く糸口ともなれはと，この特集をあなたにおくります。

特集　愛の告白

―その1―
愛の言葉

田中澄江

言わぬは言うにいやまさると、古人はいみじくも愛情に於ける言葉の役割を一行で言いつくしている。愛しあうものに何の言葉がいろう。私の好きなヴイドラックの詩の一節に

〃この次に逢つたなら
かの女に話をしながら
目をぢつと見つめてやろう
さうして沈黙の一瞬間を利用して
かの女に微笑して見よう。〃（堀口大学訳）

お互いに相手を、現在、自分のもつている時間とおかれた場所に於て、何ものにもかえ難い存在と認識しあえる幸福な感情が発生したとする。恐らく両者は、何の言語表現を必要とせずして、火花の様に一しゆんひらめきあう眼差しの中にその思いを伝えあえるであろう。そしてやがて、精神と肉体を有する人間の自然にしたがつて愛情の発露がその極限に至ろうとする時も、言葉はいらない。エドモンド・ロスタンのシラノ・ド・ベルジユラツク、第三幕ロクサアヌ接吻の場で、長々と語る男の口説に女は二度もいらだつて言う。〃もう何もおつしやらないで〃にくからず思いあう男と女を二人おいて、どつちかに〃もうだまつて〃と言うせりふを言わしたら、少くとも恋愛を語る為のその幕は下してもいいのが通例である。映画だと次の場面が出てくるところだ。そして又、一方に〃もうだまつて〃と言われているのに、まだ〳〵しやべりつゞける相手であれば、その恋の場面は、又別の意味をもつてくる。その恋の成立を邪魔する外部的条件があるのか、或いは彼等自身がまだ〃だまつてもいい〃ところまでその恋愛を熟させていないのか、一方の意志が一方に通じないのだとすると、その恋に関する限り、これは喜劇であり、恋の沈黙にたえられないでしやべりつゞける気の弱いひとは、遂に恋を失うであろう。

ところでわれ〳〵の人生に、その様な両者の進展状態が一致する瞬間は、そうやたらにはやつて来ない。ヴイドラツクはつゞけて、やがて次に相見るその日が来たがかの女は他の男につかまり、彼は大男にとりまかれて、二人は目と目を見合わす事なく、互に好意をもちながらわかれ〳〵になつてしまうところをなげきうたつている。眼に丈頼る事の失敗である。しかし、又、人間が神でないあわれさに、いくら眼に物を言わせても通じない事も屢々ある。遂に偶々近眼のひとが眼鏡をかけないで一生けんめい相手を見つめた為に、そゝつかしく且うぬぼれづよい相手から好意をもたれているのかと思われて迷惑した例もあるから、自分の愛情に慎重であろうとすれば始めてここに言葉のたすけも必要という事になるのであろう。言つてみれば愛の言葉とは沈黙の瞬間にはじまり、沈黙の瞬間に終る愛情の時間的経過をいかにもたせるか、どういう方向にもつていくかの海図のようなものであるらしい。したがつて海図がなくても航海はでき、海図のない事が却つてさだめない愛恋の海をたゞようにふさわしい場合もあろう。言つてしまえばそれまでで、言わない事が愛情生活を長く持続させる場合もあり、言わず語らずのうちに一人愛して、やがて一人忘れていくのもまたあわれ深いものだと思う。

大体、近頃の若いひとは、愛の言葉などをひどく、らくにつかっているのではないだろうか。外国映画の影響かもしれないが〝愛している〟〝愛してない〟などと軽く言い捨てるのを聞くとひや〳〵する。うすつぺらな愛、ちり紙の様にハナをかんでしまえばそれつきりの様な愛。言つた時が終りである様な愛。そんなに一人の人を簡単に愛したり愛さなくなつたりできるのは自分が衝動に支配される動物的人間状態からさして進化してない事を公表している様なものなのに、そういう言葉を好んで使うのに限つて、多く、愛しているという言葉によつて表現される感情は高尚でホレたという言葉をつかう様なのは下等だと思つているらしいからわびしい。

映画に使われている I love you を、我は汝を愛すと訳した事は正しいとして、訳語をそのまゝ日常生活の中にもつてくる事は、いろいろ問題がある。つまり I love you と外国映画の中で言つている場面と、日本人としての生活の中で I love you の意味を伝えたい場面とは、必ずしも同じだと思わない。映画でその言葉の言われたあとにつゞくのは大抵からだによる表現である。私はあなたを愛していると相手に言つて、そこまで覚悟のできた人間がどれ丈いるのだろうか。言葉は風の中に消えていくけれども、肉体のあとは残る。言葉のまゝに肉体を任せる事はそう〳〵はたやすい業でないのに、その言葉を又、二人称を使つて第三者に報告したりしている。正式の結婚の披露をしてさえ、新郎新婦にはしうち心がつきまとうという事が多いのに、何のはじらいもなく愛の極みを示す様な言葉を口にしているのはそのひとの心情の貧しさではないだろうか。あるいは又、らくにそういう言葉をつかうひとはまだ、本当の愛情を知つていないのだと言えるかもしれない。樋口一葉の「たけくらべ」の最後に

〝ある霜の朝、水仙のつくり花を格子門の外よりさし入れおきし者のありけり。たれの仕業と知るよしなけれど、美登利は何ゆえとなく懐しき思いにて違い棚の一輪差しに入れてさびしく清き姿をめでけるが……〟とあるような少年の愛情表現は口を開けば飜訳調の生硬なせりふを言う事をもつて教養と考えている様な若者の愛の言葉にまさること数等だと私は思う。

とかく支配階級が自分の野望を確立したい為にとつたごま化しの多い政治の下では、言葉を信じる人間が少くなつて、専ら沈黙が尊しとされ、その典型的なものを、徳川時代に見るのだが、被支配者の不平不満を抑える為に政府が、その政策として強要した儒教的教育では、個人より家が大事とされ、人間の本然にもとずいた恋愛は罪悪視された。人眼をしのんで語られる愛情はてつとり早くなければならないので、そこでは激しく感情が、最少の言葉に、最大の効果をもたせてつかわれたと思われる。恋の為に火刑に処せられた八百屋お七がその相手吉三郎と語るはじめの言葉は〝年はいくつ？〟〝名は何？〟位がせいぜいであつたらしいのに、その夜雷鳴に乗じて、もう二人は恋人同志になつている。もし現代の様に、若い二人が自由に誰はばかる事なく語りあえたら、あるいは、恋愛行為に移る事はなかつたかもしれないのだが、その様な幸福な環境をもたない二人は、青春のいのちをかけて、短いせりふにお互いの運命をのせてしまうのである。だが、幸福は果して解放された自由の中に許りあるのだろうか。恋のたのしさは又秘密をもつたのしさでもあろう。愛しあう者同志は、その愛の激しい時、対象を独占しようとして、少しでも相手の注意を自分からそらさせまいとする。愛するが故にきびしい掟をもつて互いにしめあうよろこび。だれにも通じない、しかし二人丈に通じる言葉をもつことは、どんなに二人の親近者をますことだろう。愛することの幸福は、第三者の客観的批判にかゝわりなく、ある日、その感情に充された時、今まで気がつかなかつた筈のいろ〳〵を自分のまわりに見出せる事である。当の相手のあばたがえくぼに見える事は勿論として、その声、そのわらいは地上の何ものにもまして美しく、ひいては道ばたの一木一草に至るまで生き〳〵と生きるよろこびにかゞやいて見える。これも家の秩序が、人間同志の愛情より大事とされた不幸な時代の、不幸な恋人同志、ロミオとジュリエットのはじめて恋を語る露台の場。ジュリエットがたつた一言月を眺めて嘆声をもらす丈で、ロミオの心は燃え上る。

〝物を言うた。おお、今一度物言うて下され、夫人どの！そうして高い所に光りかがやいてお

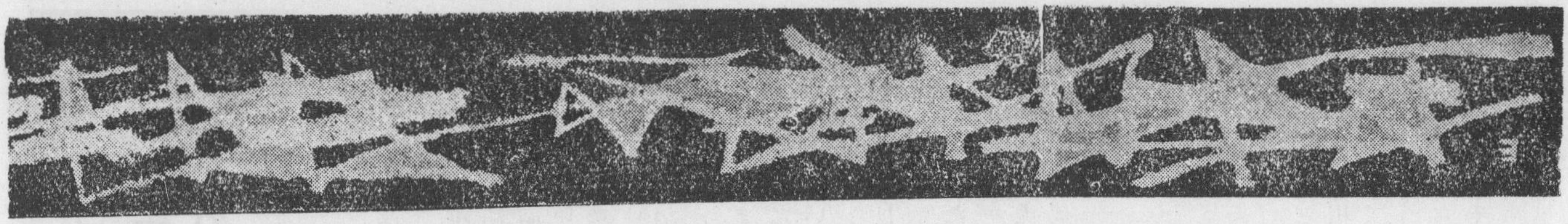

じやる姿は、おどろきあやしんであとへさがつて、目を白うして見上げている人間共の頭上を翼のある天の使が、徐かに漂う雲に騎つて、虚空のたゞ中をわたつているよう！"

たつた一度の溜息の声が、これ丈の思いをそゝる程、恋愛期間に於ける人間は想像力ゆたかになるのだから、もつとも相手を感動させる愛の表現はあるいは沈黙の時には溜息かもしれない。言葉にして出すなら、なるべく簡単である事がのぞましい。簡単にして且最も強度なものを。

ロミオは言つて"殺されたい。愛されぬ苦しみをのばそうより"ジユリエットは答えて"世界のどんな果までも、わしの殿御としてついていきましよう"この言葉は愛情の最後的切札であるらしく、トルゲーネフは「その前夜」に、裕かな家の娘エレーナと、貧しい革命家インサーロフの激しい愛を描いてやつぱりこう言わしている。"エレーナ、ぼくは自分のいのちをきみにあたえてもいい"娘は答えて、"じやあどうでもなさいよあたしを"そして娘は彼と共に世界の果までいく覚悟をするのだ。本当の愛情とはその様に、相手の為におのれを与えて惜しみなき犠牲的精神の上に成り立つものである。めつたに言葉に出して語られるものでなく語つたらその言葉の責任は負うべきである。そこで、そこにいくまでの覚悟のしつかりしていない準愛情的世界の会話はこの様な直接的表現をとらない。彼らは互いにそれとなく自分を与えて惜しみない相手かどうかの観察を先ず眼ではじめ言葉で先へ進める事が多い。軽い愛の言葉と称せられているのは、実は相手に好意を感じ、関心をもち始めたところ位をさしているらしい様である。そこでは手を握るという動作もそうした意味をもつらしく、森本薫の「女の一生」で

栄二 "お前はどんな人の奥さんになりたいと思つているんだい？"

けい "さあ、そんなこと考えてみたことございませんわ、でも馬賊になりたいなんて人の奥さまだけはいやですわ"

栄二 "（彼はこの前に馬賊になりたいと言つている）だつて、初めてお前がこの家に来た晩、お前は僕なら、手を握つたつてぢつとしているつて言つたじやないか。"

さり気ない様でいて、巧みな打診というべき会話を書き、テネシーウイリアムスの「慾望という名の電車」には、いかにもアメリカ人らしい合理的な観察性で女主人公を得たいと思うミツチとブランシユとのやりとりがある。

彼等は先ず、女の、上衣をぬいだらどうですという親しみをこめた科白にはじまつて、からだのはなしから目方を話題にするのだが、これも巧妙に構成された恋愛場面の展開である。

ミツチ 僕の目方の話は大して面白くもないですよ。ねえ。（しばらくためらつている）あなたのはいくら？

ブランシ わたしの目方？

ミツチ そう。

ブランシ あててごらんなさい。

ミツチ 持ちあげてみてもいいですか？

ブランシ さ、どうぞ。

しかし、愛の言葉のむづかしさは、いくら自分一人であれこれ考え準備してみたところで、当の相手にあえばどうかわるかわからないことがあまりに多いということなのであろう。むづかしいから、又失敗したからといつて、やめてしまえる愛ならば、苦しむのも少いかもしれない。苦しくて〳〵そのためにいつそ死んでしまつてもいい。もうどう言つていいかわからない。その様な人間がその一生にあるいはたつた一度きりめぐりあえないかもしれない様な愛の言葉として、私はポルトリツシユの戯曲「過去」から次の様な言葉を見出す。

モオリス "あなたは僕の言うことさえ聞いていないんだ。たゞ、僕があなたを愛してさえいなければと思うんです。そうしたら、きつと、うまい言葉がみつかるにちがいないんです。"

本当の愛に言葉はいらない。たゞ本当のまごころさえあれば。話しははじめにもどつてしまいました。

（筆者・劇作家）

—その2—

日本文学にみる“愛の告白”

荒　正人
（文芸評論家）

三島由紀夫の『潮騒』のなかに、男女の主人公たちが、素裸になつて、愛を誓う場面がある。——雨に降られて逃げこんだ倉庫のあとで、新治が、恋人の初江に出逢う。海女の彼女はそこで体を乾かしていたのだ。そのときのふたりの会話を地の文を抜いて写してみよう。

「目をあいちやいかんぜ!」「目をあいちやいかんぜ!」（以上女の言葉）……「なんだつて逃げるんぢや」「だつて、恥かしいもの」……「どうしたら、恥かしくなくなるのやろ」……「汝《んの》も裸になれ、そしたら恥かしくなくなるだろ」……「もう恥かしくないやろ」「ううん」「なぜや」「まんだ汝《んの》は裸になつとらんもの」……「汝《んの》がそれをとつたら、俺もとる」……「初江」「その火を飛び越して来い。その火を飛び越してきたら」……「松葉が痛うて」……「いらん、いらん。……嫁入り前の娘がそんなことしたらいかんのや」「どうしてもいかんのか」「いかん」「今はいかん、私、あんたの嫁さんになることに決めたもの。嫁さんになるまで、どうしてもいかんなア」

これは、一切の虚飾をかなぐり棄てた若い男女たちの愛情の表現として成功している。

つぎに、夫のある女性が年若い青年と恋に陥つた場合を紹介してみよう。大岡昇平の『武蔵野夫人』である。

「こゝはなんてところですか」と勉は訊いた。……

「恋が窪さ」と相手はぶつきら棒に答へた。

〈「恋」こそ今まで彼女の避けてゐた言葉であつた。しかし勉と一緒に溯つた一つの川の源がその名を持つてゐたことは、道々彼女の感じた感情がそれであることを明らかに示してゐるやうに思はれた。〉

後に、この恋人たちが逢引をする場面の会話はつぎのようである。

「勉さん、今夜はかうして起きてゐませうね」

「どうしませう。秋山〔夫〕はどうせあたし達が今夜こゝで泊つたことを許してくれないわ」

「いゝぢやありませんか、僕達はちつとも疚しいことないんだから」

「だつて、人はさうは思はないわ。殊に秋山は」

「僕が誘はなけりやよかつた」

「しやうがないわ。あたしも来たかつたんだから」

「僕達さへしつかりしてゐれば、人がなんといはうと構はないと思ふけど」

二人の距離は接吻以上に縮まらなかつた。

太宰治の『斜陽』はこれと対蹠的である。女は、恋の成就をもとめている。男は、絶望している。

いつのまにか、あのひとが私の傍に寝ていらして、……私は一時間ちかく、必死の無言の抵抗をした。

ふと可哀さうになつて、放棄した。

「かうしなければ、ご安心が出来ないのでせう?」

「まあ、そんなところだ。」

「あなた、おからだを悪くしていらつしやるんぢやない? 喀血なさつたでせう。」

「どうしてわかるの? 実はこなひだ、かなりひどいのをやつたのだけど、誰にも知らせてゐないんだ。」

「お母様のお亡くなりになる前と、おんなじ匂ひがするんですもの。」

「死ぬ気で飲んでゐるんだ。生きてゐるのが、悲しくつて仕様が無いんだよ。わびしさだの、淋しさだの、そんなゆとりのあるものでなくて、悲しいんだ。陰気くさい嘆きの溜息が四方の壁から聞えてゐる時、自分たちだけの幸福なんてある筈は無いぢやないか。自分の幸福も光栄も、生きてゐるうちには決して無いとわかつた時、ひとは、どんな気持になるものかね。努力。そんなものは、ただ、飢餓の野獣の餌食になるだけだ。みじめな人が多すぎるよ。キザかね。」

「いいえ。」

「恋だけだね。おめえの手紙のお説のとほりだよ。」

「さう。」

その翌日——

私のその恋は、消えてゐた。

上原さんは、眼をつぶりながら私をお抱きになつて、

「ひがんでゐたのさ。僕は百姓の子だから。」

もうこのひとから離れまい。

「私、いま幸福よ。四方の壁から嘆きの声が聞えて来ても、私のいまの幸福感は、飽和点よ。くしやみが出るくらゐ幸福だわ。」

上原さんは、ふふと、お笑ひになつて、

「でも、もう、おそいなあ。黄昏だ。」

「朝ですわ。」

弟の直治は、その朝に自殺してゐた。

戦後文学のなかから思いつくままに拾いだしてみよう
野間宏の「顔の中の赤い月」の一場面を抜いてみよう。

「あたし、この間から北山さんに、だれか、いい方をみつけてあげなくてはと考へてゐますのよ。」

「ええ、」北山年夫は言葉を切つた。彼はしばらく默つて彼女の言葉の意味を考へてゐた。

「ありがたう。」と彼は冷やかに言つた。「でも、あなたの方はどうなんです？」

「あたしの方？」堀川倉子はかすかに顔を後に引いた。

「再婚の話がおありだときましたが。」北山年夫は、依然として冷やかさを保ちながら言つた。

「ええ。おききになつたのね。」堀川倉子は彼の冷やかな言葉に圧へつけられるかのやうに言つた。

「ききましたよ。」

「でも。」と彼女は口ごもつた。「でも、あたしどうしても、気がすすまないのよ。北山さん、あたしが結婚した方がよいとお思ひになつて？」

「そりや、その方がいいと思いますよ。」

「さう。」


――中　略――

「この人の生活も、果して何時迄つづくことだらうか。売り喰ひだと言つてゐたが、それが終ればどうするといふのだらうか。」と北山年夫は自分の横にじつとつつ立つて、夜の街の暗い灯に眼を向けてゐる堀川倉子のことを考へ始めた。「俺は一体、どうしようといふのだらうか。俺は一体何を求めようといふのだらうか。」「俺は彼女に愛を求めようといふのだらうか。」「戦争で愛する夫を失つた女と戦争で死んだ恋人の愛の価値を知らされた男とが結ばれる……一寸、小説だな。」と彼は思つた彼はふと、自分の傍に一つの小さな生命が動いてゐるのを感じた。小さなスカートの下から小さな二本の足を出した堀川倉子の体の内の、どこへ行くにも苦しみをもちはこんで行く一つの哀れな生命の存在を彼は感じた。その生命の奥深くに、じつとおとなしく毛もののやうにひそんでゐる苦しみを感じた。「いや、俺が求めるものは彼女ではない。そして又彼女が求めるものもこの俺ではないのだ。このひとは俺の苦しみをどうしやうもないと言つたが、俺も又、この人の苦しみをどうすることもできないのだ。……しかしこの俺の真近にあるこの哀れな人間の生命一つさへ、どうすることもできないといふことを考へるとき……俺の生存は俺のみの生存だし……この人の生存は、この人のみの生存だと、やはり思ふ以外ないではないか。」

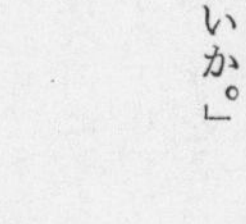

中村真一郎の「一九四二年降誕祭前夜」の一節を紹介してみよう。妻のある男が、或る近代的な女性を愛した。女は妊娠した。男は結婚を申し込む。

――どうしても駄目かい？

――駄目よ。

……

――さうすると、結局、僕は女房と別れなきやならなくなるんだが。勿論、君さへ望むんなら、そして君を迎へるのが一番いいんだが……それを考へてみようぢやないか。(此の戦時下に、うつかり此の問題が世間に知れると大変になる。離婚も、青年時代の向ふ見ずの頃のやうに、いい加減な関係を切るのとは異つて、今度は簡単には行かないだらう。)

――ね。そうしようや。

――駄目よ。

……

――あなたの奥様を、不幸にすることは出来ない。それくらゐなら、私、死ぬ。

――死ぬ？　馬鹿な。

……

――ね。だから、私死なないわ。あなたは、何にもしなくてもいいの。今迄の通りに。

この会話の間に、かなり長い説明風の叙述があるのだが、それは省略する。小説としては、心理分析に重点が置かれている。

坂口安吾の「白痴」には白痴の女をかばいながら、空襲下を逃げる男が描かれている。――

「死ぬ時は、かうして、二人一緒だよ。怖れるな。そして俺から離れるな。火も爆弾も忘れて、おい俺達二人の一生の道はな、いつもこの道なのだよ。この道をただまつすぐ見つめて、俺の肩にすがりついてくるがいい。分つたね」女はごくんと頷いた。

織田作之助の『土曜夫人』の終り近い部分から。こんどは地の文もその儘にしておく。デカダンスの深部で抵抗している清純な心に触れたものである。

女の体は十六の歳から知つてゐながら、恋は一度もしなかつた京吉にとつて、ただ一人ひそかに陽子へ抱いてゐるなつかしさは、もはや恋心といつてもよかつた。それだけに、陽子の体だけは指一本触れず、そつとして置きたかつたのだ。自分の踊りの技巧が相手の女の生理を迷はすことを知つてゐたから、恋をしながら陽子とは踊らうともしなかつたくらゐだのに、いま陽子の触感を求めてゐる、このありきたりの情熱は一体何としたことであらう。

「ねえ、帰つてよ。」

「……」

「帰つてつたら！ 京ちやん！」

そんな眼をすると怖いわ――といふ声はわざと聴かぬふりをして、京吉は窓の外の雨の音を聴いてゐた。焦躁のやうな音であつた。

その音を陽子も聴いてゐた。そしてもし京ちやんが強く出て来たら、自分はもう拒む力もないだらう――と、がつかりしてしまつたくらゐ、その雨は気の遠くなるやうな孤独の音を、陽子の耳に降らせてゐた。

しかし、京吉がいきなり陽子を抱き寄せようとすると、

「あ、京ちやん待つてよ。あたしはそんな女ぢやないわ。」

陽子にとつて一番大事なものが自尊心であるとすればこの自尊心を与へてゐるのは、自分は二十四の今日までたつた一つ捨てずに来たものがあるといふ誇りだつた。何れは捨てねばならぬものではあらうが、しかし、それをこんな風に簡単に……。その屈辱と、そして羞恥心と恐怖が、必死の力で京吉を防ぎながら、

「あツ、――京ちやん、あたしに死ねといふの、あたしをそんな女と思つてるの……？」

「だつて陽子昨夜キヤツキヤツじやなかつたぢやねえか。」

一人寂しく寝るといふ意味を「キヤツキヤツ」に含ませて、昨夜は首つたけ侯爵に許したぢやないか――と、なほも迫ると、

「違ふわよ。キヤツキヤツよ。昨夜はキヤツキヤツよ。あたしを信じてよ。何でもなかつたのよ。」

陽子は必死で「キヤツキヤツ」を口にしてゐた。

「本当か。」

京吉は陽子の眼を覗きこんで、その瞳に自分の醜い表情が夜光蟲の光のやうにうつつてゐるのを見た。

「本当よ。逃げたのよ。はだしで逃げたのよ。あたしは.」

そんな女ぢやないわ――といふ言葉を、三度目に聴いた途端、京吉はいきなり陽子をはなして、ものも言はずにそのアパートを飛び出して行つた。

こんどは風変りな会話を紹介しよう。石川淳の「無尽燈」である。男は友人の妻と結婚しているのである。戦争中であることも念頭に入れておく必要があらう。

「おまへ、そんなに不動様がありがたいのか。」

「行く道に萩が咲いていて、よかつた。」

「ごまかすなよ。」

「ふうん。」

「女の子の願掛たあいきなもんだ。この御時勢にはめづらしい。心願成就といふのは、何かがめでたく叶つたといふことか。」

「いはへん。」

「なんの心願でもかまはないが、浮気の筋だつたら、なるべく控へ目にしといたはうが無事だらう。世の中が荒れてるからといつて、わざわざうちの中まで荒らさなくてもいい。まをとこは一度すればたくさんだ。おれもおまへと一度でこりこりした。」

「あほかいな。」

弓子がとうに忘れてゐるはずの京訛をつかふのが、何かそらとぼけて聞えた。そして、さういふとき、弓子は顔つきもあどけなく、少女のやうに見えた。

「まあ、いいさ。じつは、浮気の筋ならおれも好物だ。へたにほんとのことをいつて、味噌醤油のぐちみたいなものを聞かされるよりも、器用にウソをついてくれたはうがいい。そのはうがほんとらしい。」

「それがいけないのよ。」と、ふつうの調子になつて、

「あなたはあたしのいふことは何でもウソだとおもつて

る。心願成就のわけをいひませうか。あなたと御一所になれて、よかつたといふことなの。」

「それは御奇特なことだ。」

「それごらんなさい。すぐさういふふうに仰しやるぢやないの。あなたのはうがよつぽどウソつき。」

「さうかね。」

「さつき隣組で勤労奉仕に出てくれつていつて来たとき、なんていつた。胸膜炎で出られないつて、いつたぢやないの。」

「いつたさ。」

「ウソついて協力しないぢやないの。」

「おまへが軍の廻しものたあ知らなかつた。勤労奉仕に出ないといふところに、おれの真実がある。胸膜炎だつて、まんざらウソぢやない。おれのからだは、かうして平気ぢやゐるが、医者に見せたらきつと難癖をつけるにちがひない。勤労奉仕に出たら、請合つて胸膜炎になつてみせる。なんだか血を吐きさうになつて来た。」

「それが自分勝手よ。あたしはほんとのことといつても、何でもウソにされちやふとおもふもんだから、ついウソをいふやうになるのよ。あなたがあたしにウソをつかせるのよ。あたしのいふこと、あたまから信用しないおつもり。」

「そんなことはない。なるべく信用したいと心がけてゐる。」

「きつと、さうか。信用するか。もうウソだなんていはないか。」

とたんに、弓子はわたしの膝の上に乗つて来て、ふわりと、しなやかに、指さきが肩にすべつて……どうも、いけない。色模様になつて来た。世の中はいくさ仕掛、女房は色仕掛では、わたしもさうさうは附合ひかねた。

戦前の作品のなかから二つだけ紹介してみよう。いずれも力強い、印象的な情景である。——有島武郎の『或る女』の一節。アメリカに向う船のなかで、早月葉子が倉地という事務長と交渉をもつ場面である。その会話の部分だけをつないでみる。
「いやです放して」「誰が離すか」「本当に離して下さいまし」「いやだよ」「本当に放していたゞきます」「あなたは今朝この戸に鍵をおかけになつて、……それは手籠です……私……」〔葉子は自分の船室に這入ってしまう〕「早月さんお願ひだ。一寸開けて下さい」「早月さん!!」「葉子さん、葉子さんが悪ければ早月さんだ。早月さん……僕のする事はするだけの覚悟があってするんですよ。僕はね、横浜以来あなたに惚れてゐたんだ。それが分らないあなたぢやないでせう。暴力？暴力が何んだ。暴力は愚かな事つた。殺したくなれば殺しても進んぜるよ」「あなたに木村さんといふのが附いている位は、横浜の支店長から聞かされとるんだが、どんな人だか僕は勿論知りませんさ。知らんが僕の方があなたに深惚れしとる事だけは、この胸三寸でちやんと知つとるんだ。それ、それが分らん？僕は恥も何もさらけ出して云つとるんですよ。これでも分らんですか」

終りに宮本百合子の「伸子」から。これは、女が男に求婚する場面として珍らしいが、しかし、真実のこもつたものである。殊に最後の「あなたとでなければいや」という言葉は、多くの女性が心のなかだけでつぶやいている言葉なのだと思う。

伸子は、重大な話を切り出すに、一種の辛さを感じた。彼女は伏目になり、佃の手に自分の手を重ねた。劇しい感情の動揺が先に立つて、舌が重くこはばつた。伸子は、だしぬけに彼の名を呼んだ。

「——佃さん」

驚いて佃は伸子を見た。その眼と眼を見合せた途端、伸子は胸でも急に痛むやうな、苦しげな顔をした。彼女は手をのばし、彼の頭を自分に引き寄せた。そして、ぴつたり耳に口を寄せ、囁きはじめた。

「私ね……私ね……」

が、いきなり、伸子自身予期もしなかつた涙が、ひどい勢ひでこみ上げてきた。彼女は佃の横顔に自分の顔を抗しつけたまゝ、啜りあげて泣き出した。佃は訳も知らず、あわてて、自分の胸から伸子の顔を離さうとした。

「どうしたのです？　え？　どうしたのです」

伸子は、一層きつく彼にしがみつきながら、途切れ途切れに涙のあひだから囁いた。

「私ね……考へたの。……若し結婚するなら……私は……

…」

佃は、打たれたやうに体をのばし、ぐつと両手で伸子の顔を挾んで自分の前へ持つてきた。伸子は涙でぐつしより濡れ、上気し顫へながら、懺悔する子供のやうに一気に云ひ切つた。

「あなたとでなければいや」

—その3—

外国文学にみる
"愛の告白"

遠藤周作
(文芸評論家)

ジャック・マリタンといえば、日本でも既に幾つかの飜訳のでている、仏蘭西の哲学者ですが、彼の妻、ライーサも亦、詩人兼哲学者として有名です。

ぼくは、ライーサの写真をみたことがあります。中欧系の血が流れているのでしよう、髪は写真ではよくわかりませんが、金髪のように思われます。幾分、うつむいたその顔はほのかな翳をおび、その瞳には修道女のような気品と優しさとが漂つていました。

ライーサは夫・ジャックと共に聖トマスの哲学を現代のさまざまな課題に適応して思索したカトリックの閨秀哲学者ですけれども、亦、うつくしい詩や回想録も書き残しています。

そのライーサがジャックに出会つたのは二人がまだ、巴里での大学生の時でした。二人は、互に真理を求める学友として一緒に勉強しあつたり、議論しあつたりしたものでした。青春の懐疑と苦みとは彼等をして、亦尊敬する先輩思想家たちの門を叩かせることもありました。

この二人の若い清らかな友情のことを考える時、ぼくは昨年、ぼくがまだ、そこにいたあの巴里大学の構内のことを思いだします。大学前のブルミツユの通りには、噴水があつて、それが黄昏になると薔薇色の光に震えながら吹き上げています。おそらくジャックとライーサとはその横を、通りすぎたでしよう。そしてあのルクサンブルグ公園の静かな樹かげの下に休息に行つたのかもしれません。

二人には、他の多くの男女学生のように早急な恋愛感情や結婚の期待はなかつたように思われます。愛の感情は奥ふかく持ち合つていたかも知れませんが、それは純潔への志向と勉学の熱情が抑えていました。かうして二人は近づいていきました。お互の思想や懐疑や苦悩が、ほとんど一人の人間である程に理解しあえました。

ある日、ジャックとライーサとは部屋の中でジッとしていました。ライーサは椅子に腰かけ、ジャックは床にすわつていました。その時、突然、ライーサは二人の考えていることが全く一致したという気持になつたのです。彼女の手は思わずジャックの髪の中にすべりこみました。それだけで二人は愛し合つていることがわかつたのです。

「大いなる友情」という回想録のなかで、ライーサはジャックとの愛の邂り合いをそう思い出しながら語つています。

ぼくはこのような愛の告白のしかたを本当に倖せな、美しいものと思うのです。それは一つには、愛の告白をあの不完全な言葉で云いあらわす必要が彼等にはなかつたからでしよう。

ぼくは昨日、ある本の中で、次のような詩をみつけました。

世間の恋人たちをみるがよい
やつと告白がはじまると
もう彼等は嘘言を強ひられてゐるのだ。

怖しい言葉です。しかし、それは確かに真実をもつた言葉なのです。多くの恋愛の悲劇はおおむねの場合、その告白の刹那から始つているのです。愛という営みは人間の行為のなかで最も困難な仕事の一つなのに、恋人たちは余りに軽々しく愛の誓いを囁き合います。しかし誓いほどむなしいものはありません。恋愛というのは必ずしも二つの性の結合ではなく、時としては二つの性が血みどろになつて相手が血を流して倒れるのを待つ悽惨な面貌をも持つているものです。けれどもおおむねの愛の告白の表現はあたかも、自分たちだけには、この悽惨な面貌が起らないかのように囁き合われるわけです。

にも拘らず、愛の告白が、なにか、薔薇色の夢と、あまい旋律を伴つて恋人の耳に達するのは、恋人たちがそれに陶酔を期待しているからです。酔うことによつて恋人たちは自分たちの恋愛の悽惨な面や底知れぬ深淵に気づかずにいることができるのです。

「私は貴方以外に人生で悦びを見出せないでしょう」「貴方がいなかつたら、私の生命は全く無意味なものです。」「私は貴方だけを一生愛しつゞけるでしょう。」

恐らく、どの恋人たちもが囁き合う、このような陳腐で通俗的な言葉や誓いが、あたかも、自分たちだけには、絶対的であり、完全なものであり、そして亦、あたかも自分たちだけに始めて云い交された新鮮なものとして聞きとられるのは、寔《まこと》、恋人たちが陶酔しているからです。

けれども、もし、こゝにどうしても、酔えない女がいたらどうでしょう。彼女にはそうした告白の裏側にある愛のむなしさ、虚偽、相手のエゴイスムがみえすいてしまうのです。そうした冷たい非情な眼が彼女をして、相手の男の胸に、自分を投げだすことを不可能にするのです。

フランソワ・モゥリヤックの「テレーズ・デケルウ」という作品の主人公、テレーズはそのような、冷たい眼を宿命的に持つた女性です。彼女は西仏蘭西のランド地方という仏蘭西でも最も荒涼として曠野に生れました。そこにあるのは、たゞ果知れぬ松の森と、それを埋める熱くるしい羊歯の群と砂地とだけです。

テレーズは酔えない女でした。彼女はそれでも、たゞ少女期の云い知れぬ暗い不安を逃れるために、ベルナールと呼ぶ青年と婚約したのです。ベルナールは、巴里の大学まで行つたこの地方では珍しい「教養ある」青年でしたし、その家柄も当人の性格も決してわるくはなかつたのです。けれども、テレーズは、どうしても彼に酔えないのです。彼の腕にだかれても、他の娘たちのように眼をとじて、その唇をうけることが出来ないのです。

「婚約をした春、二人はアルジェルーズ村からビルメジャ村に行く砂地を歩いていた。樫の枯葉が空の色をよごしていた。乾いた羊歯が地面を覆つていた。『煙草の火に注意したまへ』とベルナールは云つた。『火事を起すかも知れないからね。ランド地方には水がないのだ。』テレーズはたづねた。『羊歯に毒があるつて本当かしら。』彼はやさしく問うた。『君は死にたいのかね。』

ベルナールは愛の言葉を囁いた、がテレーズにはそれが、つまらぬもののように思われる。彼の二つの大きな手がテレーズの小さな頭をだきしめた時、彼女は眼を閉じた。しかし一つの声がテレーズの耳に響いた。『まだ何か、虚偽なものがあそこにある。』」

これはその「テレーズ・デケルウ」という小説の一節の抄訳です。「まだ、なにか虚偽なものがあそこにある」この言葉はベルナールが彼女の耳に囁いたのではありません。テレーズ自身の心の中のなにものかが、そう言つたのです。相手の男の愛の仕草、その誓いをなぜか、奇妙な、滑稽なものと思わせる冷たい眼がテレーズの中でどうしても、とじないのです。愛の言葉のむなしさや虚偽を見透させてしまう、ひえびえとした風が彼女の魂を決して酔わせてはくれないのです。

「まだ、なにか虚偽なもの」その虚偽なものが何であるか、勿論、テレーズにはよくわかりません。彼女はベルナールが真剣であること、彼流に自分を愛していることを知つています。けれども、彼女の非情な眼は本能的にそうした愛の告白や誓いのむなしさ、奇妙さを感得させてしまうわけです。彼女は、恋というものは恋人たちの顔にマスクをかぶせることを知つています。愛されたい、完全な男(女)に思われたい、そうした願いのため恋人たちは無意識に無理な背伸びをした姿をとるものです。テレーズはベルナールの愛の告白や誓いのなかに、それら、無理をしている、背伸びをしている滑稽な男の姿を見つけたに違いありません。

テレーズのやうな「非情な眼」の持主には、このように愛の告白を素直にうけとらせない悲劇を持つわけですが、今度は逆に「盲目な目」を持つた恋人たち、つまり陶酔することの出来る恋人たちの愛の告白について考えてみましょう。

陶酔することのできる恋人の典型的なものは、皆様がきつと何度も愛読されたに違いない、あのアンドレ・ジイドの小説「窄き門」の主人公の一人、ジエロムです。

テレーズとは全く反対にジエロムは、恋の悦びに陶酔する余り、婚約者アリーサの苦み、かなしみ、心の動きを理解することができない。そしてその結果、アリーサを怖しい孤独地獄に追いやつて、独りで死なせてしまうのですから、もしテレーズを「非情の眼の悲劇」というならばジエロムの場合は「陶酔と盲目の悲劇」ともいうべきでしよう。この陶酔と盲目から生れた悲劇の一端を、彼の愛の告白から観望してみましよう。

『アリーサ』うつくしい大気が笑ひさゞめき、そして我々の心が花々のやうに開いたある朝、私は云つた。『ジユリエットが幸福になつた現在、ぼくたちも亦さうならうぢやないか』

私は彼女に眼を注ぎながら、ゆつくりと話した。しかし彼女の顔は、突然私が口をつぐんでしまふほど蒼ざめた。

『ね』と彼女は云つた。『わたしは貴方のおそばにいるだけで、これ以上、幸福なことはないの、それに、私たちは、幸福のために生れたのではないのですもの。』

『魂は幸福以外に、何を望むのだ』と私は性急にたづねた。彼女はつぶやいた。

『聖《きよ》かになること……』

その声は余りに低かつたので私はそれをきいたと云ふよりは寧ろ、そう推察したのだつた。

『お前がいなければ、僕はそうなれないんだ。』と私は叫んだ。額を彼女の膝におしあて、子供のやうに泣きながら、しかしそれは悲しみのためではなく、愛に動されて私はくりかへした。『お前がいなければ、お前がいなければ。』

うつかりすれば、貴方たちを恍惚とさせてしまうような一場面です。しかし、その儘、頁をめくらずに、貴方自身がアリーサになつたつもりで考えて下さい。

まず、この会話だけでもジエロムはアリーサにすがつていることがわかります。普通、女の気持としては、愛する男によつて自分がグングン引張つていかれたい、そう云う女性の本能的な受身の感情が先にたつわけですが、このジエロムとアリーサとの関係は、それが逆になつているわけです。『お前なくては僕はそうなれないんだ。』ジエロムはアリーサを引張つていくよりは、アリーサによつて導かれていきたいと考えているわけです。アリーサは女ですから、そう云われれば、途惑い、不安になつてしまうのです。なぜでしよう。

ジエロムはこの愛の会話でもわかるように、アリーサを一人の娘として、普通の娘心をもつた女として取扱つてはいません。先程、ぼくが申し上げた陶酔の感情がジエロムをしてアリーサをあたかも、この地上には存在しえないような聖女に美化させているのです。つまりジエロムは本当のアリーサではなく彼が夢想するアリーサの姿《ファントム》に恋をしているわけです。

もし貴方たちがそういう立場になつたら、どんなに不安で当惑するかを考えてごらんなさい。貴方がたの恋人が、本当の貴方自身ではなく、余りに美化された貴方の映像を愛しているとしたら、どれ程、苦痛なことでしよう。アリーサの場合も同じことでした。アリーサはジエロムが彼女に押しつけてくる聖女という映像に背伸びをし、不自然な無理な姿勢に爪だちをし、結局、本当の自分と、この聖女の映像《ファントム》との間に引き裂かれながら、孤独のうちで死んでしまうのです。「狭き門」の愛の告白のほとんどは、アリーサに対するジエロムの陶酔がもたらす、盲目愛の怖しい悲劇を暗示しているわけです。

現代外国文学における愛の告白という題でぼくが、様々な小説中の恋愛告白を例記せずに、わざと、このテレーズの場合と、ジエロームの例とだけをとりあげて、観望したのは、それだけで充分だと思うからです。西洋文学の愛の告白の淵源は一言でいえば、中世の騎士が貴夫人たちをほめたゝえ、美化する頌歌から始つています。つまり、陶酔を土台にした愛の告白です。ジエロム的世界なのです。

トリスタンとイゾルデやオッカサンとニコレットなどの恋物語を皆様も御承知でしよう。そうした陶酔の愛の感情を、テレーズの非情な眼、ひややかな自我の観察が悪魔のように忍びこみはじめた時、出口のない分裂に恋人たちは襲われはじめました。十八世紀のコンスタンの「アドルフ」の愛の告白には既にそうした廿世紀のテレーズ的な非痛な翳を背負いだしています。

それは、愛慾の世界にもあらわれた近代の自我の悲劇の一つと云うことができるでしよう。

ファッション・モデル誕生

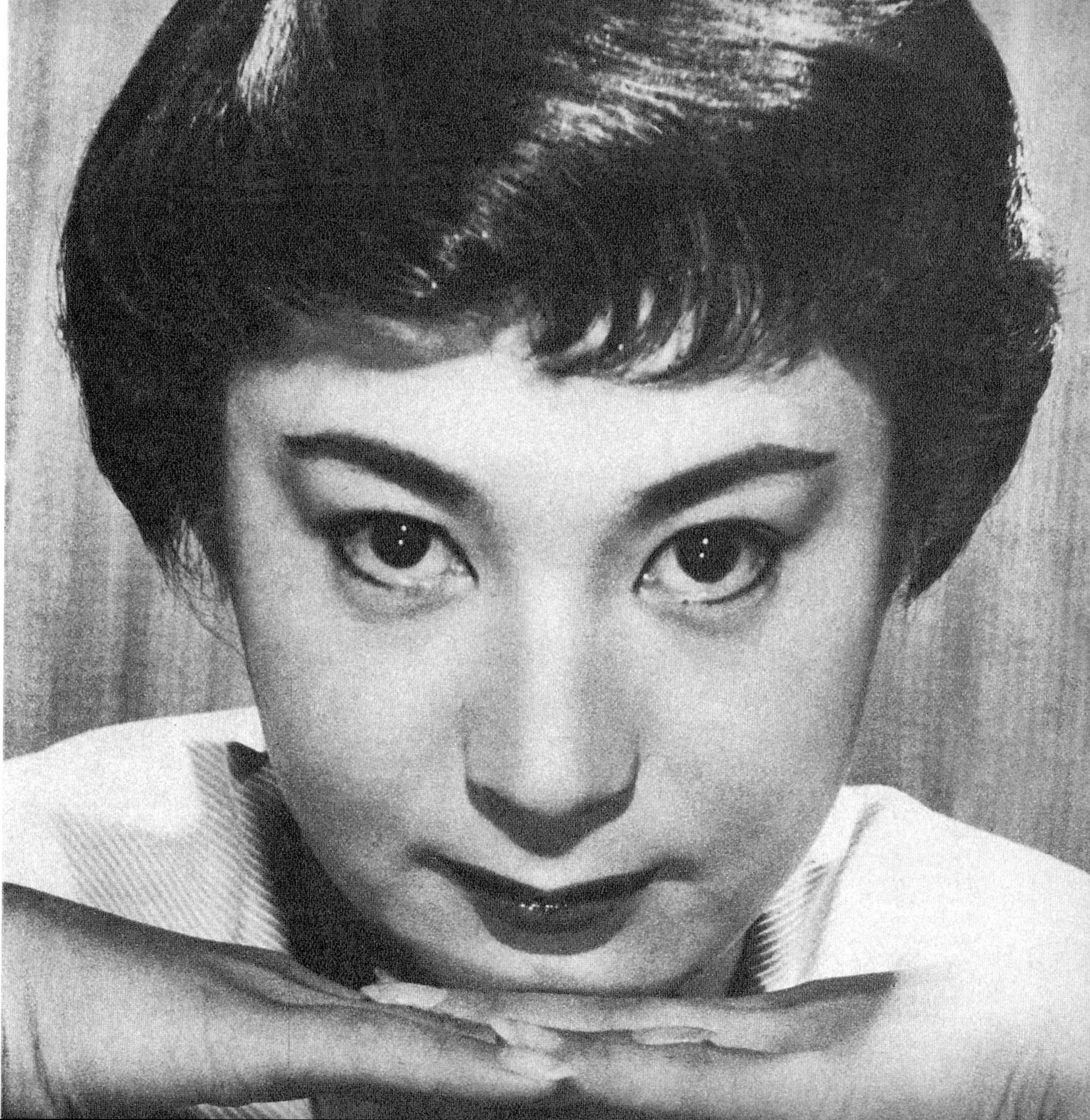

ファッション・モデルを創る

中原淳一

「どうすれば八頭身になれるか」「食餌療法で脚線美を作るには」等々、美人になるのに色々な方法手段が、雑誌や新聞に出るけれども、六等身の女性が、気狂いのようになつて美容体操をやつても八等身のファッションモデルにはならない。所詮、一流のファッションモデルになれるのは四ツ葉のクローバーが滅多にないように、美貌で、上背があつて、胸やヒップが立派で、ウエストが細くて、脚がカモシカの様に美しい、勿論八等身で、などゝ云うのは銀座を二、三回散歩してもまず行き当らない。

かつて松竹少女歌劇に席をおいたことのある彼女は舞台度胸と云い、バレーや日本舞踊による身のこなしは申し分ない。そして肉体条件は、私は大鼓判を押す。しかし、彼女が普通のお嬢さんである場合には美しい娘さんとしてこのまゝでいゝのであるが、モデルとしての場合は最も頂点の、しかも明日の流行を捉えた個性的な髪型や化粧を創り上げなければならない。

私は、このお嬢さんをファッションモデルとして新たに改造する第一段階として、早速美容家の山野愛子さんに電話をした。

「ファッションモデルとして最も彼女が美しく見える髪型で徹底的に改造して下さい。」と云う私に対して、

「それではお目にかゝつて、大いにその改造と云うことを試みてみましょう。」との答えに「とてもたのしみですわ」

とつけくわえられた。そして、早速、車を山野邸に走らせた。

左の上段の写真は改造前、下の二段の写真は二時間後の改造後の彼女である。ファッションモデルとして、出るためになにか新しい名前をつけたいと考えているが、なかなか適当な名前がみつからぬので、この人にふさわしい名前を考えつかれた方は、どうぞお知らせ下さい。

まずカットから

山野愛子

まずパーマネントがかゝり過ぎていました。これはファッションモデルとしてだけではなく、どなたにも云えることですが——それから最近の傾向としては髪が中途半端に長過ぎたようです。ファッションモデルはマダム風なものやジュニア風のものなどを色々着こなさなければならないので、オールウェジヤーカットを試みました。（此のカットとはどこからわけても良い様になつているカットのこと）

この髪型ならば髪を上げてマダム風にアップの様にも出来るし、下げて可愛らしいジュニア風にも出来ます。この髪型はその様な色々な工夫が出来てたのしい上に、今の最も新らしい髪の傾向でもあるのです。

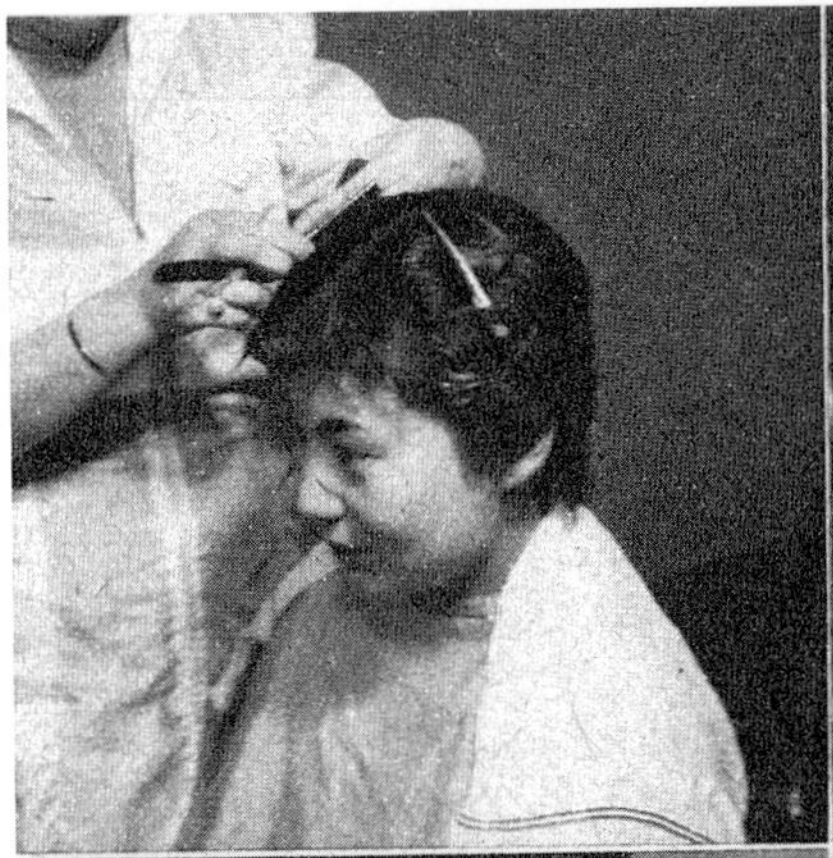

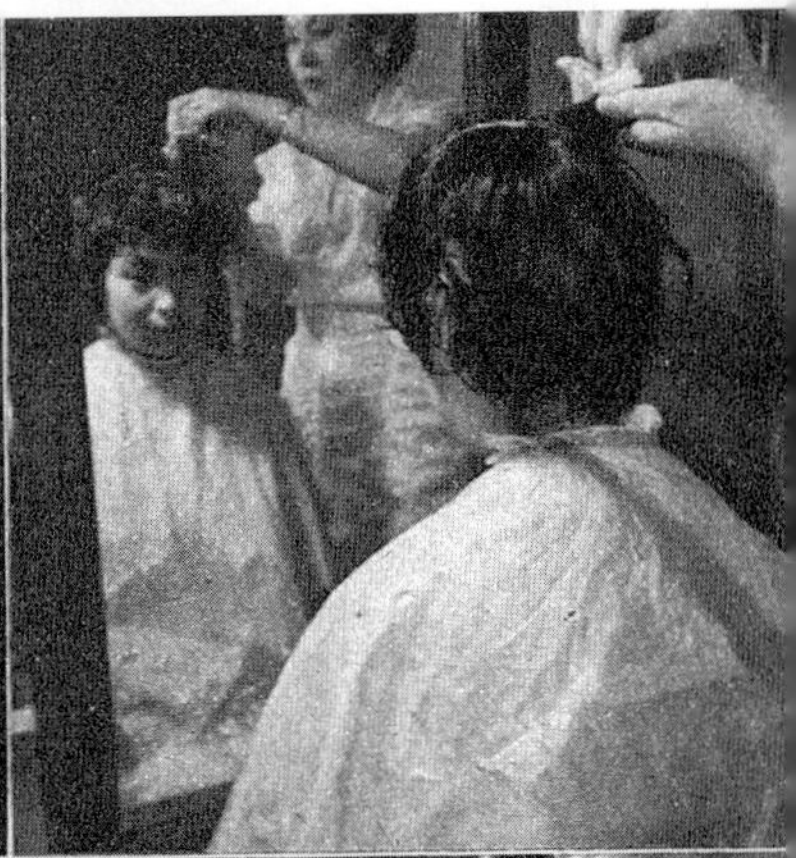

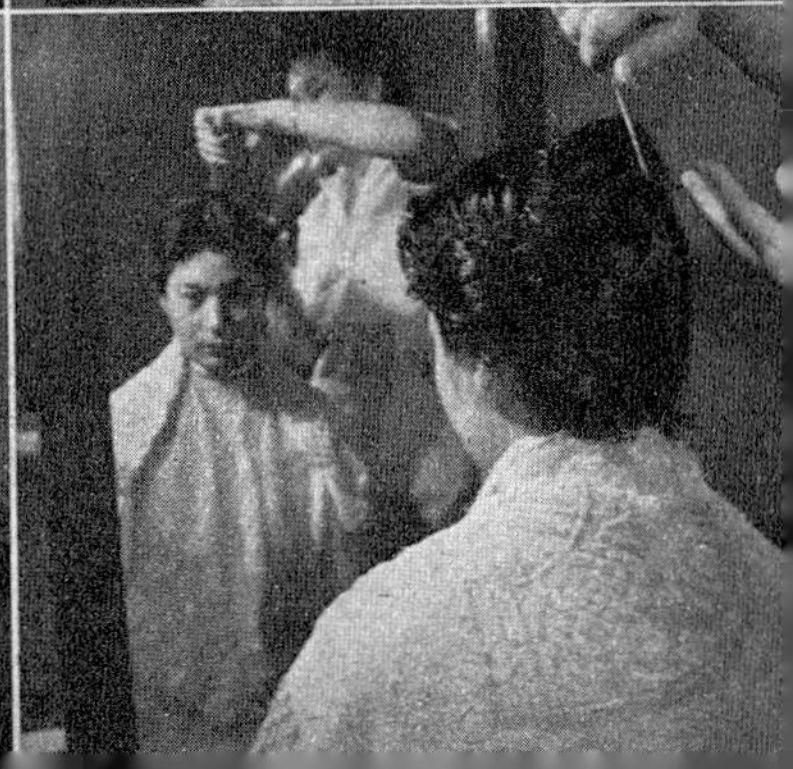

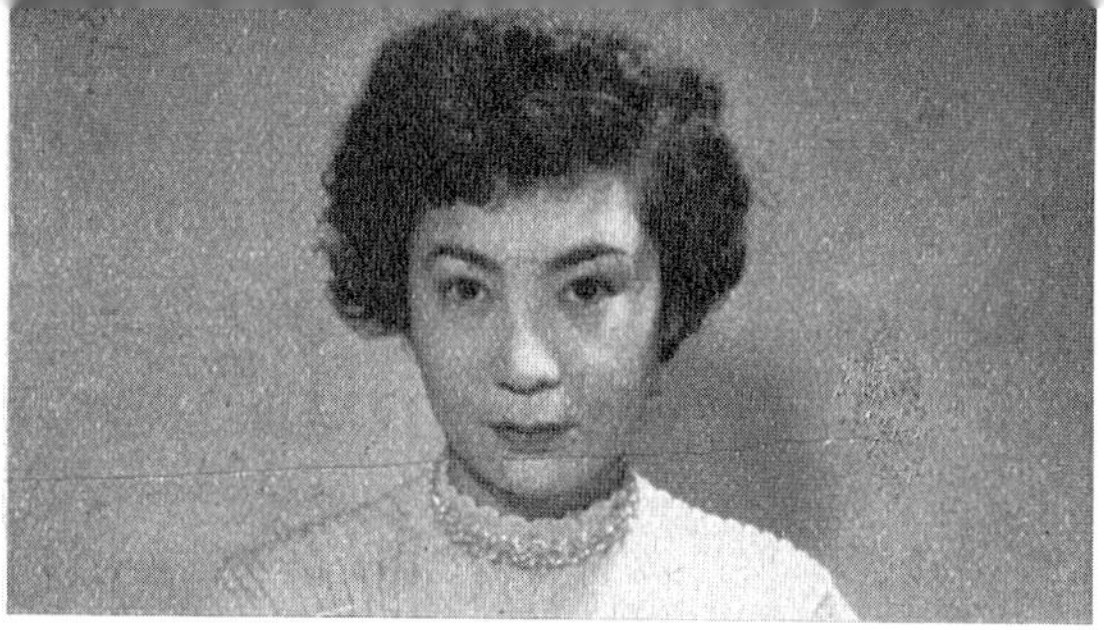

彼はたれ？

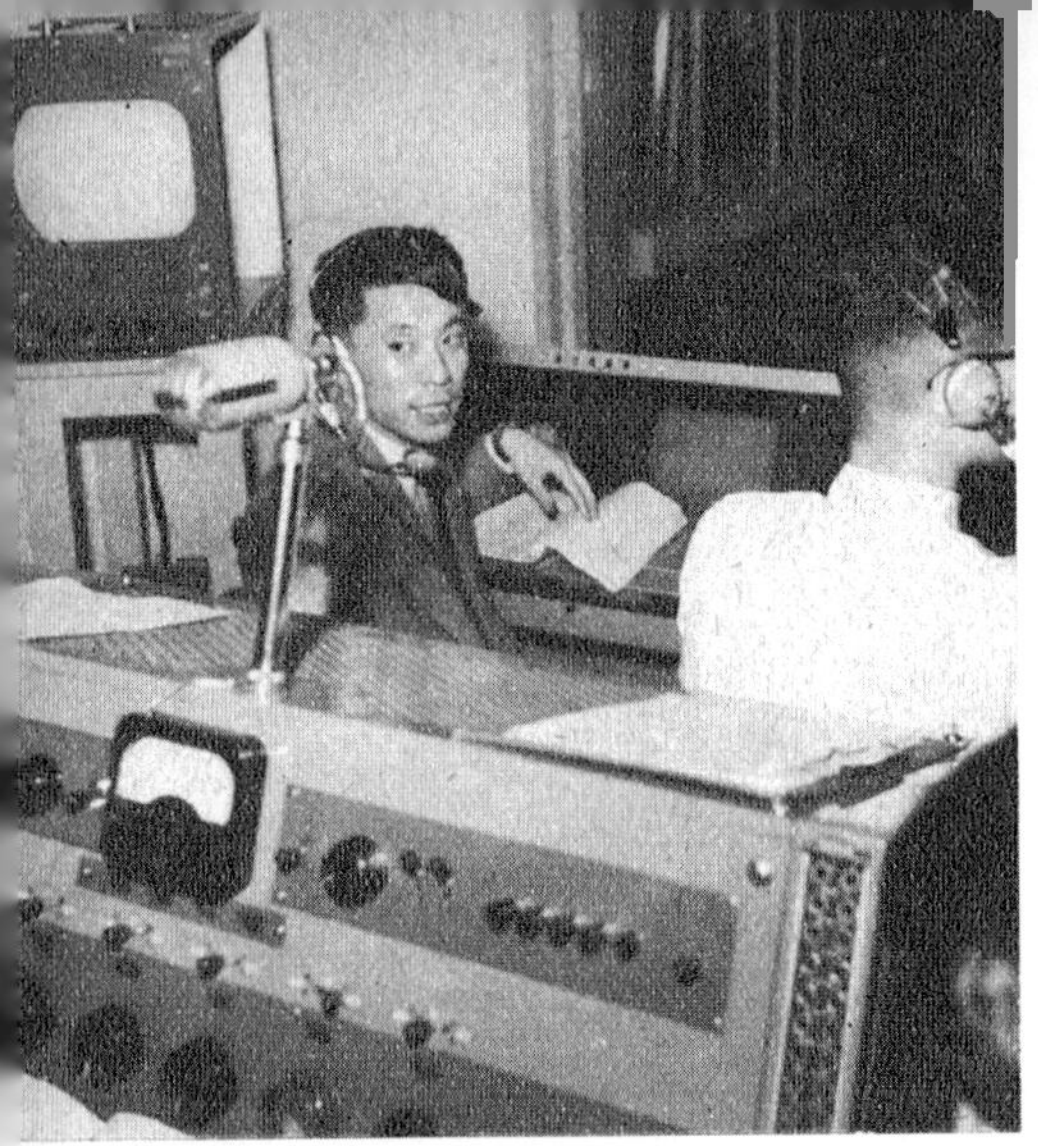

生活の中で最も真剣な時、スタヂオでは今、テレビの撮影が開始されようとしている。調整室での彼は、カメラの位置から、ライト、出演者への注意など、あらゆることに気を配らなければならない。緊張した瞬間である

彼は昭和三年二月二十一日生れ、勿論独身の青年である。父上は往年実業方面に活躍され、今は世田谷の玉川に隠居していらつしやる。恵まれた家庭に次男として生まれ、兄弟は兄上と二人きり、その兄上は既に結婚して麻子ちやんという可愛いお嬢ちやんがあり、官庁にお勤めの御様子。そして彼は両親や兄夫婦達と一緒に静かな郊外の家に寝起きしている。

彼の毎日出勤する所はNHKのテレビ芸能部。どちらかといえば小柄であるが、育ちのよさというようなものがうかがわれ、いつもきちんとしたものをすつきりと身につけて、きびきびとした態度は、初対面に受けた清潔な印象があとまで続く。

成城高校を卒業してから、文化学院に学び好きな演劇方面のことがやりたくてNHKに入つた彼は、同じ芸能部にいるミュージカルものの名プロデューサー石川甫氏に見出されて、テレビの中でのヒット番組である「シャンソン・アルバム」を担当している。

煙草は一日に三箱半も吸うというのに、お酒にはいつこうに興味がないらしい。だから、誘われてマージャンなどで夜ふかしをしても、家の人達はお酒の上での間違いなどということで心配することは絶対にないというこういうとマージャンがひどく好きなように見えるが、人が足りなければ相手になるという程度。しかしいざ相手になればとても強いというのだから得な性分だ。けれどもこのマージャンとて彼の趣味でもないし、特別にこつているというものでもないらしい。

これから写真を追いながら、彼の生活をのぞいてみることにしよう。

月に三つ持つているテレビ番組のうち、彼の仕事の中心となつているのはシャンソン・アルバムの時間だ。シャンソンを愛している彼の憧れはやはりパリにあるらしい。そしていつの日かパリにあそべることを待望んでいる

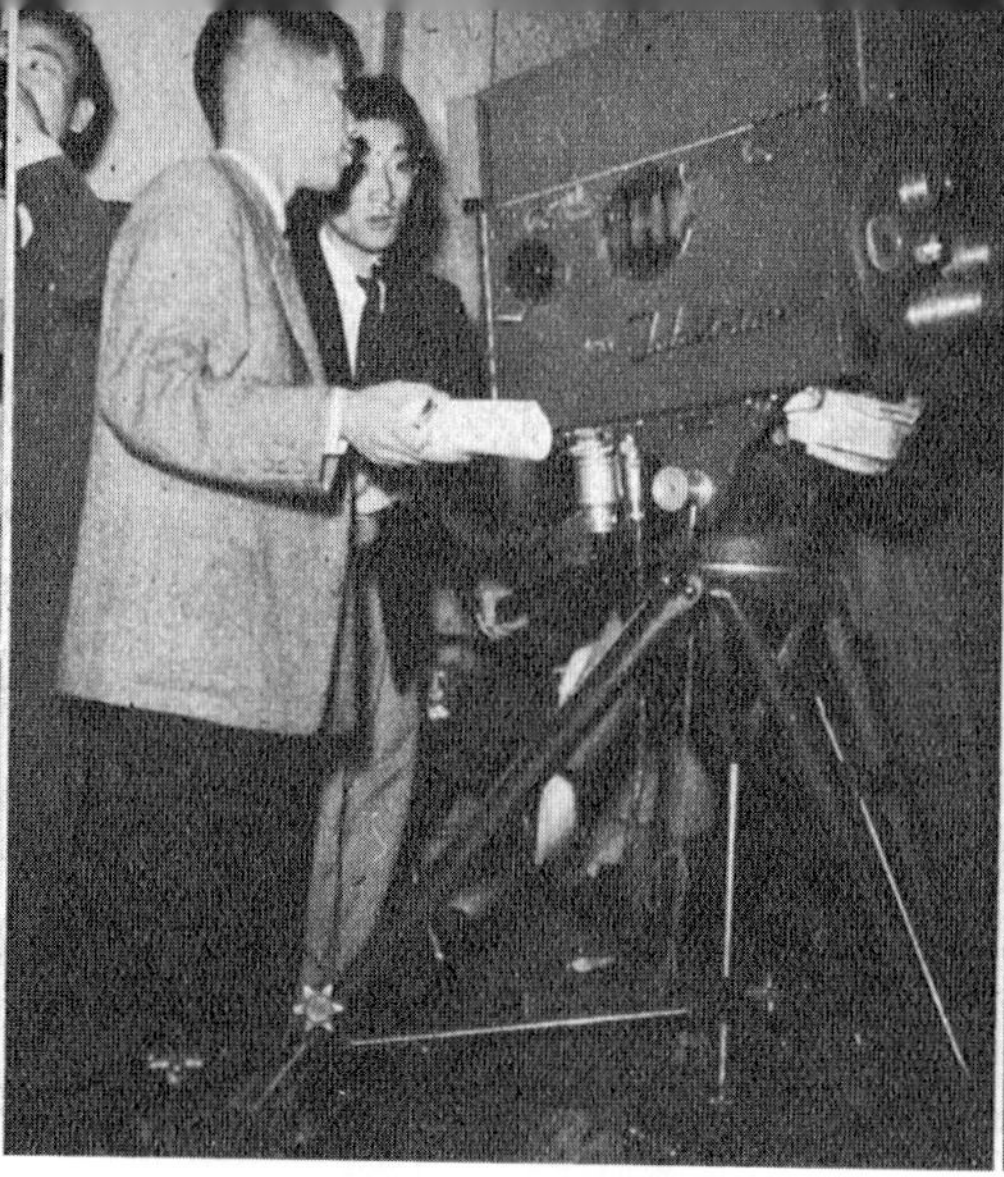

シャンソン・アルバムの台本（構成中原淳一）ができ上つてから、本番に入るまでが一番多忙を極め、一晩の徹夜は毎度の事。時間で始まり、時計を絶えず気にしながら終る放送の仕事だけに気の配りようは並大抵でない

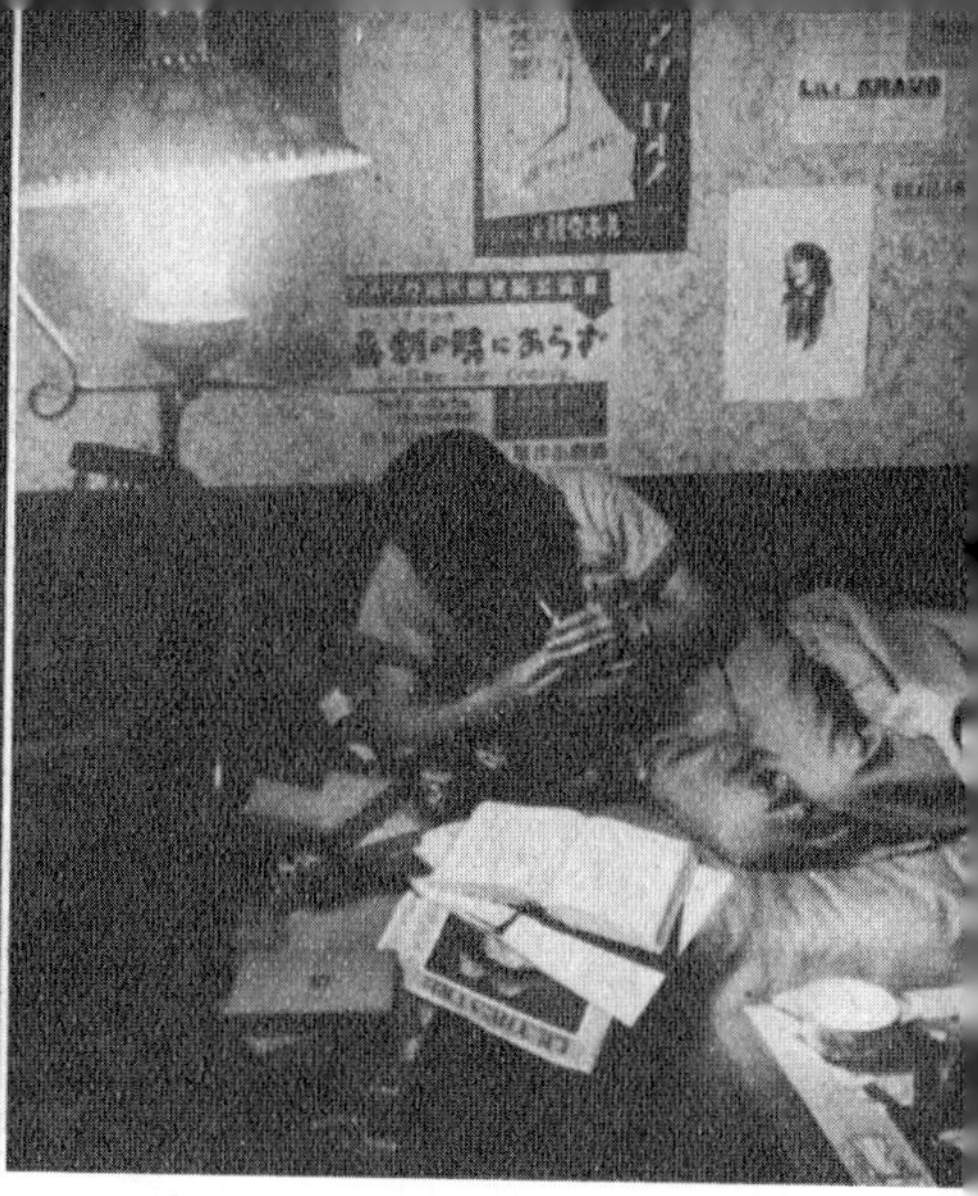

出社は正午だが帰宅は夜中の12時頃。そのまま寝てしまう気にもなれないで、ベッドの上に寝ころんで好きな煙草を何本も吸いながら何をするともなく本を引張り出して眺めてみる。これが彼の日課の一つとなつているとか

自動車の運転を心得ている彼は、出来るだけ近い将来に自家用車を持つことを望んでいる。形は彼の趣味にあつた英国風の四角ばつたものがよいらしい。勤務先に近い日英自動車等を訪れては新しい車の説明を聞くという

仕事の合間には放送局附近をぶらつく。並んで歩いている石川甫氏は、仕事の上での彼の先輩であり、兄貴分だ。オフィスでは机も隣合わせ、彼のためにいろいろと助言お叱りを与えてくれるのもこの石川氏であるとか。

シャンソン・アルバムのレギュラーメンバー、右から橘かほる、彼、中原淳一、高英男の四人が番組打合せ中メンバーはこの外に淡谷のり子、佐藤美子、富樫貞子、福本泰子、芦野宏等々の諸氏が加わつている。

趣味は舶来骨董品。10年もしたら好きなものが全部自分の囲りに蒐まるだろうと彼は云う。行きつけの西洋骨董屋へふらつと立寄つて、その雰囲気に浸つて主人と談じこみ、その時の経済状態に合わせて時々は手に入れる

学生の頃から軽井沢を愛していた彼も、今は仕事の都合でひと夏を避暑地で過すなどは望めない。だがふらりと抜け出て行つてみたいといつも思うそうである。案外孤独を愛する気持があるのかも知れないと彼はいうが。

学校を終えて長岡輝子氏と仕事をしたり新東宝のシナリオ研究所で成瀬監督についていた事もあるという彼の目標はやはり演劇である。新劇、映画、歌舞伎、オペラ等あらゆるものを観る事、それが彼の仕事であり生活であるらしい。

お酒にはいつこう興味をそそられないという彼であるが、強いてすすめられればビールをコップ一杯位。お酒好きの同僚と同席しても専らつぎ役というわけだが、そんな時でも結構たのしく喋れる社交性もこころえている

ベッドと並んで部屋の隅に小じんまりした机がある。ここで彼はシナリオの下書きや、原稿などを書きながら好きな煙草を何本もくゆらせる。このあたりにも彼のコレクションである舶来骨董がきちんと並べられている。

麻子ちやんは彼が一番愛している子供だ。といつても彼の子供に非ず、兄上の一人娘である。小川の流れる附近の道を休みの日などに散歩するのが二人共好きらしい麻子ちやんの名前はこのオジチャマが付けたそうな。

彼は別に孤独癖ではないが、絶えずあわただしく人の中で暮していると、時々ひとりになりたいという要求にかられるそうだ。それは自分の身についたものを時々は反省し整理する必要があると考えているからかも知れない

彼は自分を無神論者だといつている。だが宗教というものとは別に、教会、お寺等の衿を正すような雰囲気は好ましいという。無理に宗教を持つ必要はないがその敬虔な気持にひたるときが生活の中にあつてもよいと考えている。

団体スポーツはあまり好まないという彼であるから、スキーが好きなのかも知れない。冬の間の僅かの休みを赤倉で過してしまうそうだ。その他テニス、ゴルフも少少と謙遜するが個人プレイのものには自信があるらしい

ここに紹介してきた前途有望なる青年は、いつたい誰だろうか。その彼に結婚についてたずねると、「結婚などということは遠い先のことですよ」とサラリと答えるが、港区高樹町には、既にして将来のスイートホームを作るべく、見るからに可愛らしいお伽の家のような感じの住宅が建てられている。

この家は、昨年彼自身の設計によつて建てたものだが、家庭を持つまで必要がないというので、現在外人に住まわせているそうだ。当時の彼の理想のおもむくままに建てたということだが、今考えてみるといろいろ不満な点があるそうだ。しかし彼の趣味があちこちにうかがえる小じんまりとしたスマートな洋風の家である。部屋の一番奥には、やはり彼にとつて必要であつたらしい凝つたお茶室がきちんと控えていた。静かな住宅地の中におかれているこの家に彼が将来居を構えて、自家用車で出勤するところなどは、他のものが想像するだけでも愉しい。

彼の望みは、理想的な演劇のプロデューサーになることだという。先輩の石川氏は『若くして才のある彼であるが、その才におぼれるほどの情熱を傾けて仕事にあたれ』と激励する。ここで彼の前途を祝福しながら彼の名が『古賀龍二』ということを明記しておこう。

今は両親の家にいるが、昨年彼の設計で建てたのがこの家である。結婚した暁には此処に移り住むという話だが、果してそれはいつの日であろうか。現在の彼の頭の中を大きく支配しているものは仕事であり演劇である。

彼の身につけるもの全てに英国的香りが漂つているようにさえ思われる。洋服は父上の代から出入の洋服屋、ネクタイも一貫した好みで買う店も決まつているというだけに、統一された好みのネクタイがずらりと並んでいる

彼はたれ？

朝食、八時半。一日の活動にそなえる為食事は栄養たつぷりとした肉類で、（これは毎朝の習慣）すます。一家の人達と顔をあわすのもこの時だけ。母上と長兄となごやかな一時。一日の生活が初まるわけだ。

彼は、東京大学経済学部を昭和廿三年卒業直後出版社を友人と二人で創立した。現在の彼の仕事は、その出版社が発展し浮き沈みのはげしい出版界に続々とベストセラーを出しその力強い歩調を続ける程になつた。そして彼はその青年社長のわけである。

たくまないみのこなしの中にもなにか上品ないでたちで育ちの良さの様なものがうかゞわれる彼は、清潔な独身青年だ。

「自分で書く事は出来ない。」が世の中には学者、文筆家と数多い。その人達が努力したものに対して、発表する機関も又それに対する報酬（美しい本として）が無いと云う事はないと思い、自分の力でそれが出来ればと思い初めた仕事だ。」と、簡潔な言葉の中から若人の息吹きを感じる。多くを口にせず内面に強い力を持ち眈眈と語る彼は、社長としての責任と、出版に対する愛情、社員との融和、がにじみ出ている。

「なにも仕事がない。毎日ふらふらとして相談されゝば乗るし、気が附けば注意する。そして、毎日ぶらぶらとしている」これが僕の社長稼業だと云う

「彼はほとんどなにも云わない。一度口を切ると痛い所をつゝ込み、細部に度る神経のくばり方でずばりと云われる明言には頭が下る。若い人のたくましさを色々な意味で一身に集めた様なたのもしい社長だ。」

この青年社長のもとには十三、四人の社員がいる。そうした明るく健康な社員の口からはいずれも社長を尊敬し愛する言葉が出、信頼がみなぎつている。出版された本の中には、醜女の日記、レベッカ・クララシューマン・デザイン大系又、ダビッド選書として数多くの良書を出しているそして、その出版社としての力強さ新鮮さは我国文化の発展に大いにプラスしている

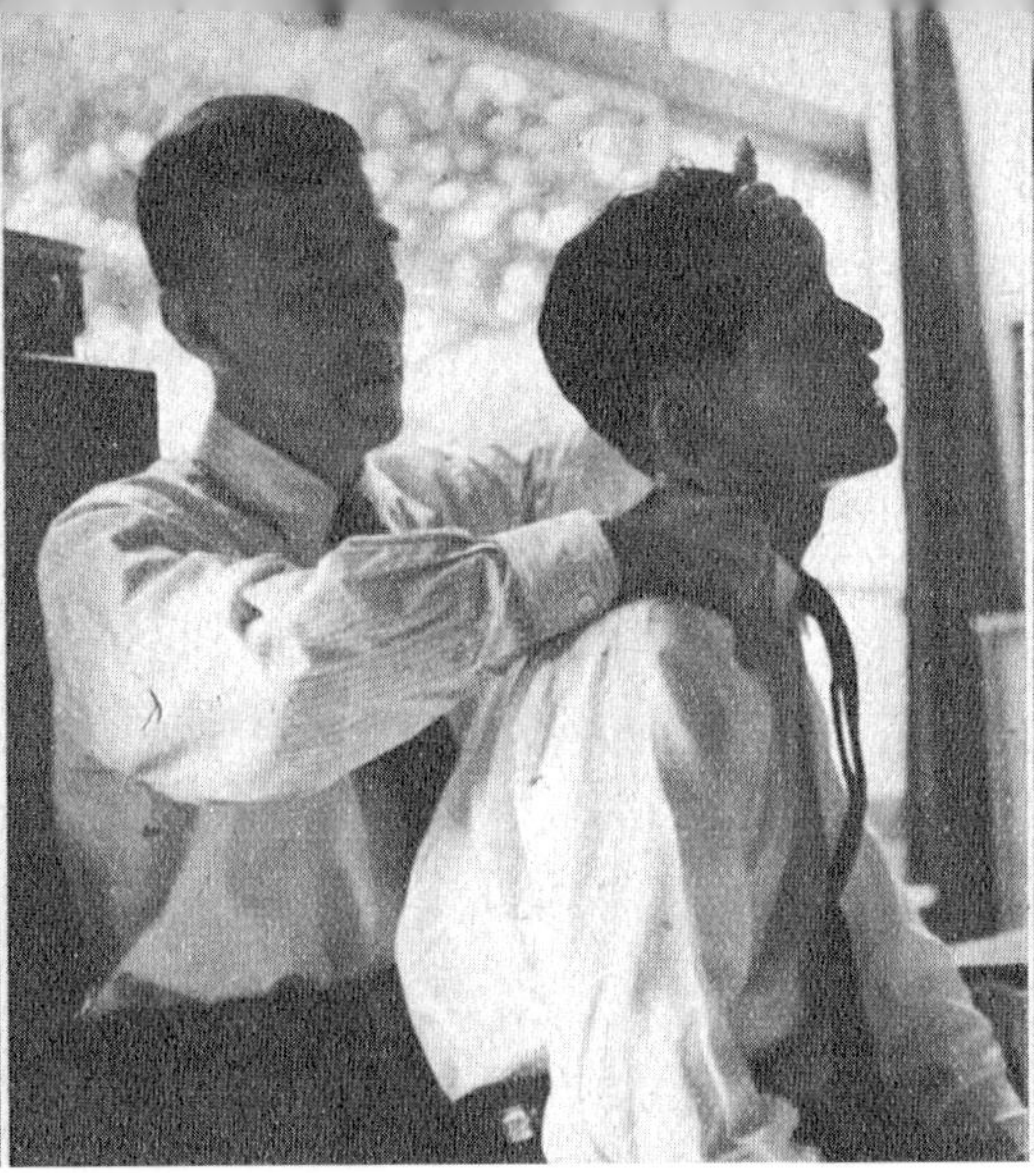

兄上御二人とも音楽界に活躍されているが、進む道は違つてもやはり彼も音楽愛好家で、長兄の伴奏でよくリードなど唱われたり、宗教合唱研究会などにも入つて居られるそうだ

病気はぜんぜん知らないと云う健康の持主。しかしこの健康を得る為に日頃気をつけておられ、必らず毎週一回指圧にかゝると云う事だそうだ

彼の部屋の片方の壁は、学生時代に集めたリルケのものや彼の出版した数々の本がぎつしり並んでいる。多忙な彼も時にはこうしたくつろいだ姿で茶道などを愉しまれると云う。

事務室、編集業務、営業と十三、四人の社員がこの中で働いている。彼はこの部屋で事務を取る事がおもに多い。この事務室は彼の人柄のせいか雰囲気は明るく清潔で活動的だ。

事務所の玄関。グレーと白の配色の近代建築の図案化された表札には、浮び上る様に黒もあざやかに社名が記してある事務所につけばこうした事務服に着かえて働くという事だ。

出社、九時。玄関先に38年型ダットサンが置いてある。これで銀座の社へ出社するわけだ。父上の車は最新型で『父と子の違い』だそうだ。

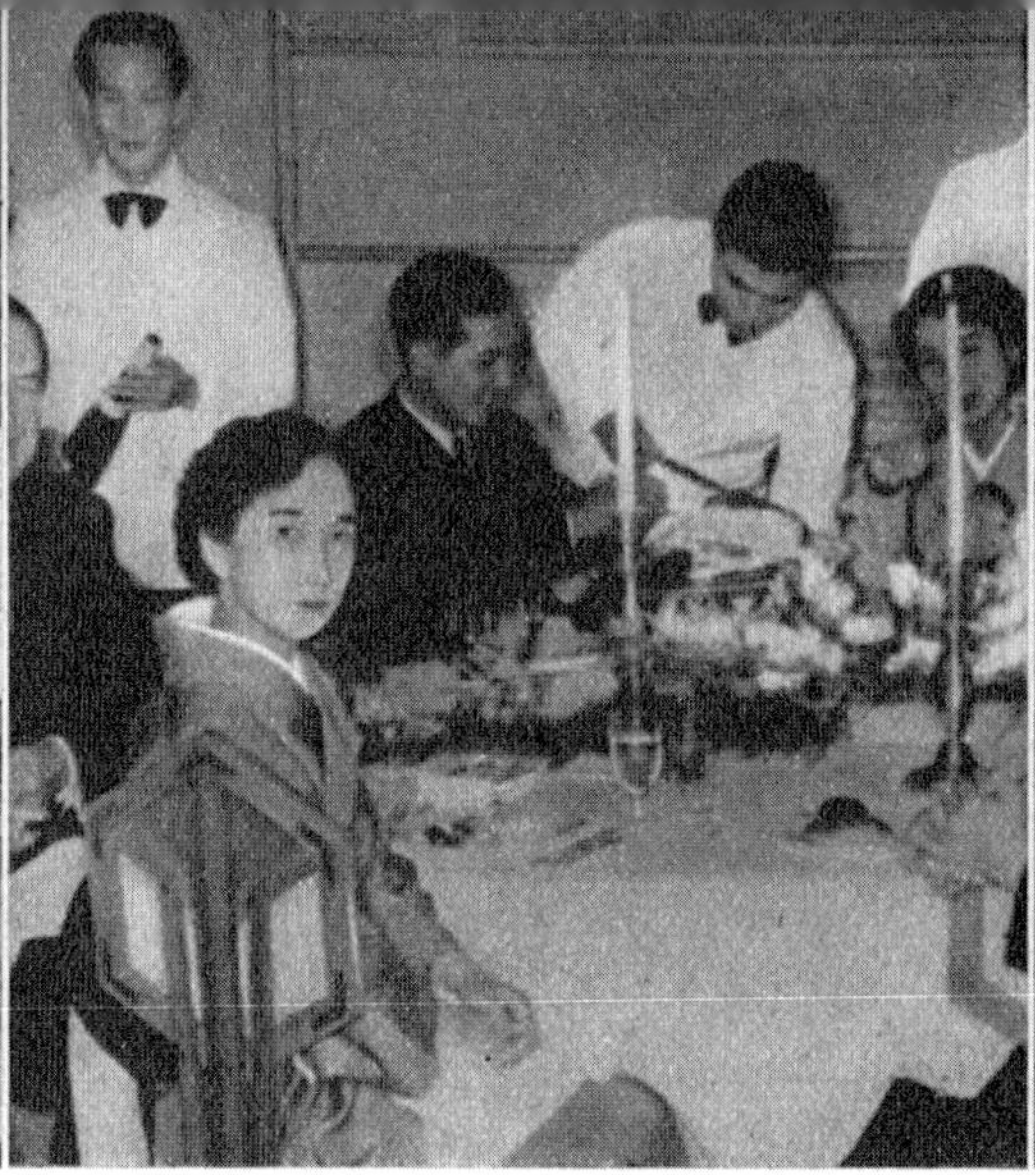

人の浪にもまれながら散歩する銀座の商店街で、ふと気がつき寄つてみるのは書店で、こんな時にも、出版界の情勢や編集上の研究などされるとの事。

パーティなども社交上たびたび招待される。こうした席でも彼の青年社長としての腕が振われるわけだ。作家・実業家と交際の範囲も広くなり仕事上に大きくプラスする。

学生時代からスポーツはなんでも。今は、ゴルフが見事な腕前で賞をもらう程。休日は必ず埼玉のゴルフ場に出掛け終日新鮮な空気の中で愉しまれるとの事。

社長室で一人の場合にも、取材されたプランの細かい見当銀行、書店の取次の事など細かく重要な仕事が山積される。それを毎日規則正しく処理して行かれる。

編集会議なども彼の発言で左右される。若い人達の多いこの編集部では、青年である社長とゝもに新鮮で鋭い才気でみなぎつていて、てきぱきとしたやりとりがおこなわれる。

僕の仕事はなにもない、と云われるが彼の仕事は大変だ。机の上だけで一社の経営状態すべてを知つておかなくてはならない。たえず細かく気をくばらなくてはならない立場だ。

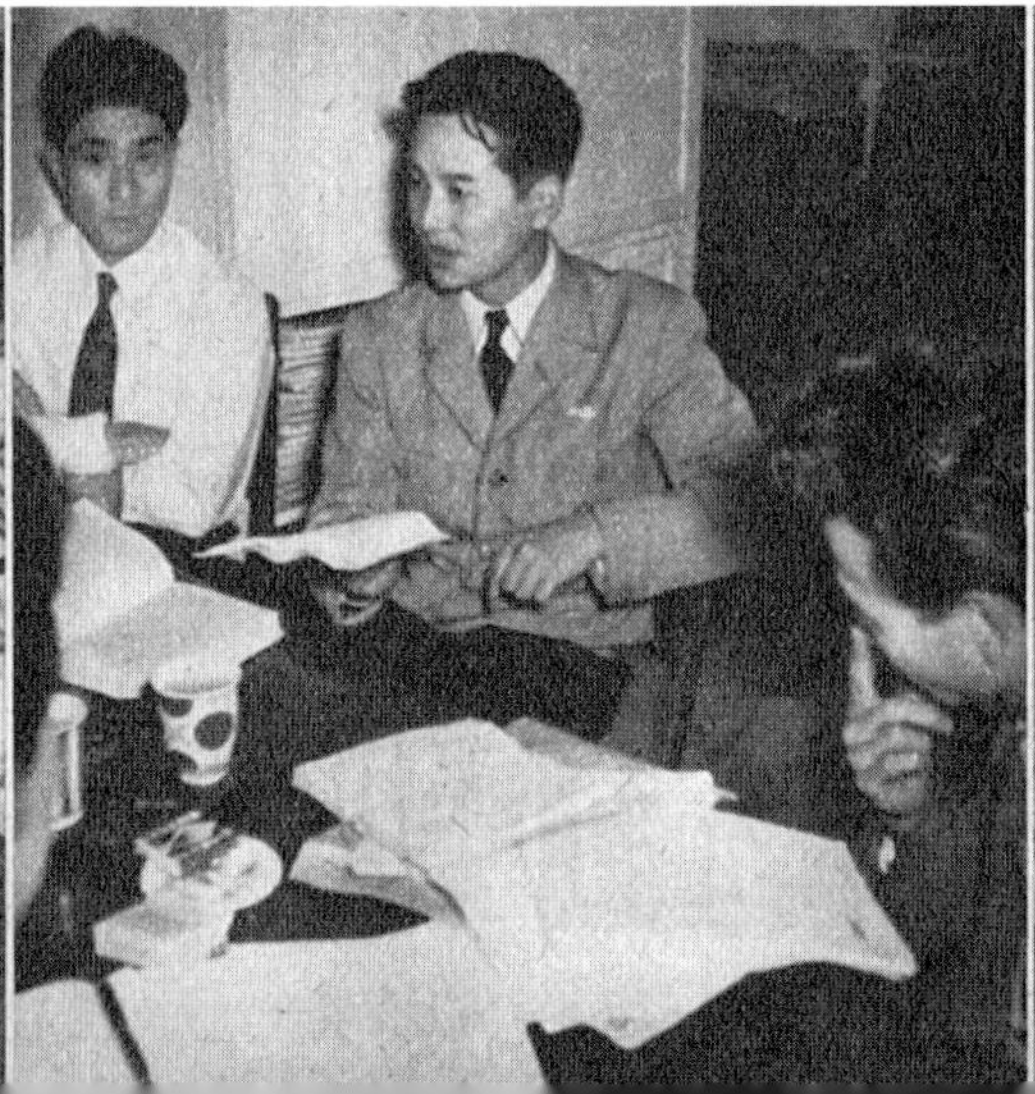

仕事の打合せ。パチンコ廻り飲み歩きと、このお好み焼き屋につくのは十二時近く。一日は忙しくすぎ去る。ホット身を休めるのもこの店。ほろ酔で帰宅する一日の最後の店。

「スリルなんですよ。とに角活動的ですよ。」社の帰えりなど友人達とパチンコに寄る事もある。そんな時でも彼は決して品格を失うような事はなくさつぱりとした態度だ。

夕方社の仕事も終りホット一息する時などや、社員著者の親交の為。と必ず一日一辺は銀座ミュンヘンにビールを飲みに現われる。こんな時は愉しい冗談も出て明るい彼である。

素直で明朗なこうした人柄は、クリスチヤンホームの温かな家庭で育った事によるのだろう。某大証券会社社長の三男として大正十四年に生れ外交官夫人となられた姉上と長兄、次兄と音楽の道を選ばれ、それぞれが力強く進まれる姉兄愛の中で将来も又現在も、明朗にたくましく人生を歩まれる事だろう。

「弟にして弟にあらずですよ。それ程に彼と逢う機会がない。お互いにせわしく、それぞれを思うように進み、そしてよく理解し愛し尊敬しあっている。弟は実際頼もしい力を持っている。」「此の子は小さい時から照れ屋で、ぶつきらぼうで、めんどくさがり屋で、しかし心のやさしい子でした今もきつと変らないと思います。とにかく夜はおそく朝は起きるが早いか食事、出社とあわたゞしくゆつくり話すひまもない程。結婚の話なども起るのですが、中々逢つて話すひまがないのですよ。」

音楽評論家である長兄と、やさしさの中に厳格な母上の言葉は、彼をこんなふうに表現された。

こうした彼は、結婚観については、今は仕事に気を取られている。それともまだこの人だと云う人が現われぬせいかどちらかで、全然考へていない。むつかしい事はなにもなく運命にまかせるのみ。健康そのもの、彼の笑顔は精悍で明朗だ。

どこまでもたくましく力強い彼の名は、『遠山直道』当年廿八才図書出版ダビッド社社長とその名を明記しておく。

数多くの良書を出版するには著者を大切にしなくてはならない。編集部員とともに彼も著者と、打合せる。てぎわ良い会話のはこびで気持よい応待だ。

電話は彼の仕事に大きな範囲をしめている。一通ごとの電話連絡ですべての連絡、依頼がなされる。電話の仕事も彼の大きな仕事の一つだろう。

ふたりのヘップバーン

最近の流行の話題を賑わしているものと言えば、さしづめヘップバーンスタイルはその無くてはならない標題のように考えられている。これは或る会社の入社試験であるが、「流行の話題三つを挙げよ」と言うのに、千余名の志願者が（その半数は男）80%まで、オードリィ・ヘップバーンの髪型をとり上げたというなどその良い例である。街を歩いてもヘップバーン。何処そこの会合にヘップバーン。世を挙げてヘップバーンスタイルだが、これは言うまでもなく、映画「ローマの休日」に主演して新鮮な魅力をその髪型に結集して衆目を魅了し、一躍世界注視の脚光の中に立った新進女優オードリィ・ヘップバーンが生んだ髪型にあつた。

だが、ここに今一つ、時代は二十年も前にさかのぼるが、奇しくも同じその髪型をヘップバーンスタイルと呼ばれて、衆目を集めた一大流行があつたことは、思い起すだけでも、興味あることではないだろうか。

それは、今もつて中年の大女優としての貫録を見せながら、その知性的で強烈な個性を以てイギリスの舞台で活躍しているキャサリン・ヘップバーンが、「若草物語」のジョーに扮して、その中性的個性をより一層引立たせて流行の動機を作つた髪型である。

このことは考えてみれば、かのオードリィが「ローマの休日」で彼女の個性にぴつたり合つたあの髪型で現れたことによつて、現在の流行をもたらしたのと恰も同じような現象として面白い問題を含んでいる。

二十年もの開きのある二人のヘップバーンを今ここで並べて論ずるわけにはいかないが、いずれも型の上でこそちがえ、かつてはキャサリンもオードリィと同じような動機を以て新鮮な空気を若い人達に投げかけて騒がれた女優だつたのである。

同じような動機で、同じように素晴しい流行を形づくつた二つのヘップバーンスタイルではあるが、現在の、前髪をパラッと下げて横の毛をぴつたり後にときつけたオードリィスタイルは、既に流行の途上にあつたショートカットの中の一つ、イタリアン・ボーイッシュ・スタイルと呼ばれてそれ以前からあつたものだが、これがオードリイの新鮮な魅力の中に溶け込んだことによつて、「ローマの休日」を動機に俄然若い人達の憧れの的となつてしまつたのである。

一方キャサリン・ヘップバーンスタイルも横の毛をぴつたり両脇につけくるくるとカールした前髪をモジャ〱にふくらませて前の方に出したあたり現在のオードリィスタイルとは実に対象的とは言えるけれど、それが又当時ではセンセーショナルな流行のスタイルとなつたのである。勿論これは現在の私達の眼から見ればたいした魅力もなく、一大流行を作つたものとも思われないが、そこには二十年の歳月が横たわつており、又その流行が今では新鮮さを呼ばないほど既に流行してしまつていることのためであろう。だがこの前髪を下ろすということも実は当時決して珍しいことではなく、それ以前にも素直にサラッと下げてみたり、眉の少し上あたりで切りそろえたり、毛先をき　いにカールしたりなど、いろいろのスタイルがあつたことは事実。しかしこれがキャサリンによつて、その「若草物語」のジョーの役の中にうまく生かされたところに流行となり得る動機があつたのである。その時のモジャモジャとした前髪と、後に長く垂らした髪とが今までより何倍もの効果を挙げて若い人々を熱狂させてしまつたのである。

流行とはこんなものであり、又一旦流行してしまえば、根強い力で何者をもひかずにはおかない流行の強引さか、或はその底に潜められた小さな見逃しやすい動機をも蔽つてしまうのが、これ又流行の魔術ともいえるのかも知れない。

キャサリンがその後どんな役に扮しても、前髪にだけは彼女独得のスタイルを持たせていたようにおそらくオードリィも、今後次々と出演する映画の中で、前髪にだけはその新鮮な魅力を持たせておくのではないだろうか?………。

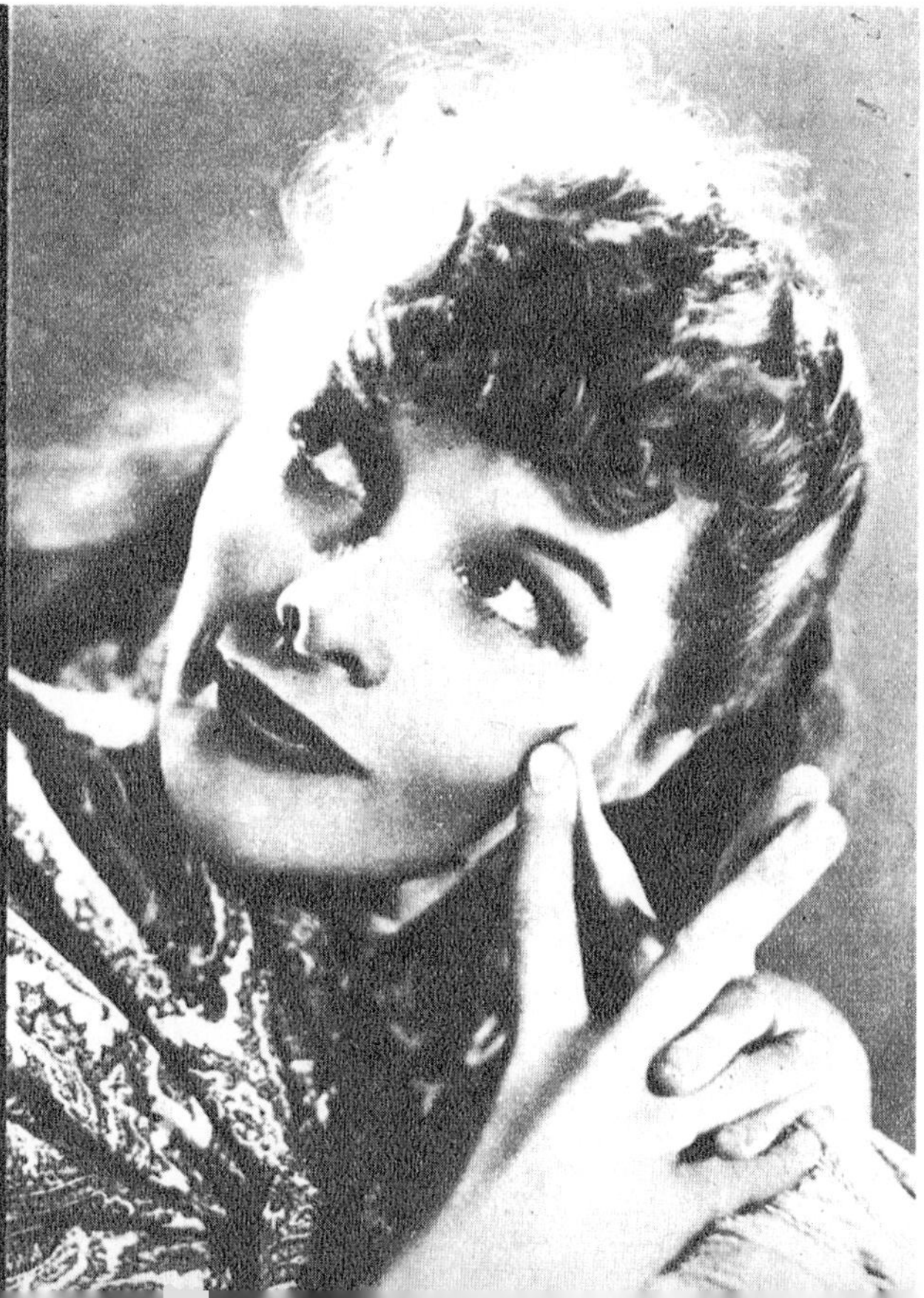

盛り場 今昔物語（東）
浅草
浜本浩

六区の映画街を背景にして筆者の浜本浩氏➡と三十年前オペラ館華やかなりし頃のプリマドンナ木村時子さん。別に約束したわけでもないのに、ぱつたりと懐しいお二人が顔を合わせる、ちよつとした劇的な邂逅が姿は変つても六区の其処彼処に転つている浅草はそういつた気易さと親しみの町だ。

木馬館の二階 舞台と客席が一体に溶けあうとは、浅草の舞台に良く云われる事。安来節がいまたけなわの木馬館の二階の寄席を覗くと、和気アイアイとした感じがいかにも浅草らしい。⬇

帰つて来た鳩たち 観音さまのお堂と鳩の群 これは戦前の浅草ファンにとつては忘れられない親しみある下町情緒の一齣。それが今は五重の塔もなく、鳩も何処かへ行つてしまつて……と思い込んでいたら、ささやかな仮本堂の屋根に集う鳩達を見出してホッと一息。⬇

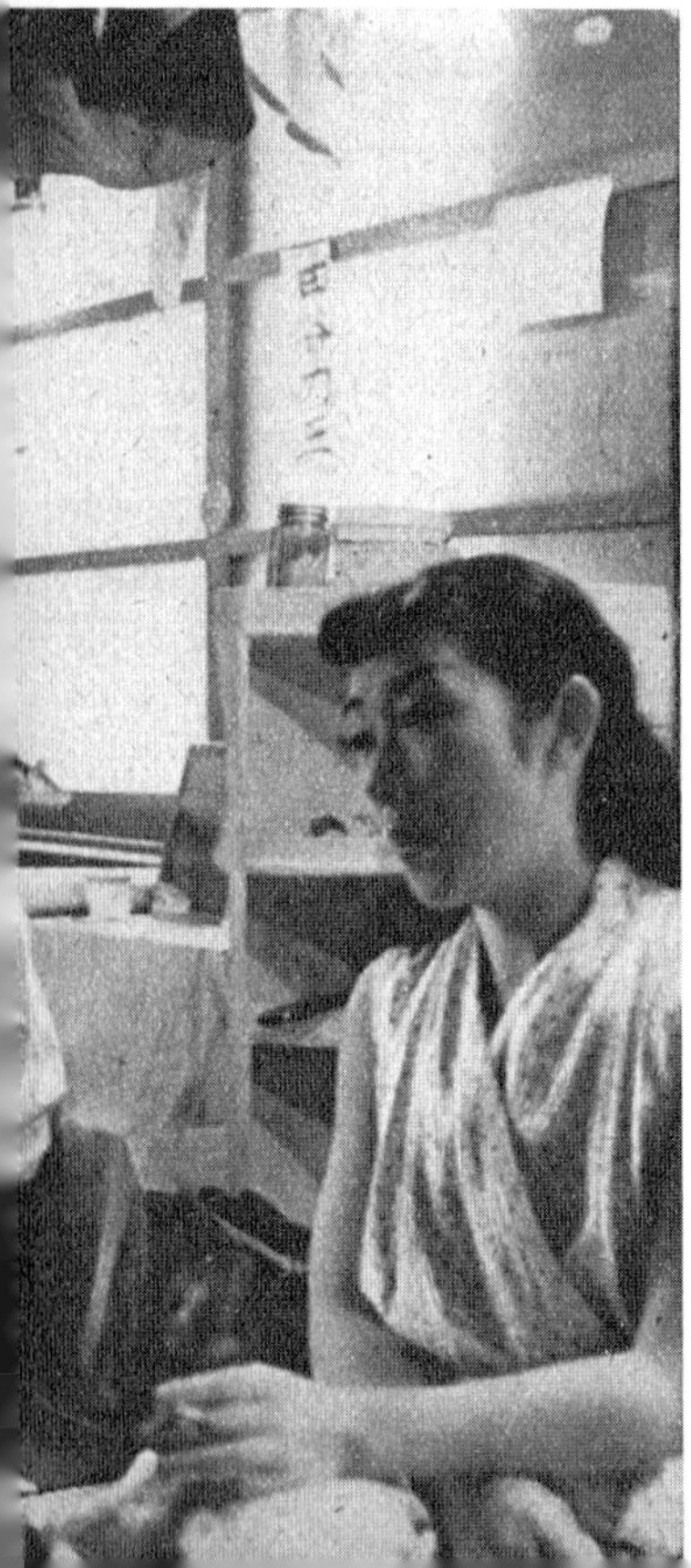

⬅ **田谷力三さんの楽屋** 浅草と云う街は何人かの忘れられない懐しい人々を持つている。三十年前に田谷オペラの一時期をつくつた彼もその一人。現在も以外な程の若さで公園劇場に出演していた。

三坪にたりない電気館の裏通りにあるコーヒー店"峠"。この小さな店が有名を馳せたのは、奇人をもつて知られた文壇の長老、「踊子」「腕くらべ」の作者永井荷風氏が踊子達と逢う場所として通われたため。

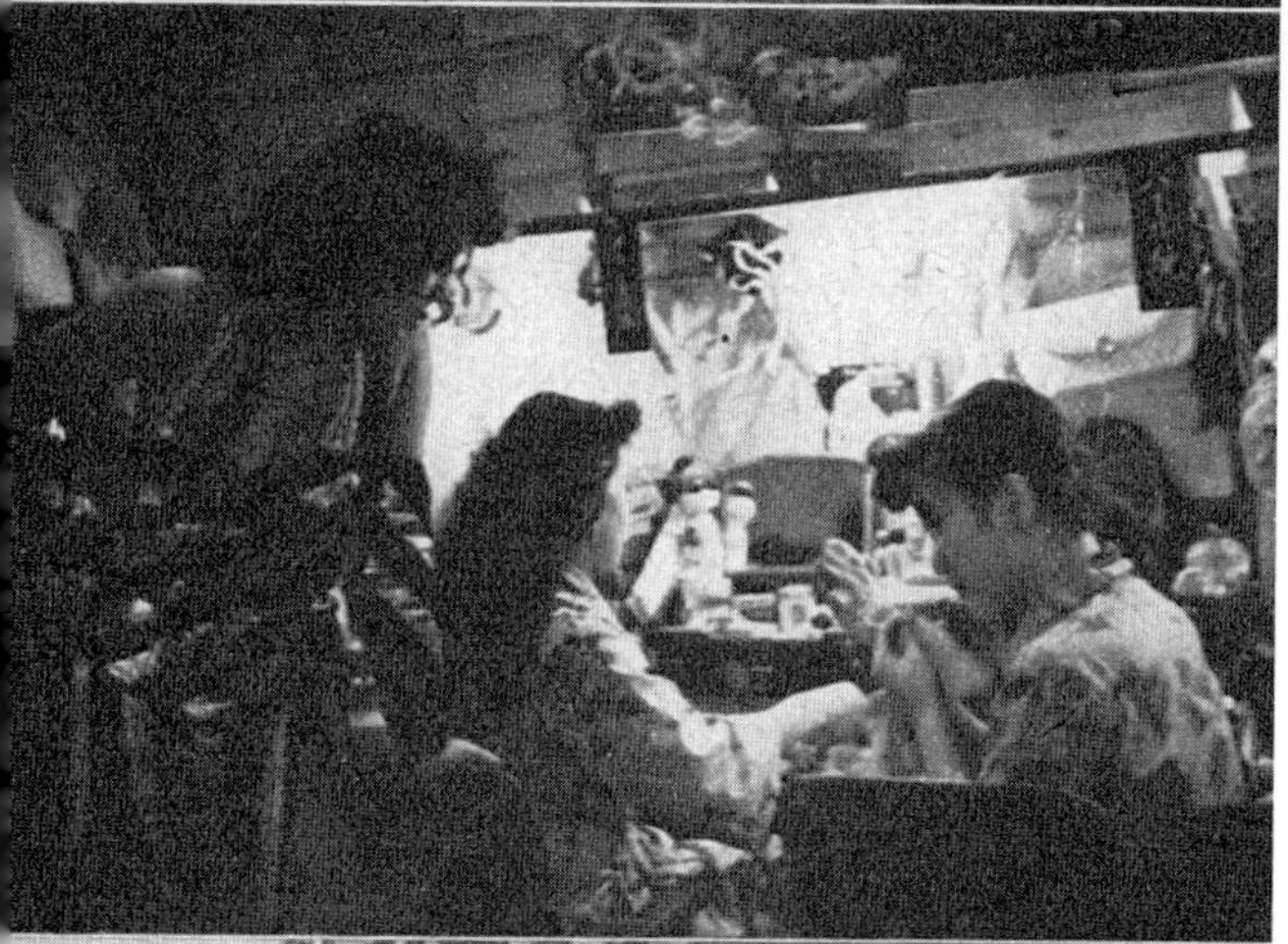

ストリッパーの楽屋　浅草はまた踊子の街でもある。それが川端康成氏の若き日の傑作「浅草紅団」に描かれたカジノフォリイの踊子達にせよ、ストリップが全盛の戦后の彼女達にもせよ踊子は浅草と云う街の花の様な存在と云える。

ジンタの流れて来る天幕　昔花屋敷から、肉繻絆を着た江川の玉乗りの小屋から流れて来た物悲しいジンタの響きが、今は擂鉢山と蓮池の跡に急造されたサーカスのたるんだ天幕から流れて道ゆく人の足を止める。

仲見世　雷門から仲見世を通つて浅草寺に参詣すると云つた戦前のコースでは、軒づたいに色とりどりの商品を並べた仲見世は、名実共に浅草の中心としての華やかさがあつた。

弁天堂　鐘は上野か浅草かと唄われ、俗に鐘つき堂とも呼ばれているこの建物だけが、浅草寺の境内で戦災で焼け残つた唯一のもの。

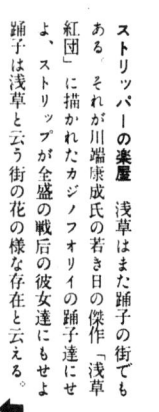

馬券売場に集う人垣　オヤと覗いてみると、一つは競馬の馬券の売場であり、その一つは、公設テレヴィの人垣だつた。僅かに縁結びの神様である平内さまの焼け跡に形ばかり竹矢来の結ばれているのが懐しい。

花屋敷あと　アメリカ式の観覧車にビックリハウス、ウイークデーの切符売場はひつそりとして、なんだか変に物哀しい

空から見た浅草　立並ぶ家はすつかり変つても下町情緒は夜になれば帰つて来る

新しい浅草のコース新仲見世　戦災で灰燼に帰した十八間四面の浅草寺の、本堂が復旧に行き悩んでいる折柄、新しい歓楽街浅草のコースは、東武電車の開札口から真直に、興行街へ続いている。この新仲見世の繁昌がそれで、ジュラルミンのアーケードが我世の春を誇つていた。

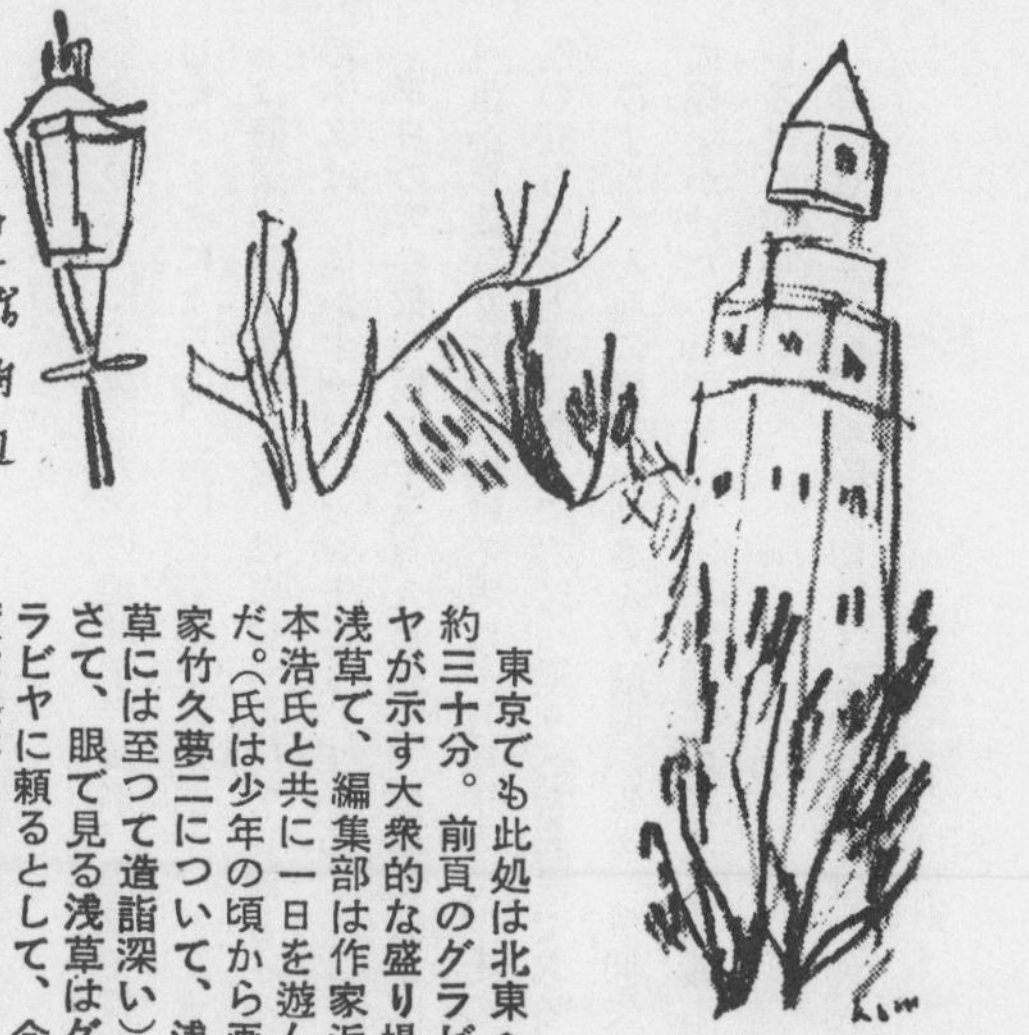

東京でも此処は北東へ約三十分。前頁のグラビヤが示す大衆的な盛り場浅草で、編集部は作家浜本浩氏と共に一日を遊んだ。(氏は少年の頃から画家竹久夢二について、浅草には至つて造詣深い)さて、眼で見る浅草はグラビヤに頼るとして、今度は浜本氏の筆によつて、盛り場浅草の今昔を尋ねてみることにしよう

1

江戸時代から天下の盛場で知られていた浅草観音の境内と周辺の寺有地を解放して、首府にふさわしい楽園を建設しようと企劃した頃の東京府庁には、頭脳の優れた役人が居たものである。先ず五千坪の候補地を、本来の特徴を生かした六ツの区劃に分け、森のほとりには池を堀り、池の岸には丘を築き、娯楽地を予定して田圃を埋め立て、一年余を費して、後の浅草公園が誕生したのは、明治十八年の八月だという。

一区は観音堂を中心にする信仰の広場。二区は公園の表口で、赤煉瓦造に改築されたお馴染みの仲見世。三区は小堀遠州の名園を持つた伝法院の境内。四区は池や築山の緑地帯で、いわば公園のオアシス。五区は後の花屋敷も含む奥山の遊園地。六区は芝居、見世物の娯楽地帯(現在でも六区興行街と呼ばれるのはその名残である)——と、それぞれに違う内容が、各々のファンを持つていたばかりでなく、自然に綜合された雰囲気が、庶民的な魅力になり、草創以来半世紀に亙つて、市民にも学生にも、勤労者にも文人にも、おのぼりさんにも、愛され親しまれ、時代々々の若人達の美しい夢さえも育んで来たものである。その公園が、はからずも、ぼくたちの時代に、ぼく達の眼の前で、無慙にも破壊され、見る影もなき残骸となり果てたのである。

而も、その犯人は、観音堂や五重塔や、そして周辺の街々を、灰燼にした戦火ばかりではなかつた。そのうえ、無謀な破壊が行われたのは、終戦から五六年も経つてからのことなのだ。

浅草寺の寺有地が東京府知事の管理に移された頃の大政官布告の内容も、またそのために、東京都が管理権を失つた、新憲法の私有権不可侵規定が何であるかも、ぼくは知らない。

だが、浅草寺ではその返還を待ち設けていたかのようにまずひようたん池を売却し、引き続いて蓮池も埋め、擂鉢山や石山を取り崩し、木馬館裏の欅の森まで伐採した。

毎年の晩春、池のめぐりや石山の裾を紫に染めた名物の藤棚や、由緒ある茶畑まで無慙に蹂躙したのは、寺とは別の暴力だつたらしい。

信仰の広場を戦火に失い、オアシスの緑地帯は、貪慾と暴力の犠牲となり、遊園地の奥山は露店群に占領され、秘園の伝法院も貸席に転落した現在の公園には図上に記録すべき何物も残つていない。だから、ぼくの描く浅草地図が、例え異常児の自由画に類していても、驚くには当るまい。

2

東京の盛場で国電に直結していないのは、浅草ばかりである。けれど、上野廻雷門行の市電を唯一の足にしていた時代を覚えているなら、交通不便をかこつわけにもいくまい。

地下鉄は、澁谷と神田と上野で国電に連絡し、都電と乗合バスは文字ど

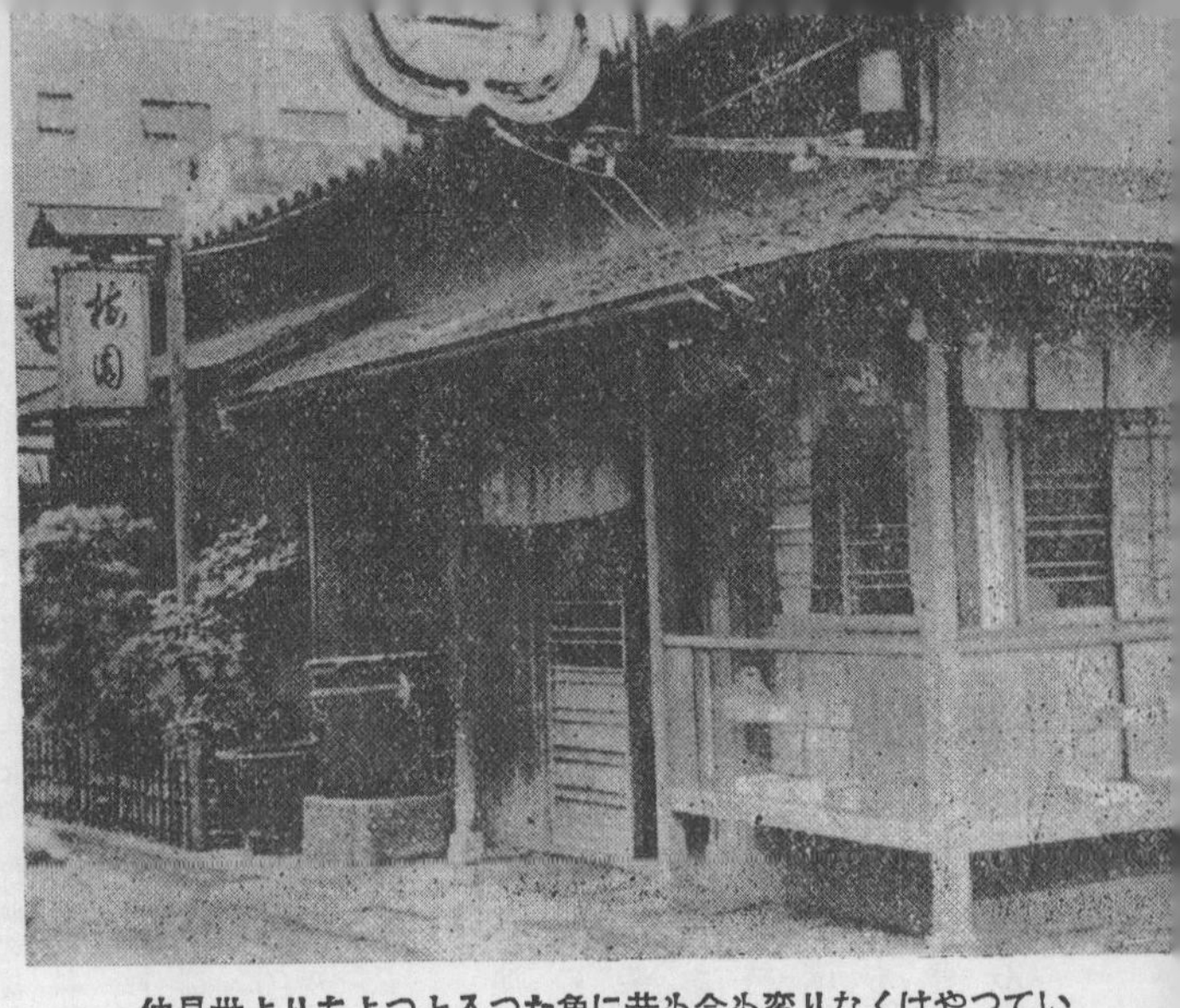

仲見世よりちよつと入つた角に昔も今も変りなくはやつているおしる粉の店があるそれが浅草名物の一つ〝梅園〟の渋い店

おり四通八達しているようだ。都外の客は東武電車を利用するし、稀には隅田川の水上バスで乗り込んで来る好事家もあるそうだ。いずれにしても、たいがいは、雷門が終点になつている。

戦前、雷門に下車した客なら、例外なく仲見世を通り、仁王門を潜り、参詣するつもりはなくても、線香くさいお堂を覗いて、それから目的地へ向つたものだが、戦後は、まるで事情がちがう。

今年の五月に、慶応大学の地理学会員が、現地で採集したデータによると、質問に応じた客の四十一パーセントは娯楽、二十パーセントは買物が目的で、観音さんの参詣客は、僅か十一パーセントとなつている。

平日の客の数を仮に十三万人と見て、極端に云えば仲見世から観音堂に足を向ける者は一万四千人で、その四倍の五万三千人は真直ぐに六区へ繰り込むわけである。

ひようたん池に絡むお坊さんの醜聞が戦後の信仰失調に輪をかけたからでもあり、塔堂伽藍の炎上も影響しているにちがいない。

観音堂の盛衰が、端的に影響するのは表参堂の仲見世であろうが、仲見世の凋落には他にも理由があつた。

草創時代の煉瓦造を大震災で混凝土に改築したおかげで、桃山式の百軒店が、戦災には焼け残つたものゝ、二代目三代目の旦那衆には、非常時を切り抜ける才覚がなく、商魂逞しい外来ボスの新興商店街に圧倒され手も足も出なかつたのは事実。それが、やつとこの二、三年来、伝統の繁昌を、着々取り戻しているのはめでたい。

通りすがりの眼に映つたところでも、お好み紅梅焼の元祖梅林堂、半襟と帯揚の老舗かづさや、羽子板の武蔵屋、小間物の銀花堂、人形の助六など下町の娘達には馴染みの深い店々が、独得の銘柄を揃えているし、おしるこの梅園（写真上）蜜豆の秋茂登も、もとの場所に、洒落た江戸前の店を新築している。

辛党のぼくには縁のない店ではあるが、梅園だの秋茂登だの、古い暖簾は奥床しいものだ。

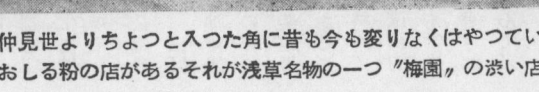

いつぞや合羽橋の飯田家で、浅草オペラの仲間の会合があつた。会が終つて、偶々ぼくと同じ方向へ帰る老女優に、ぼくの呼びとめたタクシーへ乗れと勧めたところ眼許に昔の面影を残したその人は、包ました煎餅を受け取りに、紀文へ寄らねばならぬゆえと、辞退した。その時は何気なく聞き流したのだが、このあいだ雷門のその店の前を通つて、昔のコーラス娘がこのごろのチョコレートと、同じように、この店の煎餅を愛用していたことを思い浮べた。

ずつと以前に、里見弴さんと大仏次郎さんが、ストリップの剣劇女優を、馬道の金田に招待したと、新聞のゴシップ欄で読んだことがある。

浅草ではヴオリユームがあつて、安直でなければ、一級の食べもの屋とは云えない。この有名な鳥すきは、その点では落第でも、何から何まで絶対の令女向き、値段が張ると云つたところで、銀座あたりよりは、確かに二三割がた安い。

仲見世と並行した地下鉄横町には、戦後売り出した喫茶店が二軒ある。サトー・ハチローさんに縁故のある福島は庶民向きでBC級の踊子達に愛用され、仏蘭西風のボンソワールは、ヘップバンスタイルや池部良型で賑つている。でも浅草では浅草らしい風情の店が、ぴつたりと気持に合いそうだ。

3

さいぜんも引用した慶大生のデータには、浅草の客の六十九パーセントが都内居住者で、地方の客は三十一パーセントとなつている。が、これは農繁期（五月）の話で、季節によつては、六区の観客の六十パーセントが東武電車を利用すると、地もとでは云つている。

つまり、平日でも、七八万の客が、松屋の東武駅から六区の興行街へ直行し、そして同じ道を引返えす。その通路にあたる、俗称しんなかの新仲見世が、本家の仲見世を圧倒したのは、そのためだとも云える。

この街では、お洒落専用の高級雑貨が、銀座より二割は安く手に入る。但し旅の恥は掻き棄ての心意気で、何でもかでも大幅に値切ることだ。うまく当れば、正札の四割も値引きする店があるそうだから。

ゼラルミンのアーケードは戦後のことで、戦前の新仲見世は、年じゆう片側影が落ちていそうな、風情のある裏町であつた。その頃、現在もある帯源の筋向いあたりに、「みやこ」という小料理屋があり、何ういうものか、文士や芸能人の常連が多かつた。

伯爵時代の吉井勇、敍情画家の竹久夢二、新進作家の久米正雄、新国劇の沢田正二郎さんらが、看板娘のおたけさんを取巻いて拒婚同盟を結成、新聞の三面を賑したのは大正初期。その佳人が現在の吉井勇夫人である。顎長の武田麟太郎さん、笑の王国の古川ロッパさん、新橋駅で変死した水町青磁さん、斯く申すぼくなどが、とぐろを巻いていた昭和の初期にも、前記同盟のメンバー、松竹の城戸四郎さんが、時々顔を見せていた。その「みやこ」は、終戦後、銀座へ移転したが、馴染みの店は少くない。その一軒、プロマイドのマルベル堂では、若尾文子に有馬稲子、川喜多雄二に石浜朗が、最近のベストセラーズだという。前にも記したオペラの会に、舟和の芋羊羹《いもようかん》を届けてくれた通人があつた。向い隣の下総屋が、甘酒を看板にしていた頃の名物だ。

4

浅草寺の籤占には凶なくても、本堂の再建工事には、不吉な醜聞が絡んでいる。だが、さゝやかな仮本堂の切妻屋根に、遠い疎開地から戻つて来たのか、めじろ押しに止つている鳩たちは、微笑ましい景物である（写真）。

今では一皿五円の鳩豆を、唯の五銭で買えた頃は、お堂の広場に照り映えた大公孫樹の梢や、東の空に聳えて

盛り場には珍らしく木立の込んだ場所がある。そこは浅草オペラで名をなしたカジノ・フオーリーの跡である。今はいかゞわしい芝居がかゝり露天商の天下と化している

いた五重の塔の金色の五輪を、悠々と掠めて、屈託もなく大円輪を描いていた鳩たちであろう。

　その頃は、有名な香具師の松井源水が、得意の曲独楽で人垣を作つていたあたりに、今でもスポンサー附きのテレビ塔が、物見高い群衆をあつめていた。浅草の子供が、八面開きの書架を、それとも知らずくるくる廻していた輪転蔵《りんてんぐら》の焼跡が、都営の馬券売場とは情けない（写真）。

　桃割の町娘が縁結びの願かけた平内様の焼跡ばかりに、結ばれた竹矢来には焼野に萠えた草の芽の風情があ
六区を出た所に少女達のあこがれとなつている国際劇場がある。田舎から見物に来る人達がまず入ると云うる。

　今年の三社祭《さんじやまつり》には、シヨオト・カットの町娘も、向う鉢巻に浅黄の法被で神輿《みこし》を担いでねり廻つたそうだ。観音さんの人気が落ちても、七月十日の酸漿市《ほおずきいち》、師走十七日の羽子板市、押し詰つてのがさ市など、境内を借用する数々の行事は、年々歳々いやましに繁昌するのも復古調の故であろうか。

　戦死した世界的キャメラマンのキャパ氏は、奥山の空地を埋めた古着屋の露店群をいちべつして、情熱を燃やしたそうである。此処の露店街を、何処よりも安全な庶民マーケットだと自讃した者があつたが、真偽のほどは保証できぬ。が、ぼくがこのマーケットで、客と商人のトラブルを未だに一度も見掛けぬことだけは明言できる。
　奥山の花屋敷を、菊人形、山雀の芸当、ダークの操り人形で記憶しているのは四、五十代。高見順さんの「如何なる星のもとに」のヒロインが、園内の演芸場で踊つていたことを御存知なのが三十代。この頃では、ビックリハウスと飛行塔、回転ボートが呼び物の子供遊園地。
　エノケンの榎本健一、奥さんの花島喜世子、映画「日本の悲劇」を主演して女優演技賞を獲得した望月優子などを生んだ、レヴューのカジノ・フオーリーが、今は姿を消した水族館の二階で、旗揚げしたのは、昭和四年であつたろうか。
　その頃はまだ新進作家の川端康成さんが、この一座を題材にして、朝日新聞に連載した「浅草紅団」が、好評を博したおかげで、アチャラカレヴューのカジノ・フォーリーが浅草の新名物にのしあがつたりしたものだ。それがなぜ解散したのか、それに混凝土の水族館をなぜ取壊したのかぼくは知らぬ。孰れにしても戦争前のことであつたが、その跡へ不潔な見世物の掛小屋が看板をあげ

て、いろいろ問題を起したのは戦後の話である。(写真)
同じ四区の昆虫館は、いつ姿を消したのであろうか。取り残された木馬館の二階にあがつてみると、安来節の立花梅奴が、十年一日のエッサッサで、機嫌よく燥いでいるところであつた。客席の半畳に応酬したり、左右に控えた囃方と、冗談を取りかわしたり、なかなか立体的な演出である。満員の客席は、どこかの田舎で見た顔ばかりだ。高座の太夫にも美人はいない。さすがに三十年、この道一筋に生き抜いて来た梅奴には、砕けた貫禄が備つている。(写真)

5

ひようたん池の跡に、千三百の客席を備えた浅草寶塚劇場が開場してから、満二年になる。屋上に取りつけた時報のチャイムが、弁天山の鐘に代つてアサクサの鐘と呼ばれる日も、いつかは来るかも知れない。隣接のスポーツランドが、騒然と活動しているほか、埋立地の大部分は空地の儘で遊んでいる。

が、とにかく、摺鉢山と蓮池の跡には、サーカス、因果物、オート曲乗など、のべつまくなしにテントを張つている。うらぶれたジンタのメロデーが、今は昔の娘玉乗を追憶さすのだ。(写真)舞台が、奥山だけに、ロマンチックな風情である。だが、良家の子女の立ち入る場所ではないようだ。

戦後に開業して名をなした店は他にもあろう。が、三坪にも足らぬ裏町の珈琲屋が、最高の名声をかちえたのは、夜毎この店に踊子達を待つ老文豪永井荷風氏の余徳に負うところが多い。電気館裏の「峠」(写真)がそれ。

ぼくはその店で意外な旧友に解逅した。三十年前のオペラ・スタア田谷力三君である。ぼくは田谷君の齢を五十三歳と記憶していたが、ロック座の支配人町田金嶺君の勘定によると五十六歳だそうである。いずれにしても、三十九歳か四十歳にしか見えない。田谷君は公園劇場に出演していると云つた。

ぼく達はハム・サンドを食べに外に出た。この日の田谷君は、スタジオや車中で逢う彼とまるで人柄がちがつていた。ひじようにフランクで、無邪気に見えた。田谷君の楽屋(写真)と、フリーダ松木さんとジプシー・ローズさんの楽屋はカーテン一重で仕切つてあつた。古い浅黄幕を引き裂いたものにも見えた。

同行のカメラ氏が、もの丶ついでにぼくの写真もと云つたので、六区にひつかえして、大勝館前の放射路に突立ち、映画街を背景にして、柄になくポーズをとつた。すると、断りもしないで抱きついた女性があつた。悪い気持もしなかつたので、笑顔を振り向けると、これは三十年前のプリマドンナ木村時子さんなのだ。田谷君と云い時子さんといい、たまに浅草を歩くと、旧い友達に逢うものだ。あたかも故郷へ帰つたように。時子さんだつてもう五十はすぎてる筈だのに、此処では少女のようにはしやぐのだつた。(写真)

ぼくは、この記事をストリップ談義で結ぶつもりであつたが、ストリップは令女向きの話題でないようだから、踊子達の楽屋の写真で、お茶を濁して置く。

盛り場 ―西―

道頓堀

今昔ものがたり

―東・浅草に続き西の盛り場は、漫画家平井房人氏の筆に依つて道頓堀の今昔を尋ねる―

平井 房人

大阪、南の戎《えびす》橋の欄干にもたれて川面を眺めた。満潮なのかどす黒く濁つてギラ〳〵と油の浮いた道頓堀川の水が、塵芥と一緒に静かに逆流している。ひどい悪臭だ。日ぐれにはまだ間があるせいか沢山のボートは乗る人もなくメザシの様に体を並べて静かに揺れている。「道頓堀のこの濁つた水の色が大阪の景気のバロメーターですねんで……」と誰かがいつた。街が不景気になれば、道頓堀の水は青く澄んで流れ、繁盛すれば汚なく淀んで悪臭を放つ――というのである。世は深刻なデフレセン風にあえいでいるといわれるとき、どこ吹く風かとばかり、道頓堀の水色は不透明なのだ。

橋の上には、何を考え、何を眺めるのか大勢の男女が佇んでいる。プラカードをかついだ赤い服のサンドウィッチマンもじつと動かない。心斎橋すじから難波《なんば》へ続くプロムナードは会社、デパートの退勤どきと夜の仕事の出勤時間とがかち合い交錯して、奔流となり激流と化して戎橋のたもとで人間の渦巻を描き出している。

宗右衛門町の花街に灯がはいるまで、道頓堀を一と廻りしてみることにしよう。

× × ×

東京の大震災の翌年だから大正十三年の春、たしか、松竹座が落成したのであつた。巴里の凱旋門を模して造つた大理石のモダン劇場は、外国趣味に馴れない大阪人の眼を瞠らせるに充分であつた。更にこの劇場に圧倒的な人気を集めたのは、当時、映画界の話題《トピック》として全国的に騒がれた岡田嘉《よし》子と竹内良一が「道頓堀行進曲」を実演したことであつた。

二人は「椿姫」の撮影なかばに手をたずさえて九州方面へ馳落ちしたニュース・バリュウを、劇団結成にうまく利用して、浪速の地にその第一回公演を華々しく開幕したのである。横浜で焼け出されて大阪へ流れて来た私も少年の胸をときめかしながらその舞台を見たのであつた。

〽青い灯、赤い灯　道頓堀の
　川面に集る　恋の灯に
何で　カフエーが　忘らりよか

というのが、その主題歌であつたが、この歌詞にある青い灯赤い灯はネオンではなくてたゞの「色つき電灯」にすぎず、当時、悩ましい魅力に充ちたカフエーには、耳かくしに結つた（おゝヘップーバン刈りの八頭身時代と何という遠いはるかな距離であろう）白いエプロン姿の女給たちがフォークで皿を叩きながら唄つていたのである。

松竹座は活弁華やかなりし頃、欠くことの出来ない私達の文化教室的存在であつた。里見義郎、松木狂郎などなつかしい名の説明者

「灯ともし頃ともなれば一きわ生彩を増す戎橋畔風景」

たちは、今いずくにありや——と懐旧ひとしおである。

角《かど》座、中《なか》座、浪速《なにわ》座など五座のうち戦後スグ復興した小屋であるが、朝日座は姿をみせず、弁天座は、道頓堀劇場と看板を塗り変えてヌード・ショウをやつている。

そのかみ、いろは四十七軒もあつたという芝居茶屋も、今では、三亀《サンカメ》、松川など二三を数えるのみになつた。芝居茶屋というのは、ここ独特の存在で、今日、別な名で呼ぶ、プレイガイドのこと。お弁当、番付などの御世話は勿論、芝居の幕間には、劇場から、ここへ抜けて来てお風呂にまではいるというのどかさである。ずつと以前は、芝居茶屋の女中さんには劇通《げきつう》の口の達者 な の が い て、番付けを持つて船場、島の内あたりを一軒々々宣伝して歩くのが仕事であつた。

「あんまり話がうまいよつて、あても成駒屋はんの舞台が見とうなつたわ」とお家はん（奥さん）や、イトはん（長女）コイさん（末女）などが観劇慾をそゝられるという風だつた。

紺ののれんに赤い行灯がさがつてはいるが、今日の芝居茶屋からは、もう浮世絵をみるような、そんな艶めかしい雰囲気などカケラも残つてはいない。

芝居をはなれて道頓堀をみると、やはり食いもの屋の話に落ちてしまう。「大阪の食い倒れ」とは、何時の頃から、誰が云い出した言葉なのか知らないが、道頓堀の店が商売をかえたと見れば必ず食べもの屋なのである。食べ物屋が他の商売に変つたという例は、まだないといわれる。戦前、大阪の味で、名前を売つていた柴藤《しばとう》、出雲《いづも》屋の鰻まむし、など、どこへ姿を消したのか判らなくなつて、名も知らぬ食物屋が、目白押しに軒を並べている。

浪速《なにわ》座の隣にある銘酒屋の前に立つている、ピエロの人形は今日も「天然の美」の古風なジンタに合わせて太鼓を叩いている。夏のうすれ陽が、人形の横顔を淡く彩どつて眉をわずかに動かして、唇をモグモグやる表情が、何故かやるせない。「哀愁という名の人形」である。

× × ×

川向いの遊里、宗右ヱ門町につながる二つの花道を、一つは太左衛門橋といつて黒く塗り、もう一つを相合《あいおい》橋といつて朱色に塗つてある。戦前の花柳情緒はこのあたり橋と水と柳と女の浪速《なにわ》風景に尽きる観があつたが、今日、ほこりに埋もれた仮橋《かりばし》のうす汚なさは、生まめかしさなど、みじんも残つていない。

浄瑠璃《るり》の世界に活躍した古風な大阪女たちの幻影も富《と》田屋《だや》等々の焼失と共に遠い大昔の語り草となつてしまつた。キャバレー・メトロの闘牛場を思わせる円形のドームにピカピカと原色のネオンが明滅している。ドーラン化粧のダンサーたちが、「夜」に這入る前の一ときをもてあます様に濡れた鋪道に出て、花火をあげてはしやいでいる図が、新らしい構図でありながら、近松《ちかまつ》の描いた「女」につながる一脈の「悲しさ」を持つている。

この里では第一流と自他ともに許している大和屋に戦争後、「芸者学校」が出来、女優の草分け、和歌浦糸子女史が校長になつて、話題をまいたことがある。戦前の河合ダンスで名を売つた芸者のバレー劇団も、大阪らしい意表に出た新企画で、極端な古さと新らしさがここでは仲よくとぐろを巻いているのである。或る出版社に関係していた頃、そこの社長につれられて私はよくこの大和屋に、行つたことがあるが、大阪の商談は、凡てこのかいわいの酒席で交わされる風習になつている。商談といつても、別に商売の話が出る訳ではない。大勢の芸者を集めて、らんちきの大騒ぎである。騒ぎは地下室のダンスホールで、形を変え、気分を変えて続けられる。秋期などは、大広間をいくつかぶち抜いて、人工森林が出現して本物の松茸が何百となく植えられる。お客は女たちと手を連らねて摸擬松茸狩りを催すのである。飲みつぶれ、遊び疲れて、イザ御帰館という段取りになる。ここが大切な処だ。玄関まで、大勢の女たちに見送られて出ると靴が揃えてある。その靴を穿く時である、招待主は客を捕えて酔つた振りをして「商品の方はよろしくたのんまつせ」と、大きく背中をポンと一つどやしつける。

「何《なに》いうとるねん。OKや。あてにまかしときいな」

目的はここにある。饒舌《ぎようぜつ》も、慇懃《いんぎん》も、大騒ぎも大乱痴気も、凡てはこの色よい返事を得るためのプロローグに過ぎないのである。商都大阪の「あきないに対する十二章」の第一章である。

× × ×

一向、下火にならないパチンコは、段々群小店が整理されて、マルタマ、赤玉などもとキャバレーの転身店が三つ四つ覇《は》を競う形になつた。花輪を二十も三十も店頭に羅列し「開店満員お礼」の大看板を並べてある。「香水冷房」とかいた四階だてのマルタマに這入つてみる。例の工場の様な騒音と汗くさい人いきれで「香水」は一向に匂つて来ない。それでも、冷《ひ》んやりするので、休憩所の椅子には十人ばかりが休んでいる。騒音が同じ高さで続けられると、人間の耳は馴れるのか馬鹿になるのか、時に静寂と錯覚することがあるものだ。私だけではない証拠に、この休憩者の中の半分、三人の中年女と二人の男が居眠をしている。察するところ、冷房の効いた涼しい部屋を昼寝のオアシスときめ込んでの避暑らしい。故郷の村の鎮守様にうたた寝して蝉のなく声でも夢みているのであろう。クリーム色の制服を着て忙しく客の間を縫つて立働いている女従業員たちは、居眠り御常連など意にとめないという風である。

その昔、朱色に染めた花柳情緒の相合橋。背景はキャバレー・メトロ

「ここは何台あるんですか」女の子を呼びとめると「階下に五百、二階に四百ばかりです」と一と口に答えて人込みに消えていつた。私はパチンコには全然自信がないので、ハンドルにふれないで表に出た。

戦前、「芝居裏」と称した、五座の裏側に並んだ花街は、全く消滅して、大道具や小道具のはみ出した楽屋うらを横目でにらみながら、素見《ひやか》してあるくという風景はなくなつた。そのあとに並んでいるのは、例外なく、食べもの屋なのである。「天ぷら三品つき百円」とかいた看板が軒なみに突出してある。

道頓堀から南へ折れて千日前へ通ずる道は映画館のスバル座がなければ、殆ど、昔と変らない雑然とした眺めである。スバル座は洋画封切館であるがこの小屋の評判は二階のロマンスシートにあるらしい。代、一人様二百六十円也と書いてある。聞くところによるとボックスが三つあつて、そのボックスの一つに三組の客が座れる仕組である。それが指定席で、毎日、後列から先きに売切れるという話。アベックの心理としては、うしろからのぞかれるのがいやなのであろう。

このスバル座から電車道を渉《わた》つた向う側、歌舞伎座、大阪劇場などの盛り場一帯を千日前と呼ぶのであるが「千日前」という語源は、この四辻の角にある「便所《センチ》の前《マエ》」だと、物識り顔にいつた人があるが、当てにはならない。スバル座の南側の寂しい通りは俗に「縁切り道」と呼ばれて、相愛のアベックは、通らない慣しになつているが、これも、迷信ずきの大阪人種のざれ言であろう。

この縁切り道の入口にある、土地貸家周旋屋の表看板をみるともなく眺めた。

「貸間、当店近く。六畳、保証金五万円也。家賃五千円也」売モノ住宅、高津五番町二階、四半、三、階下二、三、六、七十万円」と出ている。

× × ×

スバル座近くのごみごみした商店の並んだ中にアメリカ商品を少しばかり飾つてつつましく暮している中年女を私は知つている。

すてられた女より
もつと哀れなのは追われた女
追われた女より　もつと哀れなのは
死んだ女。死んだ女より、もつと
哀れなのは、忘れられた女

マリー・ローランサンの詩だ。忘却の悲しさを「死」よりも哀れだと詩《うた》つている。

私は、この春、出し人《びと》不明の手紙を受けとつた。

「私は以前貴殿に面識のある者だが、お願いしたい件があるから是非御目にかかりたい」と、簡単であつた。いずれ就职か下手な文字で男女の区別も出来かねた。原稿の世話をたのむ類《たぐい》だろうとそのまゝ放つて忘れていた。その後一ケ月ほど過ぎて、計らずも道頓堀を通りかゝつたついでに、フト思出して訪ねてみる気になつ手紙にあつた写真店というのはスグ判つた。た。その人の名をいうと、女店員は、私をそこから、横丁の露路をはいつた露店に案内した。紹介されたのは五十に近い女で私想像外の人物であつた。案内してくれた人に店にとつて番をたのんで、その女と一緒に近くの喫茶店へ入ると、私は正面からきびしく相手の顔をみつめて口を切つた。

「私は、あなたを知らないが、あなたは？」

「もう、お忘れですしやろな。何せ二十年も昔の話ですもんなあ。どういうたら思い出してくれはりまつしやろ。そうそう、南《みなみ》の二五二五いう電話番号を覚えてはりまつかいなあ」私はモヤ〱としたものを感じて、遠い追憶のアルバムの頁を慌ててめくりはじめた。ウンある。おぼろげながら記憶がある。その思出が現像液にひたしたフィルムの様に次第に鮮明な映像を現してきた。映画ならばここで二重うつしにこの女の若い日の華やかな面影をダブらせる処であろう。

「これは全く意外な再会だ。では君はあの時の……」私はぐつと息をつめた。

「あれから永い間、かげながら、あなたの御活躍は眺めてましてん」

彼女は、かつて大阪盛場にどぎつく咲いた一茎の赤いばら、夜の女だつたのである。「それで、君のたのみというのは」と、あらたまつてたずねると、

「あてに、世間に隠してる今年二十二になる一人息子がおますねん。その子が、どうしても俳優になりたい云よつてきゝまへんのや。去年も映画会社のニュー・フェイス募集で、十人のうちに残されましたんやけど、惜しい処で落ちよりました。何とかして息子の希望をかなえてやりたいのやけど、一度逢うてやつて頂けまへんやろか。」というのであつた。私はそして一週間後、それは今年の初夏の雨がしとど降りしぶく夜更《ふけ》、大阪北のとある酒場

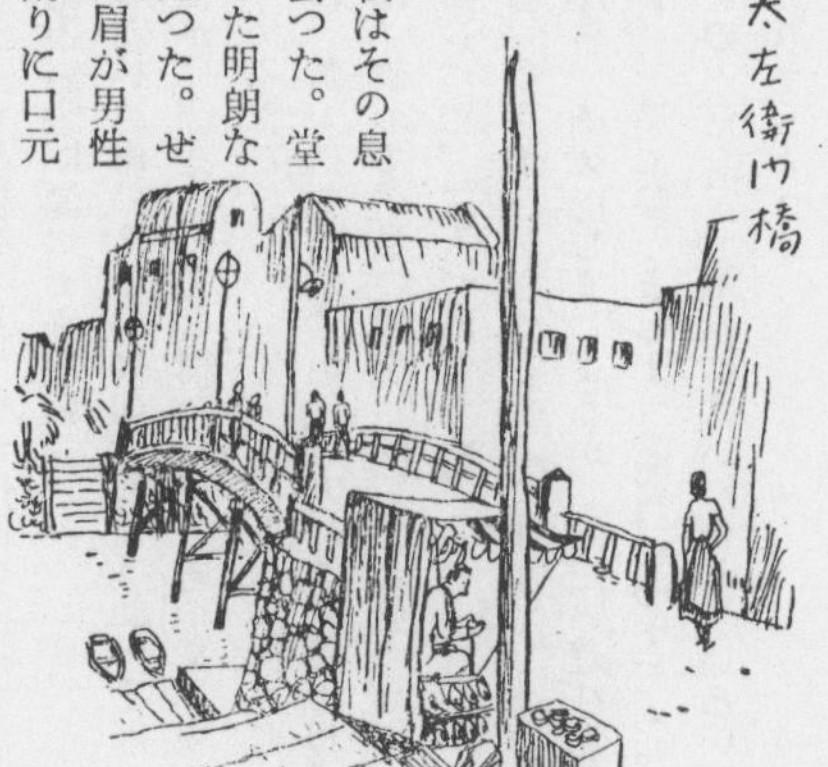

で、私はその息子と会つた。堂々とした明朗な青年だつた。せまつた眉が男性的な割りに口元がやさしくて混血児かと思わせる風貌だつた。私が、この青年の顔を慌てて観察したのは、必ずしも俳優としての資格を試験したのではなかつた。夜《よる》の女の贈物が、若しや自分の顔に似ていたら一大事だつたからである。

「あなたは、どうして私の母とお知り合いですか」「イヤ、以前ちよつとね」さりげなくウイスキーをなめながら答えた「僕、俳優はダメでしようかね」「さあ、こちらを向いてよく顔をみせてごらん……」螢光灯《けいこうとう》の下でじつと動かない青年の顔は彫刻の様に冷めたく美しかつた。窓外の雨は夜が更けると共に激しくなつて行つた。

その青年も今は胸を病んでベッドにいるとのことである。

×　　　×　　　×

法善寺《ほうぜんぢ》――の性格《せいかく》は「ややこしい」の一語に尽きる。「ややこしい」という大阪弁を説明することはこれ又、頗るややこしい。つまりは法善寺を語ることは困難である。たとえば法善寺の地理的説明である。法善寺には出入口がいくつあるか。千日前からの入口が二つ、道頓堀から二つ。芝居裏から二つ。それらの、どこから這入り

どこから抜け出ようと勝手次第である。この境内はたゞの境内ではない。いうならば、ここは信仰のデパートメントストアである。たとえば観世音がある。観喜天がある。弁財天がある。稲荷大明神がある。弘法大師がある。不動明王がある。俗な言葉でいうならば、「何でもこい」である。これでいけなければ、あれはどうだと、神信心の対象に不足のない盛観である。いうまでもなく物凄く繁昌している。水商売の神様とはいみじくも謳いけるかなである。粋な芸者衆はいわずもがな、モダンなキャバレーの女給ダンサー、和服づくりの仲居さん、お茶屋のお女将さんなど、引きも切らないお詣りで、線香の煙は遠く電車通りまでたなびいている。井戸から汲み上げた水を不動明王の頭からザブリ〳〵とかけながら、あとは掌を合わせて眼を閉じての祈願である。何を願うのか、心の中がテレビに現れる時代が来なければ判らない。

食慾、金銭慾、性慾とあらゆる歓楽機関にとり囲まれたこの境内にこの信仰デパートが設けられているとは、何たる皮肉。何たる巧妙手段？

法善寺の「やゝこしさ」はこの信仰デパートだけに限らない。食傷《しょくしょう》横丁と呼ばれる通り細い露路の両側に、与《よ》太呂《たろ》、角力茶屋、正弁丹吾《しょうべんたんご》、シカゴ、スリーナイン。ホセ、ルンバ、シスター、デンなど数かぎりない料亭、バーなど食べもの屋が並んでいる。その中に一軒、林芙美子の小説「めし」の中に出てくるあんま屋が、妙に調子を破つて目立つているのも妙である。石畳は年中濡れており、この露路に生活する人々は殆どが向皮つき高下駄を穿いている。死んだ織田作之助の出世作であつた「めうとぜんざい」も、エンタツ、アチャコの古巣であつた寄席《よせ》「花月」も焼失したまゝ、姿を見せない。「夫婦善哉《めうとぜんざい》」は戦後、心才橋筋《はつすぢ》に再開したが、とかく風流を解さない、あわただしい世の中では、そろばんが持てないのであろう。二三年前に店を閉めたまゝに大阪名物は姿を没したのである。ちなみに「夫婦善哉」とは、明治の初年、文楽座の三味線ひき琴太夫が、内耳にひらいた店だが、一人前注文すると平ぺつたい器に入れたのを二はいずつ持つてくる。その二杯目が普通の器の一ぱいより分量が少ないとは分つていても、やはり大阪人のエスプリはこの「めうと」の意味の二杯一組を喜んだのである。そして、入口にちよこなんと座つていた古びた阿多福《おたふく》人形の顔に限りないユーモラスな愛情を感じたものである。つまりは法善寺は、大阪のもつ三つの特色、神信心、食慾ユーモア（寄席もいずれ復活するだろう）ごちゃまぜにした、ややこしい場所であり、その意味で最も大阪を象徴しているといえば言えるだろう。

× × ×

一と廻りして再び戎橋に戻つてくると、川面はうす紫にたそがれて、広告灯の明滅を忙しく映している。人の波、人の流れは、いよいよ高潮にたつしている。地鳴りのように騒音がきこえてくる。無気味な大都会の独白のようなうなり声だ。人いきれの中をプラカードを背負つたピエロの行列がうつむきがちに通りすぎる。みんな疲れているのだろう。

「誰の葬式ですか」と、あぶなく問いかける処であつた。私も、盛り場に酔つて疲れたのかも知れない。イルミネーションの消えたり、ともつたりするテンポに呼吸を合せてみるが、私は、子供たちと並んで走つているように、いつか息切れしてしまう。盛り場は夜を迎えて急に生彩を取戻したようだ。鏡の前で、盛装して笑つている初老の女のようでもある。赤い提灯をつけたアベックの乗つたボートが、暗い道頓堀川に、灯影をくだいて漕ぎ出した。もう昼間みえていた川面の塵芥の影はない。匂いも不思議に漂つて来ない。

「あの赤い風車のネオンは何でしようね」そばに若い娘がいたが、聞えなくても構わないと思つて、独白のようにいつてみた。

「どれ。あゝ。あれですか。パチンコ屋ですわ。」

女は、改めて、私の顔をしげしげと見つめて、連れの女を振返つた。二人づれだつた。

「あら、東京からいらつしたんですか」「どうして」「何なら、御案内しましようか。面白い遊び場がありますのよ。一緒に参りましよ」「面白いつてどんな遊び？」「酒をのんだり、お風呂にはいつたり、いろいろだわ、ね。参りましよ」

女たちは私の腕を両方から捕えた。

「アホやな。夜の大阪やつたら、僕が案内してやりたい位や。どや。ついて来《き》いへんか」

意表の挨拶に彼女たちは「な――んや」と尻尾を巻くように人込みに消えて行つた。

戎橋が、夜になるとＡＢＣ橋と洋風に化身《けしん》するといわれる。今が恰度その時刻かも知れない。（終）

道頓堀

青い灯赤い灯道頓堀の……と云うこの流行歌が風靡したのは大正末年。然し時こそ移れ、「色つき電球」ならぬ本物のネオンの赤い灯青い灯が、いかにもその唄らしく、夜景を飾つている。↑

カメラ・土屋一郎

↑**悪臭と安建築の歓楽境、道頓堀の素顔**　「道頓堀のこの濁つた水の色が大阪の景気のバロメーターですねん」街が不景気になれば、道頓堀の水は青く澄み、繁盛すれば汚なく淀んで悪臭を放つとか。安井道頓が造つたこの堀割の水は、移りゆく世相を写して、今日もゆるやかに流れていく。

道頓堀の相合橋を渡る芸者。向つて右側が戦前、大阪の代表的な花柳界として有名な南の新地のある宗右衛門町、左側が劇場街千日前方面。↓

食べもの屋の宣伝におうわらわの道頓堀商店街。いわゆる商根たくましい大阪商人気質とでも云うのか、道頓堀は大阪臭ふんぷんたる宣伝の町でもある→

法善寺前から千日前歌舞伎座をのぞむ。まだ時間も早いので人影もまばらだが、夕刻か休日には、歩くのも面倒な程の雑踏。↓

物悲しい人形の哀訴 物悲しいジンタの音につれて、ゼンマイ仕掛の人形は、微かに眉を動かし、口を歪めて訴えている。↑

→

御堂筋（みどうすじ）の一角。靴磨きがお客がくると自分の傘をお客にもたせて仕事をする。親切なような人を喰ったような風景。

←

法善寺のお不動さんに、線香をあげる芸者衆。けだし旧日本の信仰のアパートメントともいうべき奇観を呈している法善寺境内の一隅

↑**道頓堀夜景**　水の上を見ればゆらめくネオンの七色の灯影をぬつて、アベックを乗せたボートの赤い提灯がただよう。陸の上でも一組み二組み松竹座から仄暗い露路へ消えて行くアベックの影がみとめられた

→**人だかり**　大阪では喧嘩はめつたにない。これはサンドイッチマンの一種で、女に扮した男が、シナを作つてビラを配つているところ。こんなオヤマ（?）が二人いるが、それぞれにファンがあるというから面白い。

↓**戎橋ふかん図・昼夜**　食べ物屋が他の商売に変つたという前例がないくらいに、道頓堀界隈は食べ物屋ののれんが軒を連ねている。「京の着倒れ」に対し「大阪の食い倒れ」と云われているのも、そんな事からだろうか。土一升に金一升といつたこの辺りでは、昼間はゴミ臭い堀の上にまで、蠣殻料理の蠣殻舟が浮かんでいるのも、道頓堀らしい風景の一つ。

↑**中座の看板の下で開場を待つ芝居ファン達。角座浪速座と並んで五座の内の一つ**

←**道頓堀の黄昏**　南無妙法蓮華経の団扇太鼓を叩く可憐な少女行者（?）と、帰宅の道を急ぐショップガールたち。

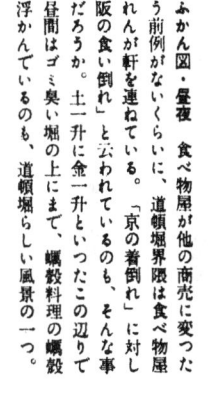

紙のバッグ

水野正夫

1

2

近頃、街で買物をすると厚手のハトロン紙で出来た袋に入れてくれる事が多い様ですが、場合によつては包装紙よりも持ち易くて、スマートな感じがします。

毎日持つて出るハンドバッグは、必需品だけにいろいろと種類を持つていて、洋服や、外のアクセサリイとの釣合いや色を考えて持つ様になりますがそんな毎日の中、一日だけでもこんな紙のハンドバッグを持つてみるのは如何でしようか。紙のハンドバッグとは云つても只の紙袋ですが、その袋の色や型を洋服に合せて持つ事は普通のハンドバッグの時の様に楽しい事でしよう

皮やビニールで出来たハンドバッグは毎日持てばそれだけに痛み方も早いでしようし、何時迄も新鮮なよろこびを持つている事は出来ない訳ですが、そういう場合に、一週間の中一日でも二日でも紙のハンドバッグを持つ事によつて又、違つた楽しさが湧いて来ると云う訳です。

例えば黒つぽい洋服に、赤い靴を履いた場合、その靴と同じ赤い色のラシヤ紙で作つた紙袋を持つたとしたら、それだけで赤い色が強調されて、全体の感じがもつと強く印象づけられると云うものです。

同じ様にして、黒の洋服に黄色のラシヤ紙や淡いブルーなど美しいでしようし、反対に明るい模様や、真赤な無地の洋服へ真黒なラシヤ紙のバッグは全体を引きしめて美しい筈です

他所の商店で入れてくれた袋も、下の方だけ配色の良い別の紙で二重貼りにしたりすれば、広告や商店名もかくせるし、丈夫にもなります。

又、雑誌から切り抜いた絵やメモ、詩などを全体の調子を良くして貼つたら美しいし、通勤や通学の途中でを楽しくしてくれます。

紙とは云つても、毎週一回か二回持つとしても、一ケ月4・5回ですからそれ位なら充分、丈夫使える訳です。

そして紙のバッグは、ドレッシイなバッグの様に意識した持ち方をしないで、無造作にさつと抱えた様な姿の方が、紙袋らしい素直な感じで、気どらない美しさがあるものです。

七色のラシヤ紙で各々作つた紙のバッグは、それだけで、貴女の秋の装いをいろいろに彩つてくれる事でしよう。

① レンガ色のワンピースのために、渋い水色の紙で作つてみた。横に長く、底は浅くして、上から外国雑誌からスクラップした菫色の頁を底につづけて貼つてみた。全体に服との渋い色のとり合せが、そのまま初秋の彩どりの様に美しい。

② 真黒なラシヤ紙と、淡い緑色のラシヤ紙とを半分ずつ使つて、片面ずつ色の違つたものを、うんと細長い袋にしてみた。黒い方へは外国雑誌から活字を切り抜いて、貼り、淡い緑の方は商店の包み紙を配色良く貼つて、下側にイニシャルを一字、切抜いてつけてみた。淡い緑に白い縞の洋服とマッチして、こんなバッグが目にしみる様に美しい

③ ハトロン紙の袋に、底の方だけ赤と黒のラシヤ紙を重ねて貼り、レモン色の切り抜きを上の方へ貼つてみた。こうすれば丈夫だしブラウスの縞の四色、赤と黒、薄茶、白の配色をもう一度この袋の色がくり返していて、この服装をうんと印象強いものにしている。

動く洋服

—機能的なワンピース—

デザイン

小井手伊勢子

流行のはげしい洋服を一つの衿型で何年も着続けようとすると、何となく時代遅れの感じがして新鮮さを欠くものです。反対にちよつとした工夫でいろ〳〵に感じをかえて、その時その時を新しい気分で着られたらどんなにか愉しいでしよう。

ここに御紹介する「動く洋服」というのはこうした洋服の欠点を除いていつまでも新鮮さを失わずに着られるようにと考えて作つたもので、今までのように何か他のものをつけて幾通りにも変化をつけていたのとはちがつて、この服は、製図をする時にあらゆる場合の衿型を考慮に入れながら裁つてゆく方法をとつてみました。

最初に一つの基本となるスタイルを決めて製図をし、その衿の製図のところに、自分の好きな衿の形を次々と描いていつて、最後にそれを一つの製図にまとめ上げるわけですがこの製図のかき方は二〇〇頁に載つていますから御参照下さいませ。

この衿型の種類は、最初に5種類のものを製図しても、完成してからの動かしようによりましては2倍にも3倍にも変化をつけることはできるのですが、いうまでもなくその動かした結果が単に変化をつけたというだけに終らず、着る人の個性にぴつたり合つたものでなくては意味がないわけです。ですから着る人の感覚によつていろ〳〵に感じをかえて工夫してみてください。ここでは十五種類の変化をたのしんでみました。

1 前身と続いている表衿の方を出して、裏衿の白が見えないように恰好づけると、大きな衿先が尖つて全体的には曲線を表現した印象的なカラーになる。若い人にも中年の方にも向く外出着。

2 裏衿の白を前の方に出し、衿先を中心で揃えて止め、衿の下側に手を入れて襞をとるとドレーピングカラーと変る。

3 共布で作つた輪の中に両方の衿先を交互に通して結んだような感じにした若い人向き

4 同じ輪を裏返して、今度は両方の衿先を一緒に通してみるとこんなに可憐な衿型に変つてくる

5 裏衿の白を出して前に下げると、クラシックなカラーの感じになる。

1

2

3

4

5

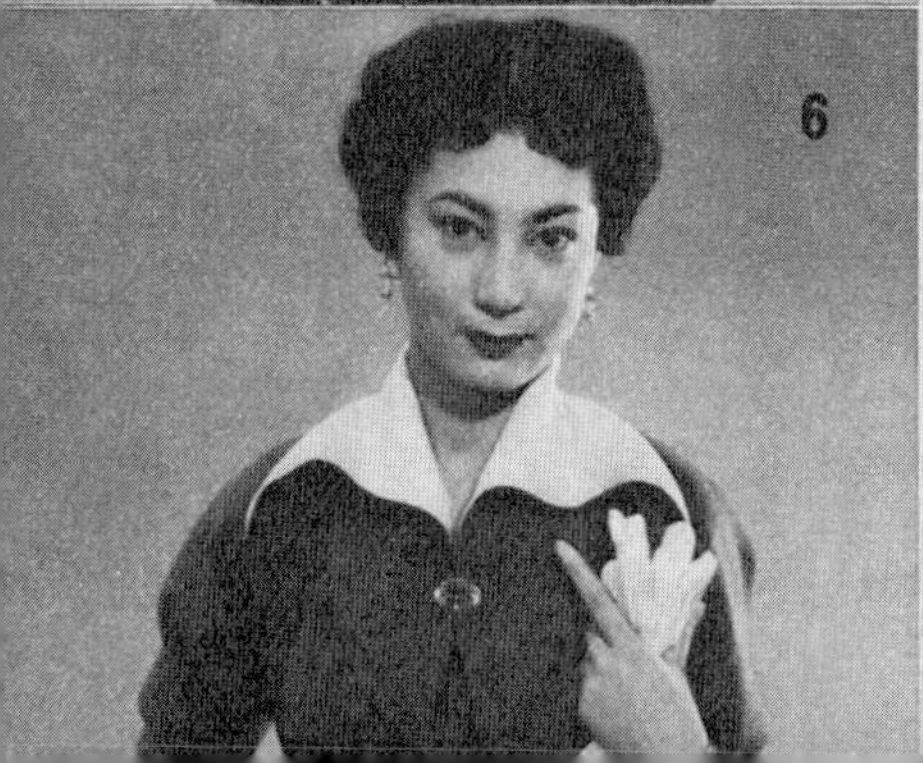

6

6 後衿を二つに折つて、下側の花びらのような形のところを身頃と共布になるようにして、中心をブローチで止めてみた。

7 衿先を身頃の中に入れて形を整え、スポーツカラーの感じに扱つてみた。誰でも親しめる一般向きのスタイル。

8 すつきりとしたセーラー・カラーの感じ。衿を前明止り一ぱいに下げ内側へまげこむ

9 その衿の上に、内側に折り込んだ部分を重ねてみると、何となくおとなしい感じに変る

10 次は衿をぐつと前の方に下げて、その部分をくるつとまるめて内側へさしこんでみた

11 前身と続いている大きな衿の先をぐつと両脇にもつてきて、脇縫目につけてある小さいくるみ釦にループをかける。

12 前明の内側に折込んである主衿を出してブローチで止めてみた。

13 切替えのところをブローチで止めて、中に折りまげてある小衿の部分を外に出してみると、可愛らしいフラット・カラーとなる。

14 小衿と主衿の両方を出すと、大きな変りテーラー・カラーとなり、新鮮な感じに変る。

15 最後にこのカラーを全部内側に折りこんでプレーンな感じに。

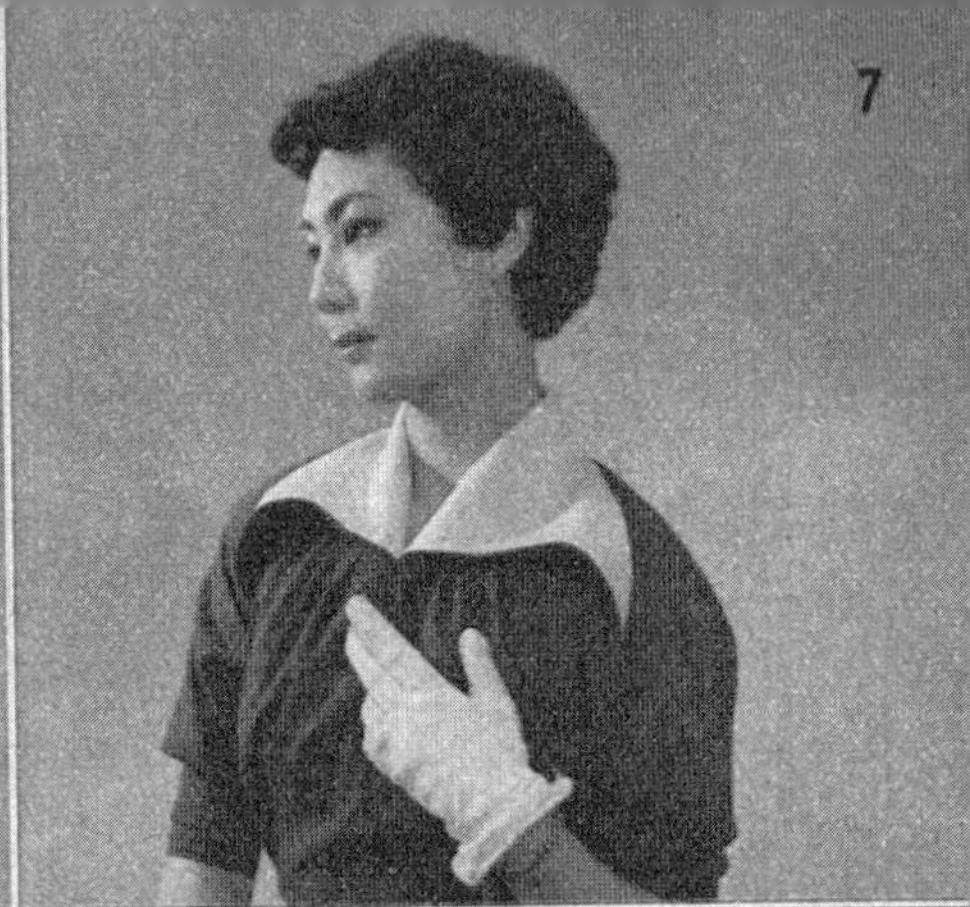

7

8

9

10

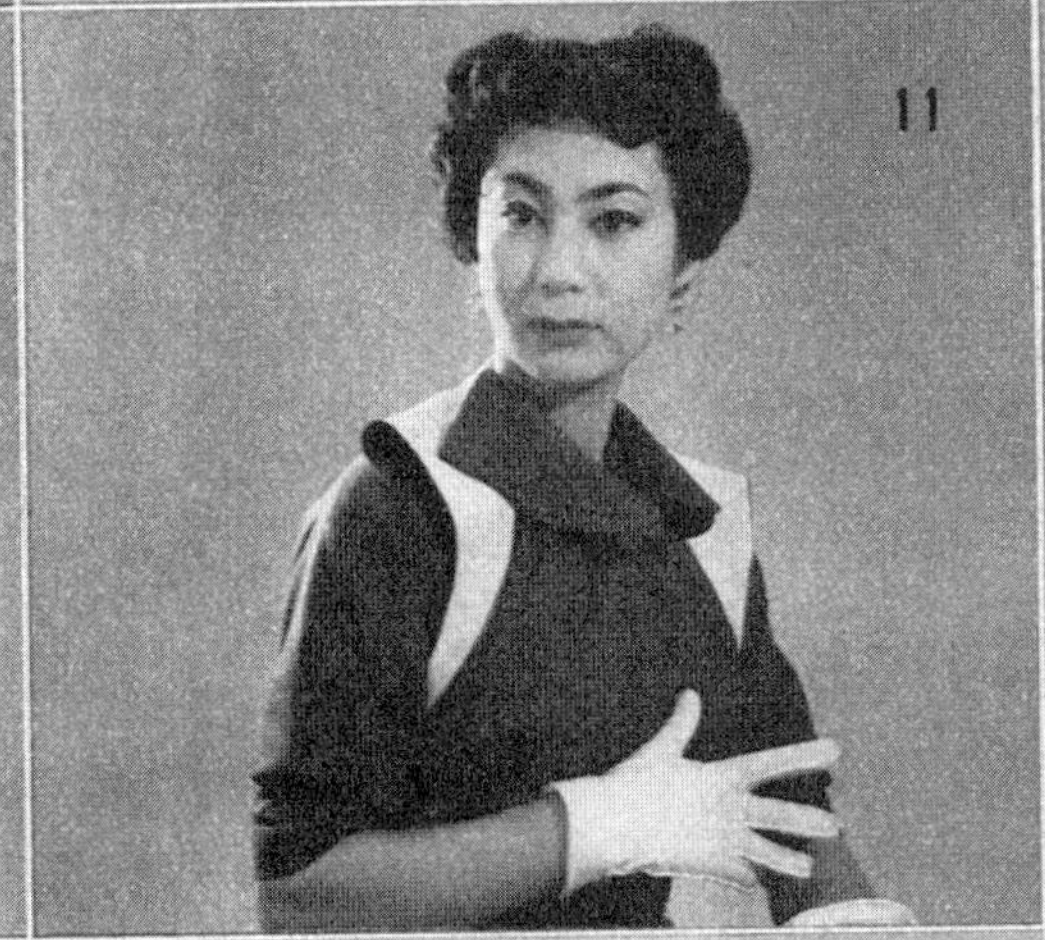

11

12

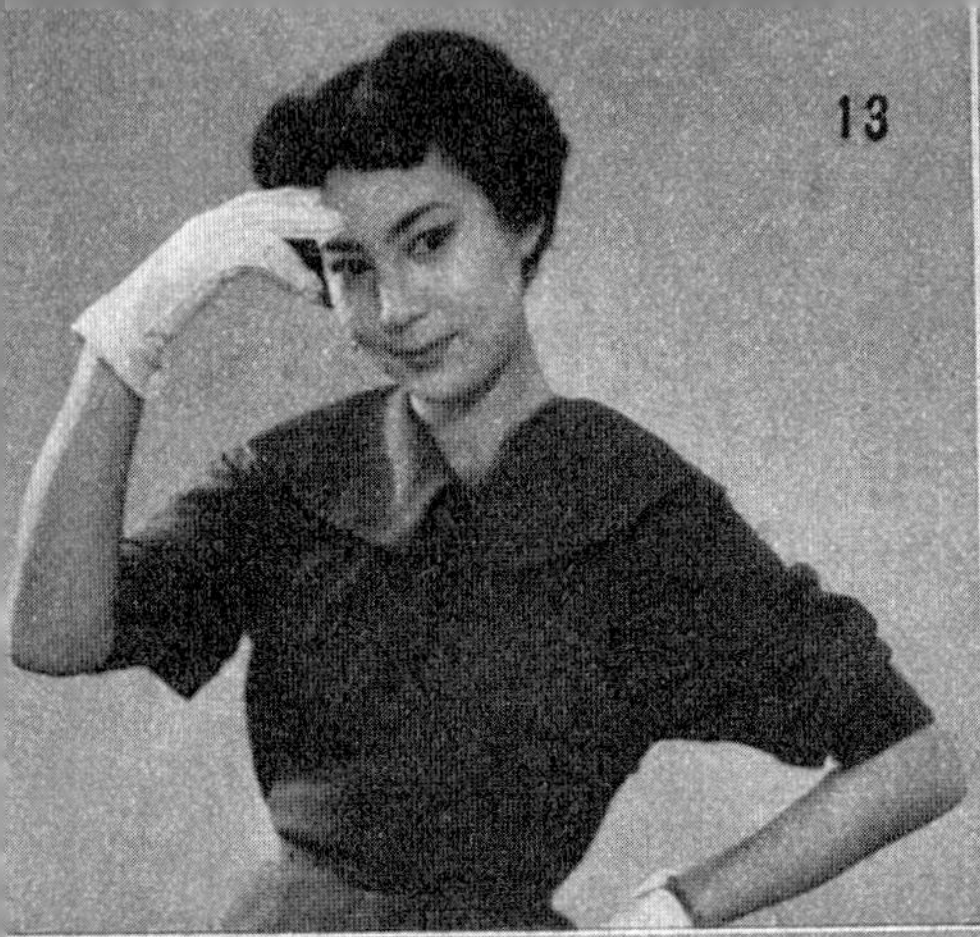

13

14

15

楽な部屋着を

愉しく新しく 21

中原淳一

一日の勤めを終えて、あらゆる意味で安息所である家庭に帰り、身も心もくつろいだ気持になるのは愉しいもの。そんな時に、あなたの御主人は、何を着ているだろうか。

ひと昔前だつたら、家庭でそういうくつろいだ時に着るものと云えば、夏ならゆかた、冬はドテラと決つていたものだが。

家庭着を考える

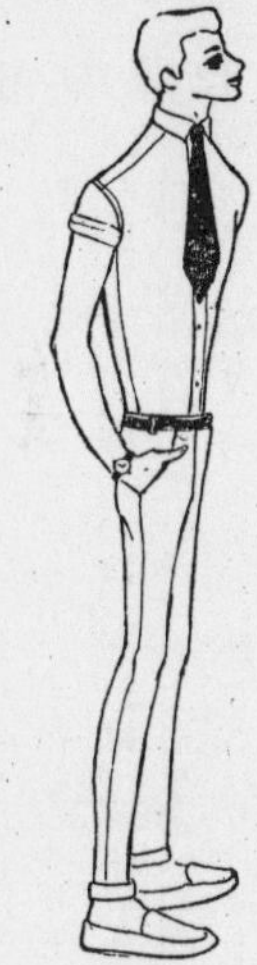

戦後よく見掛けたことだが、家へ帰つても上着だけぬいでハンガーにかけ、靴下はとつても、ズボンとシャツはそのまゝ坐り込んで夕餉の食卓に向う事がよくあつた。そんなでは、第一外出着の汚れも早く、味気ない。

又それ程ではなくても、家に帰ると着古したシャツとズボンに着がえて、それで家庭着位に考えているような例も見受けるが、これではどうも矢張り本当にくつろいだ気持がしないのではないかと思うが、どうであろうか。

外国人の部屋着 1.

それで思い合わされるのは、外人の生活における部屋着のことだ。

洋服だけで暮している外国では、くつろいだ部屋着がどうなつているかというと、丁度日本のきもののように前を打ち合わせて紐でしめるようになつている部屋着を誰でも持つている。

多くはウールのいかにもゆつたりとしたガウンを着てくつろいでいる。

婦人の場合などは、夏はレースで綺麗にふちとりした美しいものなど着ている。

外国人の部屋着 2.

部屋着の時には靴にしてからが、固苦しい靴ではなく、かかとも何もない、スリッパ風な楽な部屋履きをはいている。つまり家に帰つて、さあ落付きたい、と考えた時には、男は背広と云ういかめしい働き着から、又女性はワンピースやスーツから開放されてすつかり楽な着物に着変えてしまう。

パジャマ姿は人に見せられないが、一度その上からガウンを羽織れば、呼鈴が鳴つて誰かたずねて来たような場合位は、平気で玄関に出てゆける。

私室における公式のきもの

外国の場合、朝ベットから降りて朝食をととのえるのに、パジャマのまゝでも、ぱつと上からガウンをひつかけて仕度にかゝる。ホテルなどに泊つている場合でも、パジャマで室外に出ることはないが、ガウンを羽織れば、ドアの外位なら出てもかまわない。家庭では長椅子で、パイプ片手に新聞を読む様な時もそのくつろいだガウン姿であるし、私室では勿論である。

とに角、正式に人の前に出る姿ではないが私室に於ける公式のきものである。

和服は楽なくつろぎ着

例えばイヴニングとかカクテルドレスと云つたようなものは、無論機能的でも活動的でもなく、女性が美しさだけを目的として着るものであることは云うまでもない。と云う事になると、華やかな和服が、ただ女性が美しくなる為だけに着るとしてもそのイヴニングドレスと同様なものだと云える事になる。しかし、耽美的だとされている和服であるが、和服はその着方やあつかいによつては、一番楽なくつろぎ着として最もふさわしいものとして考えられるのではないだろうか。

日本のきものの機能性

日本のきものは、機能的でなく、便利であるよりも、その優美さに重きを置いて造られたもののように云われている。従つて、きものを着た時の動作のテンポが、現代生活に向かないのではないか、というようなことまで極論している者もある。その点、洋服は機能的活動的であり、便利だと一般に考えられて来た。たしかにそう云う面はあるにはあるが決定的なものとは思えない。

ものにもよるし、着方によつても随分違つて来る。

和服の気安さ

日本のきものは、凝つて着ればどんなにでも凝つて着られるし、また楽に着さえすれば部屋着として、これ程くつろいだ愉しさを味わえるものは少いようだ。殊に畳の部屋では、なんと云つても、男の場合なら普段着に兵子帯といつた部屋着が、一番しつくりと落付いてくつろげるのは、これは、矢張り永い間の伝統が持つている、生活の味合いの深さのようなものがあるからなのだろう。きものの見せる美しさに対して、これは着る気安さとして棄てがたい。

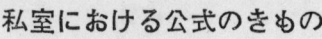

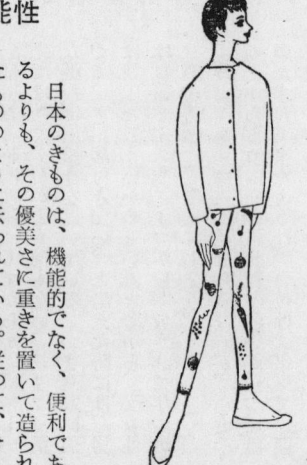

部屋着の時にも礼儀を

ガウンにしても普段着のきものにしても、そうしたくつろげる部屋着を持つていれば、そんなこともないのだが、くつろいだ時の形が決つていないと、ことに夏場などはとかく見苦しい形になりやすい。いかに暑いからと云つて、裸体に近いような姿でいるというのはいかにもだらしがない。

くつろいだ気持になるということと、だらしがない恰好をして気持にしまりがなくなると云うのとは、気持の上で似ても似つかないへだたりがあると思う。

ショート・パンツの愉しさ

そんなステテコ姿だけは日本の若い人の生活からは切り取つてしまいたい。何も家庭着が和服型式のゆかたやどてらでなくても、ショート・パンツにアロハシャツなども、夏の新しい湯上り姿として考えられるのではないか。

ひところ戦後風俗の一つとして、アロハが登場した当座は、街のあんちやんの専用物のように云われたが、裾をズボンの中に入れないアロハを、家庭でのくつろいだ形の一つとしてとり入れてみてもよい。

感心出来ないステテコ姿

ステテコという、あのちぢみのズボン下のまゝで団扇を使つているのなどもよく見かけるところだが、あまり感心出来た姿ではない

戦争前は外出の時に、どんなまずしい暮しをしている者でも、それなりに背広の上着をちやんと着ていたものであるが、それが、今は、ワイシャツ姿が公式の外出着とされている程の変り様であるのだから、ひと昔前には家庭着が多はどてら、夏はゆかたであつたのが、今はステテコに変りはてたのも当然かもしれないが。

二人の部屋着の愉しい調和

夏の湯上りに、御主人がアロハシャツにショートパンツといつた軽装なら、奥様も可愛らしいワンピースなどが、美しい調和をみせた如何にも若々しい二人のくつろいだ姿といえよう。

また、ご主人が、ゆかたやどてらが普段着と云うように、きものを部屋着にしているのだつたら、奥様も、ワンピースやヴラウスよりも、夕食のひとゝきは可愛らしい和服に着変えてみる方がずつと愉しいし、くつろいだ味合いを深めるだろう。

葉—か—ら—その3—

デイスダヴイジヨン

映画方式の最新版。人間の視野に最適といわれる縦一対横一・五五の比率の画面に映写する。フィルムを横に廻して二倍の大きさに撮影、それをふつうの縦廻しのフィルムに縮少して焼付けるから、画面のキメの細かいこと無類。スクリーンを大きくすれば立体感も出る。現在の規準画面は一対一・三三、シネマスコープは一対一・八五。

競艇

——機外艇エンヂンが艇尾の外部についているモーター・ボートのレース。やはり賭けるから公認トバクの一種。二十七年の春、九州の大村湾で試みたのが最初で、その後、津大阪、琵琶湖等々で行われ、今春は東京の大森、多摩川等に出現、ミス・モーター・ボートなどを募つて大宣伝。しかし冬期はさぞ不景気なことでしよう。

イタリアン・ボーイ髪型

映画「ローマの休日」以来、モーレツな勢いで流行したのが、例のヘップバーン髪型。しかし本家はイタリアン・ボーイ髪型で、やはりイタリア映画に出た浮浪児のボサボサ髪が近代美感で再生されたもの。但し、後頭部をはねかえらせるのはヘップバーンの工夫。いずれにしても、始終床屋に行かないと、本物の浮浪児型になります。

人間機関車

一昨年のオリンピック（ヘルシンキ）で、五千米、一万米、マラソン（二〇粁）のオール長距離競走に優勝したザトペック（チェコ）に与えられた愛称。最近、五千米を一三分五七秒二、一万米を二九分一秒六で疾走し、いずれも自分の記録を破つて又々世界新記録を樹立したので、この愛称も復活した。卅余歳、不死身の機関車である。

コール・ガール

仲介宿に住所、名前、電話等を登録しておく。客（勿論男性）が来ると、宿のオバサンがこれと思う女、或いはなじみの女を電話で呼んでサービスさせる。専業でなく、細君、オフィスガール、大学生などのアルバイトである点が特徴。発生地は米国。目下ロンドンなどで大流行。日本にも去年あたりから出現しているという。（Call Girl）

マイクロ・ウエーヴ

極超短波。（ラジオのは中短波）ふつうの電波はゆるやかな波形を描いて進むが、これは光のように直進する。だから遠方へ送るには、途中に中断所を設ける。最近電々公社はこの方法で東京・大阪間を結ぶのに成功した。おかげでテレビの送受信も可能となつたが、電話に至つては同時に四百八十回線分の通話が出来るようになつた。

ラントウの急務

ラントウは爛頭——頭が燃える意味で、つまり一刻もジッとしていられない急務ということになる。〝焦眉（眉毛がこげる）の急〟などの兄弟分に当るが、緒方自由党副総理が新党結成の提案中に使うまでは、ふつうの人間は誰も知らなかつたほどの大した古語。但し、その後間もなく議場に展開されたラントウの乱斗は誰でも知つている。

還元乳

現在の牛乳の需要は戦前の二十倍ぐらいになつているが、特に夏季に急増する。例の冷えたヤツを瓶からグーッと飲む人がふえるからだが、産量は逆比例にガタ落ちとなる。そこで比較的余裕のある寒冷期に粉乳を作つておき、必要に応じて脂肪と水を加えて元の牛乳にもどす。還元乳の名あるユエン。味に変りはないが腐り易いのが欠点。

人権闘争

朝礼で社長の先祖の位牌をおがませる。結婚すると能率が下るというので退職させる。素行補導を理由に信書はすべて開封する等等。これではたまらぬと、近江絹糸の従業員が会社相手にストを起した。経済問題以前の基本的人権確認闘争だというので、こういう名前が生れた。それはウソだという会社のウソの方がアカいことは確実。

プロ

確かに誰でも御存じ。だが、一応整頓しておく必要もありそうな言葉。プロ野球のプロはプロフェッショナル。（職業的）の略、音楽会のプロはプログラムの略、夜の街でウィンクする、プロはプロティステュート（売春婦）の略。もう一つ、ダニィ・ケイのプロはプロマイドの略の筈だが、このプロマイドは実はブロマイドが正しい。

ビニール糊

製本の場合、切揃えた背中にこれをサーッと塗りつける、忽ちかわく、それでO・K。普通は針金や糸で綴じるが、針金のは綴目がよく開かないので読みにくく、糸のはバラバラになり易い。この傾向は分厚くなるほど顕著だが、この糊は分厚くなるほど効果を発揮する。電話帳などその代表。製本界の革命モノ。最近卓上用も出ている。

タバクール

TABACOOL と書きます。つまり TABACCO とアメリカのハッカ煙草 COOL の公約数とお考え下さつてよろしい。巻煙草の太さの小びんに入つている白い粉で、それを煙草の尖端にチョッピリまぶして火をつける。すると大体最後まで〝高級煙草〟の味がするというありがたいシロモノ。但し〝持てる国〟には、勿論あまり必要ではない。

最近の言

偏向映画

〝偏向〟を〝左傾的〟に〝中立性〟を〝右傾的〟に解釈することを発明したのは大達文相だが、この見解に従つて、こんど〝偏向映画〟が生れた。「月の輪古墳」という文化映画がそれで、階級観念を植えつけるというので、審議会の答申を蹴つて文部省推せんを拒否した。文相の頭の偏向度を測るのに便利な映画だと評する向もある。

MSA小麦

MSA協定によつて米国から大量に輸入される小麦。これを当てこんで大規模な製パン工場の建設をもくろんだ某社は、群小工場の反撃をくらつて目下思案中。この援助と引換えに日本は再軍備の義務を負うが、援助と申してもロハではなく、また米国はこのところ小麦の大豊作で大弱り、倉庫に納めきれず野天に山積みしている。為念。

中央道案

東京・神戸間を結ぶ自動車専用の高速道路で、国鉄東海道線にほゞ並行する建設省案に対し、山梨―長野―岐阜等の山間を抜ける民間プラン。①距離約五〇粁を短縮②都会地でないため買収費が少い③森林地帯開発等々の利点がある由。どちらにせよ軍事的意義も大きく、従つて費用三千億円位は米国から借りられるというのが政府の肚。

親睦会

――と申しましても、隣組や町内のそれではない。見ず知らずの男女が、毎月一回場所や趣向をかえて集り、お互いの親睦を深める、というのが趣旨。会場でおちあつた男女の行動は自由だが、なるべく〝結婚への道〟へ歩いて行くことが希望される。つまり〝集団見合〟の名称だけを返上した集団見合で、主催者は結婚媒介所という次第。

二つの女性観

フランス婦人の見た 日本女性 〝永遠の女性〟

フランス大使館附武官
エステーブ氏夫人
ゾエ・エステーブ

◎総ての女性は讃辞に値する

日本女性の事に就いて、日本の御婦人方に三頁で語るという事は易しい事ではありません。其の為には、私が皆様の事を批評したり、御説教したり、或いは又、ドイツ流の緻密な分析をしなければならないでしょうか？

フランスには「鎖につながれたアヒル」という諷刺的な新聞が有り、毎週そこにのつている「コワン〳〵のヴァランティヌ」という欄では、女性の皆様をからかつています。

たとえば、慎しみ深すぎたり又蓮葉すぎる女性や、或いは渋すぎたり、けば〳〵し過ぎる趣味や、或いは又、単なる馬鹿げた事等についてからかつているのです。皆様の為に、一体私もこの「コワン〳〵のヴァランティヌ」にならなければならないでしようか？　もしこれが二十行位なら、ヴァランティヌにもなれるのでしようが、百行ともなつては皆様を飽きさせて了うでしよう。それに大体貴女方は、そんな長たらしい皮肉に当てはまる欠点なんて持つていらつしやらないのですから……。ですから私はやはり讃辞の見出しで御話して行こうと思います。

それに私に云わせれば総ての女性は讃辞に値すると思うのです。何故ならば、女性は自分の事よりも先ず他人の事を考えるものです。勿論、男性だつて女性の事を考えるのですけれど、それはエゴイズムからの場合が多いのです。

◎女性がその小さい手で世界を美しくする

それはともかく、女性は生活を美しくしようという「気持」をもつています。その為に、彼女達は極く僅かばかりの方法しかなくても、それでも日常のものを見違える程、又美しくさえするのです。もしこの世の中が男性丈に残されたらどんなだろうかと想像なさつた事が有りますか？　日々の生活のきりもりから凡そかけ離れた、それらの深遠な思想の持主の顔を思い浮べて御覧なさい。ひつ散らかした部屋で威張りちらしている……あゝ、そんな光景は追つぱらつて了いましよう。ともすれば、こんな風になつたかも知れない世の中を今の様に美しく貴女がその小さい手で御変えになつたのです。その事こそ、地球上の総ての国の女性に共通したとりえだと思います。勿論各国の女性は夫々他国の女性とは異つていますが。

スペインの女性は勇気があり怖気がなく、彼女の気に入つた男性の為だつたら彼女の総てを捧げて了いかねない眼差を持つております。そしていざそういう恋愛に値するという場合には、世間の噂だとか、他の男同志の争いとかには全く目もくれないのです。フランスの女性は日本女性の皆様と同様に自分達を男性にとつて不可欠のものとする事に依つて、男性を支配する事を知つたのでした。凡らく西欧に於て自由を獲ち得たという意味では一番最後の女性だつたかもしれません。

単純で気の良いイギリス女性は、男性の気紛れにさえも非常に献身的であり、個人的な野心等は全くなく、どんな境遇の中にでも適応して行き、男性には彼女の細い心づかいを尽します。

バラ色でスポーティヴな申し分のない体格のアメリカ女性はあまねく人を感嘆させずには置かないでしよう。でも彼女は宝石をちりばめさえすれば自分が美しく成つたと思つては居ないでしようか？　眼鏡をかければ、哲学者、社会学者、或いは美学者にでもなつたと信じ込んでしまう様な所がないでしようか？　私の親愛なる皆様方、どうぞ貴女方の長所を忘れないで下さい。貴女方は何よりも女性なのです。即ち、貴女方は男性が愛さずには居られない長い美しい髪や、優しい美しい心、それに又、彼等の無骨さを和げる才智を持つていらつしやるのです。ですから、男性なしでも結構済んで行くものだという様な云い草ほど愚しいものはなく、又彼等を利用したり退けたりすること程、馬鹿げた事はないと思います。併し貴女方にはそんな欠点は全々無いと信じます。

すでに各国の女性について述べましたが、ヨーロッパの女性達にも各国夫々の相違点があるのですから、まして日本女性と西欧の女性とを大ざつぱに比べる訳には行かないでしょう。まあ精々云える事は、西欧の女性の中では日本人は先ずフランス女性に近いという事です。

気紛れは現在の女性の間では、どこでも大流行なのです。けれども殊に映画かぶれした若い娘、哲学者めいた娘、又、美術学校の生徒等はこの流行を生真面目にとりすぎているのです。つまり、私が云うのは、映画雑誌の読者達とそれからシモータ・ド・ボーヴォワールの読者達です。彼等の要求の一つ、それは自由結婚なのです。然し、自由結婚はせい〴〵が不幸な子供達をのこす位のものではないでしょうか？　先ず、自由結婚をとなえる前に、スウェーデンの女性がしている様に用心深く慎重にそれを実行に移すべきだと思います。こういう問題に就いては、他の問題についても同様ですが私は常に夫々の伝統に従うという事が一番望ましいと思います。昔からの習慣には、深い意味が含まれている事が多いのですし、又、今日の大流行をしている重苦しい理屈屋さんには寛容の心は無いものです。

◎貴女自身を信じて自由の天地へ

女性の皆さんよ！　私は終戦後の様々な新事態の動きや、外国の影響に依つて、貴女方がその切札を手に入れたにも拘らず、日本の社会を革命化しようとしなかつた貴女方を賢いと思います。世界のどこでもあの頃は彼女達は女性の優しさというものを否定し、世間の因習を全く無視したがつたのでした。彼女達の或る者は男達にこう云つたものです。「今ではもう私達は貴方達の力以外の何も認める可きものは有りません」

もし貴女が自分の運命に満足していらつしやらなかつたら、又もしアメリカ女性の方が自分達よりも幸福だろう等と考えたのでしたら、私はどうぞ焦らないで……と云い度いのです。何故ならばアメリカ女性が既に獲得した権益を貴女が獲得なさる迄には、そんな永い事はかゝらないからです。相互の影響を受け易い文明国の間では一旦獲得された権益の普遍化というものは、速かに行われるからです。何も大声で宣伝する必要はないのです。他人を模範にして幸福を得ようとする人々の欲求は如何なるものに依つても消す事が出来ない程強いものなのです。然しこれ等の権益を獲得する事が本当に貴女方を幸福にさせ得るかどうかという事です。貴女はおよそ、そういうものからは、大した事は得られないという事をご存知でしょう。否、むしろそれは男性に対して深い距りを拵えてしまう様なものです。そしてその時になつて貴女は男性にはそれ程頼る事が出来ず、最も頼りになるのは貴女方自身であるという事を悟られるのではないでしょうか？

男性には私達がとても持つ事が出来そうもない世界を理解する能力があるのです。「宇宙の主人」であると信じ込んでいる程、滑稽な事は有りませんが、然し男性の精神は系統的なのです。そして宇宙は彼等の流儀に従つて組織されている事は認めなければなりません。もし彼等が何の本能も持たず、自然事象について何の概念もない場合、この系統的精神という助けなしには男性は何を成し得るでしょうか？

我々にとつて世界というものは極く小さいものなのです。何故ならば、我々に直接関係のない人、そして我々愛し合つている人達以外には、我々は興味を持たないからなのです。

ゾエ・エステーブ夫人

終戦前に自分の一人息子をフィリッピンで失つた或日本の老婆に私は非常な好意を感じました。私自身もフィリッピンにいた事があるので、彼女はさも私が息子に逢つているに違いないと確信を持つているようでした。そしてまた世界は小さいという事をその老婆は信じ込んでいてこれからも信じて行くでしょう。この田舎の老婆は教育もなく、近代生活などというものからは、かけ離れた人間ですが、人間同志のつながりという事についてては、とても、心得ていたのです。こういう人達がいなかつたら、たとえ広い世界について、どれだけの事を知つていようとも、我々の小さい世界は荒れはてた、空漠としたものに過ぎないでしょう。私はこの叡智を限りなく愛します。亦、忍耐強い事にはいつも頭が下る思いで感心してしまいます。例えば農家で一日中あくせく働きながら、然も夜になると男達に微笑みながら酒をつぎ、常に楽しそうな表情をしている丈夫でぴち〳〵した女性達、或いは又授業に出るために朝早くから起き、夜は夜でバーや店でアルバイトをしている女学生達。しかも、彼女等は女である事を忘れないのです。だからこそ、彼女達は美しく在る筈でしょうし、一口にして云えば申し分がなく、その美しい表情には疲れのかげが見えないのです。

◎貴女方の趣味はすばらしい

美しくするという事、それは確にお金がかゝることです。けれどもどちらかと云えばそれは趣味の問題なのです。趣味というものは世界のどこの国の人々も同じ様に持っているものではありませんが、たしかに日本の貴女方はその良い趣味を受けついでいらつしやいます。趣味といつても、毒々しい桃色やグリーン等のくどい色等、又靴下の捩れたのや、何とも恰好の悪いゴム長靴、それから、刈るのを忘れた羊にも似たチリ〳〵のパーマネントの髪等……そういう悪趣味の事は勿論私はこゝでは無視しているのです。このチリ〳〵の髪や衿頸にきつく引つくるめたまげ等は日本ではよく見受けますが、そうかと思うと上手に裁つた服に可愛らしい靴も同じ様に見受けます。私は和服が余り好きではありません。というわけはあの様なダブ〳〵なキモノを着なくても、もつと上手に身体の線の美しさを生かせられる様な気がするからです。線の美しさを引立たせるよりも害ねて了つている様な気がします。とは云うものの実を云えば私も和服のもつている素晴しさには感嘆させられているのですけれど。それに反して、すつきりとした貴女の足もとは本当にたしなみが良い感じです。あの白足袋に草履をはいた所程美しいものはざらにはないと思います。ね、そう御思いになりませんか？　あれこそ、おしやれのあらわれです。私が日本について初めて目の前にあの足もとの美しさを見せられた時、私は本当にこゝに自分達の姉妹を見出した様に思いました。私はやはり貴女方に対する讃辞やら批評等を混ぜて来て了いました。兎に角、私が言い度い事は、どうかすると前に御話した様な趣味のとり違えをする方達があつたとしても、大事なことは、日本女性は、決して悪趣味なものにはとけ込めないという事なのです。余りイリュジョンを抱きすぎては不可ません。フランスにもベルギーにも、変に目立つた恰好で人目を惹き、怖気をふるわせる様な女性だつてそりやいるものなのですから……。大事な事は、たとえ洋服がチャチで仮にも美しいとは云えなくてもきれいなマフラや一寸粋な毛糸の帽子等の何気ない飾りで欠点をおぎなう事を知ることなのです。申し分のない着方をするのには御金が充分でなくて出来なければ、そういう、小もの類　アクセサリー等で自分の趣味を生かすより仕方ないでしよう。あゝあの金持のアメリカ女性達がそういう〝気持〟を心得ていたとすれば、アメリカ位素晴しい国はない筈でしょうが。

いずれにしても人は総ての点で恵まれているとは限らないのですから、自分の備わつている長所を充分に生かさなければなりません。綺麗な顔を持つている人には生憎ソバカスがあつたり、又美しい髪をしていても、首が短か過ぎて引立たない場合もあるものです。ですから私は皆様方に次の様なヒントを申し上げたいのです。例えば脚が短くて背が低い場合には、胴をつめるよりも寧ろゆつくりした方が良いものです。そうすればこの二つの欠点は目立たなくなります。「単純な美しさ」は今ヨーロッパでも流行していますが、反つて貴女の美しさを強調する場合が多いのです。その様に技巧を凝らさないで装う事が大切で、自分が斯うあり度いという形にとらわれるのでは無しに、有りのまゝの自分の姿を生かす事が大切です。

◎永い伝統の力

もう一つ申上げたい事は、貴女方には二千年もの永い伝統が在るという事で、それが日本女性をしとやかに、上品に、又聡明に創り上げて来たという事なのです。常に控え目で又疲れを外に表さないという日本女性の性質は、私には完全な女性となるべき大切な事ではないかと思います。貴女方は何時でも微笑む事を忘れません。これも尊い天の贈り物です。貴女方はつまり楽天家なのでしようね。ですから不幸や苦悩や災難があつたとしてもすぐに気分を転じる事が出来るのでしよう。

勿論の事、東京の女性は地方の人達に比べると生々として又、物事にも敏感であり、地方の女性は忍耐強く控え目ですが、いずれにしても、根本には、どこへ行つても日本女性の変らぬ姿を見出します。女性達が美しく成ろうとする気持は永遠のものであり、総ての根本である様に思われます。私の心にふれるがまゝに述べて来たこの短い文の最後を次のフランスの詩で飾り度いと思います。

されば今宵、妙なる夢も来りなむ、
鏡にうつりし我が姿、
天使とこそ思いしに。

筆者、ゾエ・エステーブ夫人は巴里に生れ現在二十三才。東洋語学校にて中国語を学び昨年、外交省の夫君の任地を追つて来日。日本の風俗には至つて親しみを寄せられ、特に日本美術には関心が深い。

二つの女性観

日本婦人の見たフランス女性
"人情に変りなく"

仏文学者
杉　捷夫氏夫人
杉　美代子

◎相槌をうちたくなることども

結論から先に言わせていたゞきますと、東も西も人情に変りはないということでございましょう。

僅か一年しかおりませず、かなり広い範囲の方々とおつきあいいたしましたとは申しましたものの、フランス婦人を「観察する」などという大それた考えは、持つてもおりませず、持つこともできませんでした。たゞ、時々に、接しました光景、耳にいたしました言葉、きかされました身上話などから、そうでございますか、私たちと、同じでございますのねと、相槌をうちたくなりますことが度々ございました。

フランスの婦人が、私たちと異つていらつしやる点、進んでいらつしやる点、それも、後に述べますように、いろいろございまして、ほんとうに教えられるところがたくさんございましたが、それ以上に人間であり、女である点で同じだと思いますことの方が多く、少し、大胆すぎるかとは存じますが、人情に変りはないと、まず申し上げることから始めます。

◎家族制度、嫁姑

日本でも、東京と地方では、かなりちがいますように、フランスでも、地方にはまだ、家族制度と申しますか、家の圧力と申しますか、そういうものが相当残つておりますように、見受けられます。都会では個人主義が徹底し、パリではアパート住居が一般化した生活様式でありますことは確かなように見受けられます。

子供達が結婚すれば必ず親と別居する、大体それが原則となつてはおりますように見受けられました。広いアパートにお住居のある御年輩の御夫妻が、

「パリも住宅難で、息子が何年か前に結婚しましたが、未だに不便な郊外住居をしています」

と言つて居られましたのをきゝました時は、一寸、おや、と思いました。日本の家とちがつて、家族が別々の生活をいたしますのに都合よくできていますアパルトマンの生活でも、そうやつて別居生活の原則を貫いていらつしやいますのは、私達の目から見ませば、ゼイタクのようにも見え、羨ましくも思われました。そうかと申しまして、親と子、嫁と姑の関係が、すつかり個人主義で割切れていると考えますことはできないかと存じます。

一度パリで、あるお宅のお茶にお招き頂きました時のことでございます。別居しておいでのお嫁さんが、お子様方をおつれになつて、少しおくれていらつしやいました。恥しそうに顔を赤らめて、何かしきりにお姑さまに辨解していらつしやいます。どうやら、おそくなつて、お茶のお支度のお手つだいをしなかつたことをお詫びしておられるようでした。そのあとで四才位のお子様が、お祖母様のお膝にまつわりながら、

「家を出ようとしていたら、人がきてママがいつまでもお話をしているんだもの」

と無邪気にすつぱ抜いていられるのを、お姑さまが、ニコ〳〵きいていらつしやいました。この程度の気がねが、お互に嫁、姑の間にあるのだなと思いまして、一寸ほゝ笑ましい気持になりました。

家族主義の濃い地方では、この度合が一層甚だしいのではないでしょうか。

あちらに居ります間に、大変お世話になりましたルーアンのある建築家の奥様が、いろ〳〵、フランスの中流家庭の生活のことをお話して下さいました。そのお宅にも泊めていたゞき、家庭の内部も見せて頂きました。奥様はノルマンジーの方ではなく、リモージュというフランスの中部の有名な陶器の産地の方で、お嫁に来たてには、お姑さまのことで相当苦労を致しましたと打明けて申されました。

このお宅などは、恐らく、中流といつても、上流に近いお家庭かと存じます。自家用車も三台あり、台所も洗濯場も電化されて居ります。どちらかと言えば引込思案型に見えますその奥様が上手に車を運転されるのを見て、び

杉美代子さん（パリにて）

つくり致しました。御子息お二方もお父様の事務所で働き、オートバイで飛びまわり、お嬢様も秘書としてパヽの所で働いていらつしやいます。奥様が、私達は今一家をあげて働いていますのでこの程度の生活をして行けますが、昔のように財産だけで暮すとなりましたら、とてもこんなことはできませんとしみ〴〵戦後の生活の変動を述懐して居られました。

貯蓄の利子で安隠に暮して行くのが、フランス人の理想の生活設計だとよく聞かされておりましたが、それが大きく崩れたことは、フランスの御婦人にとつても大打撃で、生活設計の上に大きな変動をもたらしたことゝ存じます。

◎人生を積極的に楽しむ

特殊の人を除いては、フランスの婦人は実に勤勉で、お勤めを持つていらつしやる人でさえも、身の廻りのものを自分で作り、料理を楽しむ方が多うございます。お勤めを持つ方がふえたのも、恐らく戦後の生活変動の余波かと存じますが、勤勉な家庭婦人の伝統が、そこにも持ちこまれたものと考えることができましようか。実際よくお働きになります。

パリのバスや地下鉄の中で編物の針を動かしていない婦人の方が珍しいくらいで、どんな家庭の主婦でも、手芸をなさらない方はなく、御自慢のお料理をお持ちでない方はないようでございます。その点、私達日本の立場と実によく似ておりまして、お互、ほんとによく働きますね、と身につまされて、いじらしくなります。

ただ私達とちがいますことは、働きますことも働きますが、暇をつくつて楽しむことも徹底しているように見受けられます。のべつ幕なしに働くというのでなく、必ず、休む時間、遊ぶ時間をつくつて居り、人生は働くためにだけあるものではなく、楽しむためにも私達は生きているのですということを、示威運動していらつしやるのではないかと思いますくらい、お昼休みの時、土曜、日曜の行楽の時の、フランス婦人の姿はくつろいで見えます。

私共の泊つておりましたアパルトマンでは、休みになりますと、一家で自転車を並べて郊外の園芸小屋へ出かけるもの、夫の運転する小型自動車やスクーターに若い妻を乗せて、はしやぎながら出かけて行くもの、そういう家庭が幾組も見られました。これはほんとに羨しいことで、長い間に作られた社会的な習慣のおかげでございましようし、婦人の心がけだけの問題ではないでしよう。料理に凝るのも、室内装飾に気をつかうのも、やはり人生を積極的に楽しもうという生活態度の現われではないかと存じます。

日本のお料理も、味で頂くばかりでなく、見た目に美しく調度や器物との調和を考えて、感じで頂く料理でございますが、それは主として、改つたお料理の時に限られ、日常には、一部の進んだ方やめぐまれた方を除いては、その原則を貫いていらつしやる方はそうたくさんはないようでございます。その点、フランス婦人のなさる家庭料理は、日本料理とはちがつた意味で、やはり味だけでなく、見た目にも楽しいことを頭にいれておいでのようでございます。

日本料理とちがつた意味でと申しますのは、ずつと派手だということでございますが、何といつても色の調和ということにかけては、フランス婦人は、実にすぐれた感覚と教養を持つていらつしやいますように見受けます。色の調和という点では、フランス料理は実に美しいと思います。お味も勿論、特に、家庭料理はすばらしいと思いました。

◎流行に対して自主的に

色の調和にすぐれた感覚を持つていらつしやることが、きつと婦人達の日常の服装をあのように、ゆとりのある個性のゆたかなものに仕上げているのではなかろうかと思われますが、いかゞでございましようか。

地方はいざ知らず、パリでは、街を歩いていまして流行を見つけるということは、とてもできません。流行は特殊な洋裁店の中か、百貨店のショーウィンドにじかないとあるフランス人がおつしやいましたが、確かに真理のようでございます。一般の勤労家庭の婦人が流行を追うというようなことは考えられません。といつて、流行の型がないわけではなく、流行の色がないわけでもありません。『モード・エ、トラヴォ』という大衆的な裁縫雑誌はかなり広く一般家庭に行きわたつているようでございますし、新聞にもモード欄がございます。然し、大抵の御婦人は御自分で、少くとも軽い小物などはお作りになりますし、着物も御自分で作るという人の方が多いように思いました。

流行のものを人委せに作るというのではなく、自分に合うように流行をとり入れる。当然と申せば当然でございますが、この態度をくずさない、そこから、一見流行はないという印象を街行く御婦人から与えられるのではございますまいか。ことに色に関する限り、十人十色、ほんとうに自分によく調和する色を御存知で、自信たつぷりに、召していらつしやいます。そして目立たぬように、巧に流行の色をどこかにとりいれるというやり方をしていらつしやる方が多いようでございます。この点はつくづく感心いたしました。働きものという点では、決して私達日本の婦人は負けませんが、流行に対する自主的な態度という点では残念ながら、一寸ひけ目を感じなければならないところがありはしなかと、反省させられました。

◎人情に変りなく

紙数がつきかけてまいりましたので、最後に人情に変りはない例に戻ります。時間が正確だつたり、金銭のことがきちんとしていたり、そういうことでは、合理的と申しますか、一般の日本婦人より、理くつで動くことが多いと申せましようが、井戸端会議的なものはないというのは、言いすぎでございましようし、長くつき合えば、グチもこぼせば、おせつかいにわたる話も致します。同じアパートの方にある仕事をお願いしてお礼をいたそうと致しましたらこのくらいのことはお互さまで当然のことだからと辞退されました。「あなた方も我々とつき合つている中に日本風にかぶれましたね」と、主人が冗談を申しましたが、それは矢張人情の自然と申すものではございませんでしようか

私共は、ちようど、パリをたちます時にゼネストに逢い、タクシーでマルセイユまで脱出致さねばならなくなりました。アパートの方々は皆様親切に色々と手つだつて下さいましたが、ことにお隣の高等学校の先生の奥様（マダム御自身も教授）は朝四時からおきてコーヒーやパンの用意をして下さいました上、途中で頂くお菓子、果物まで荷物に作つて下さいました。日本で久しぶりに田舎へ移つて親戚の方から世話をやいていたゞいている時の気持にそつくりだと、ほんとうに涙が出そうになりました。

この時くらい国や人種はちがつても人情には変りはないとつく〲感じた事はございませんでした。

筆者、杉美代子さんは仏文学者の夫君に従い戦前一年間程滞仏、夫妻揃つて仏蘭西に見識が高い。

あかぬけた服をつくるために

—洋裁メモ・1—

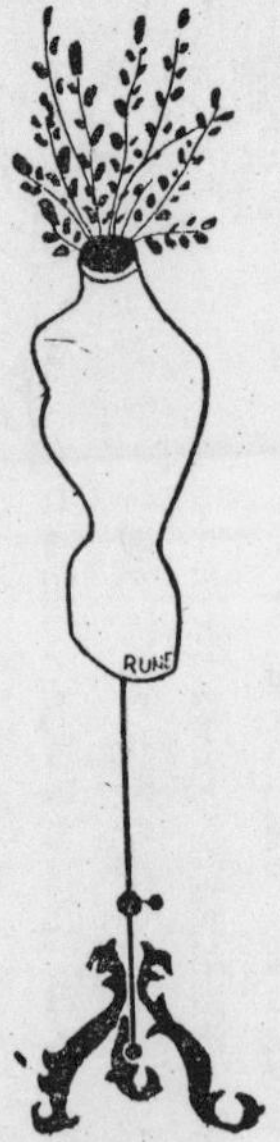

どんなに美しい生地でよいデザインでも仕立が悪ければその服は台無してす。ちよつとした事を注意するだけで見違える様な垢抜けた洋服が出来るもの。何だ，と思う様な小さな事が案外思いがけない美しさを創つて行く

見返しの端はまつらない

衿ぐりや前の打ち合わせなどに見返しをつけた時、その端の縫代を折つて表にまつりつけると、針目が表に出てひびいてきたないので、端ミシンを掛けてところどころ千鳥でとめます。前の打合せは上前は釦穴、下は釦でとまつているので端ミシンだけでもよい位。なるべく表にまつりの目を出さない様にする方がすつきりと出来る

パイピングをきれいにつくる

玉縁を綺麗に取る為には必ず正バイヤスの布を使う事。完全な正バイヤスでないと皺が出てしまう又このバイヤス布は裁つたら、アイロンで充分に伸ばしてから使うことです。そしてその縫代を真直にきれいに切るという事が大切です。縫代がデコボコになつていると、その形の通りにデコボコな玉ぶちになることに注意して下さい

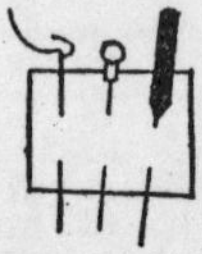

糊はしつけより早くて効果的

芯をはるような時に、躾け糸で押えるよりもうす糊を使つた方が寸法が狂わず完全に出来ます。これは文房具店で売つている普通の糊を少し水で薄めて、一寸やわらかい程度にして使います。躾けより効果があり仕上りも綺麗ですがこれも余りベタ〳〵つかつてはいけません。要所々々にあつさりとつかつてアイロンで押えます。

ギャザアをきれいにとるには

上糸をゆるめ針目を大きくして縫代より2ミリ位中へ入つた所(縫代の方へ)と、更に1糎位入つた所を二本縫つたら、下糸を二本一緒に引いて、その布が縮まるだけいつぱいにぎゆつと縮めてしまう。そしてその縫目を挟んで上下にポン〳〵と引つ張るようにして皺の向きを整え、癖をつけてから必要な寸法にならして伸してゆく

ナイロンはナイロンの糸で

ナイロンの布を縫う時は必ず糸もナイロンを使うこと。絹や木綿の糸で縫うと縫い目がちぢんでしまう。そして上糸をちよつとゆるめ加減にし針目は余り細かくない方がきれいに縫えます。地直しは必要なく洗つても乾すだけでアイロンも何も要りませんが、アイロンを使う場合は余り熱いのですると生地が溶けてしまいます。

ミシンの針目は躾糸の目の上に

ウール等を二枚重ねて縫う時、縫代を押える為に躾を打ちますが、この場合は、必ずその躾の上にミシンを掛ける事。あとで躾糸を抜き難いからと云つて、その隣にずらしてミシンをかけたりしてその躾糸の目にミシンの針目がかからないのでは、この躾の効果は無く意味がありません。それには躾を正確に打つ事が必要な訳です

衿の丸みは揃えてきれいに

丸衿など、丸みを両方揃える時にそれが左右びつこになつているのはとても目立つておかしいものです。きちんと印しをつけ、その印し通りにきちんと縫い、縫代を二ミリ位に細く揃えて裁ち落してから表に返せば、きれいに揃つた丸みが出来る筈です。又角をきちんと出すには、一番角のミシンの目を一目飛ばして縫います。

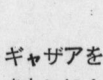

ボール紙でミシンの目をまつすぐにかける

棒縫のところを真直に縫う事はやはり中々難しいものです。既製服などを大量に作る所ではミシンの送り金のところに調器というものを取りつけて縫うのでいやでも真直にかかりますが、普通の家庭ではボール紙位の厚さの紙を押え金のところに置いて押えて縫うと曲つたり、上側の布がずれて寄つて来たりしないで真直に掛ります

化繊類の地直しは

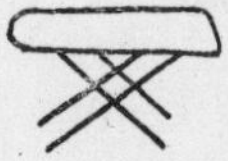

化繊も木綿やウール等と同様に地直しが必要です。一度必ず水の中に浸して、サッと手早く出し、皺にならないように乾かして軽く裏からアイロンをあてて裁断します。此頃の化繊は染が非常に良くなつて水につけても色が出るという事はないようですが、もし布端で試してみて色が出る時は裏から霧を吹いてアイロンをかけます。

デシンにはカンレイシャなど

やわらかくてしぼのあるデシン類の地直しも、やはり木綿と同じように、水に入れて乾かし、アイロンを裏から軽くかけます。

衿などに入れる芯地は、例えばカンレイシャのように、薄くて軽くてハリのあるものを使います。キャラコ等を使うといくらきちんと入れたようでも表の布となじまないで、きれいには出来ません。

ビロード・シホンベルベットの類はさか毛にして使う

ビロードの類は、布目の上下を反対に（布を手でなでて見て）つまり逆毛にして仕立てると着ていて美しいつやが出ます。（但し、オーバー地等にある毛足の長いウールは絶対に逆毛は使わない）又二枚を重ねて、縫う時は押え金をゆるめて別項のようにボール紙をあてて針目も荒目にします。普通にすると上の布がつれて来てだめ

ギャバジンの地直しはむつかしい

ギャバジン以外の大抵のウールは裏側から平均に霧を吹いて畳み、一昼夜位置いて軽く裏からアイロンをかけます。ギャバは水に浸して生乾きの所をアイロンをかけますが、これは骨が折れて中々素人は綺麗に出来ません。又他の毛織と同様霧を吹いてもよいのですが少しでもムラがあるとしみが出来易く素人には難しいでしよう

白いシャークスキンはすぐ汚れる

白い布は何でもそうですが、中でもシャークスキンはすぐに汚れが目立ちます。ミシンの縫目等も知らない中に黒く汚れが目立つて来るので、さつと手早く仕上げるという事が大切です。云うまでもなく手を綺麗に洗つて縫うこと、ミシンも注意してきれいにしておくこと。どうしても汚れたら一度洗つて白いものを着ましよう。

ビロード類にアイロンをかける時

普通のアイロン台の上に、ネルの布を二三枚か又はやわらかい毛布（必ずやわらかいもの）を置いて、その上にビロードをおき、更にやはりネル（のようなやわらかい布）をおいて霧を吹き、軽くアイロンをかけます。普通のかたさの台の上ですると毛足がつぶれて白くあとがついてしまいます。そうなつてしまうともう直りません

裾の方にはうすくて軽い芯を

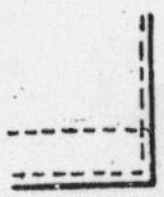

少し専門的になりますが、丈の長いウールのコート類の前の打合わせ等、上から下まで続けて芯地を入れるような場合、スカート丈の半分位から下はキャラコ位の軽い薄地のものを使います。厚いものを下まで使うと堅過ぎて何となくすつきりしない様です。芯地は総て二三時間水に浸して軽くもみ、半分位糊を落して使います。

その布の持ち味を生かして

洋服を仕立てるときは、どんなものでも、余りくしやくしやといじつていると、布がくた〳〵になつてその布の持ち味が死んでしまう。木綿のきりつとした味も萎れた感じになる。布の味を殺さないですつきりとした出来栄えを愉しむためには、能率的な手順などをよく考えて、手早く、手ぎわよく扱うことが大切です。

美しい肌を作る

誰れでも入れるやさしい美容科

杉本安子
（美容研究家）

素顔の美しさを保つために家庭で簡単に出来る美顔法を書いて見ました。それには、先ずシミ、ソバカスの原因である紫外線について申し上げて見ましよう。紫外線は、ヒフにとつて大変必要であり、又大変悪いものなのであります。適度の紫外線は、肌を美しく生き生きとさせる効力を持て居ります。何故でしよう？　それは紫外線の有効な刺戟がヒフの機能をさかんにし、同時に血行も良くし、新陳代謝を活発にし栄養化する力を高めるからです。これが逆に紫外線の強い場合は自然にヒフを保護するために、色素の沈着が起き、シミやソバカスがふえて、色が黒くなります。この強すぎる刺戟をふせぐためには、直射日光をさけ、海や山等では少しずつ日光にあて、時間をのばしていき、ヒフの抵抗力を強めて行きます。

野菜果物等の汁を使つた美顔法

脂肪性の方のため

表面に脂肪の分泌が多すぎて、お化粧がしにくく、又くずれやすい肌です。原因は性ホルモンの分泌異常や、胃腸障害等にも関係がありますから外面の手入れとともに食事、睡眠等も注意する事。日やけの場合の効果なパックは、オキシドールと卵を主とした漂白パックと、卵黄パック。中年の方は栄養を補給する為にリンゴ・ミカン・ブドウ・トマト・キウリ・等、果汁パックが効果的。この果汁パックの場合は肌の弱い人は果汁そのまゝで使つては、酸が強すぎて肌を弱める事がありますから二倍位に水でうすめて使用の事。強い肌の方でも初めに試して見る事。

荒性で弱い肌の方

脂肪の分泌が少く夏でも肌がカサ〱で、夏より冬に一層ひどくなり化粧がのりません。この場合気を付ける事は、第一に生活を規則的にし、出来るだけ睡眠を充分に取つて、ヒフに根本的休養を考えておく事です。パックは蜂蜜のパック。オイル又は新鮮な牛乳パック等が良いでしよう。蜂蜜10ｇ（約大匙一ぱい）に、小麦粉大匙山盛り一ぱいを、ドロ〱にかきまぜて作ります。

脂肪性の方の場合もこの場合もいずれも有機酸・酵素・ビタミンCを沢山ふくんでいるものが良いわけで、それは野菜・果物の汁に多くふくまれています。

ニキビ、ソバカス吹出物の多い肌

皮脂線から出る皮脂の量が多すぎて、いつも肌の表面が脂ぎつているために、毛孔にほこりや、汚れがたまりやすい。これが化膿菌の活動に丁度良い温度になり、毛孔の廻りのヒフが炎症を起して、ニキビ・吹出物が出来るのです。

この場合にはヒフを常に清潔に保つ事が第一です。パックは整肌パック（黄卵パック）果汁はレモン・きうり等がよろしい。又、ドクダミ一にぎり位を三合の水で二合位に煎じて、お茶の代りくらいにのむと便通が良くなりますし予防となります。

果汁パツクの作り方と仕方

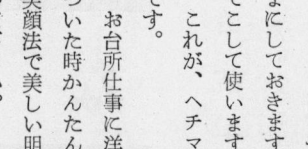

作り方

それ〴〵の果汁を、茶匙一ぱい（たつぷり）と、同量のヘチマ水又は水を混ぜ合わせ、これに大匙一ぱいの小麦粉を入れて、良くかきまぜます。

パックの仕方と順序

まずガーゼを顔よりやゝ大きめに切つて、目、鼻、口、の部分をきり開いて置きます。

① 入浴の際顔のマツサージ。洗顔して蒸しタオルで顔を蒸して毛孔を開く。この二つの中のどれかを実行しておきます

② そして、パツク剤を顔中にまんべんなくぬります。（大体一分ぐらいの厚み）漂白パツク剤の時は必ず生え際、眉、睫毛に、コールドクリームをぬつておきます。

③ 前に用意したガーゼマスクを、ぬつた上にピツタリとあて、静かに、顔の筋肉を動かさぬ様にして二十分から三十分、そのまゝにしておきます。話しをしたり笑つたりは禁物です。

④ そののち、なまぬるい湯か水で洗い落します。

⑤ よく拭つた後で、自分の肌に合つた化粧水をつけておきます。そのあとで、もし時間がゆるしたらば、二、三時間はお化粧をしないでヒフを休ませると良い。

ヘチマ化粧水の作り方

最後に簡単に作れるヘチマ化粧水の作り方をお教え致しましよう。

八月末から九月の中旬の間にヘチマの茎を、根本から、一尺位の所で切ります。根本に続いた切り口の方を一升瓶の口にさしこんでおきます。その口元をほこりや、雨水の入らない様にふさいでおくと、二三日たつうちに、五合から一升位のヘチマ水が取れます。

ヘチマに含まれているビタミンBやC。ペクチン等が、作用して、どなたの肌にも向く化粧水が出来ます。

分料は　ヘチマ水八〇％　アルコール一六％　硼砂四％　防腕剤〇・三％

ヘチマ水をガーゼ二・三枚を重ねてこします。これに、前記の分料のアルコール、硼砂、防腐剤をまぜて、一晩そのまゝにしておきます。これをガーゼでこして使います。

これが、ヘチマ化粧水の作り方です。

お台所仕事に洋裁にホツト一息ついた時かんたんで手軽に出来る美顔法で美しい明日のあなたを作つて下さい。

メロドラマのはなし

メロドラマについて

飯島正

メロドラマということばは、芝居や映画のほうでよくつかわれ、たとえば「大船調のメロドラマ」というようないいまわしが、『君の名は』の新聞批評などで目についたりしますが、もちろんこれは外来語ですから、ひととおり本来の意味も考えてみましょう。

「メロドラマ」の「メロ」は、ギリシャ語の「歌」の意味です。「メロディ」などというときの「メロ」と同様です。それから「ドラマ」もギリシャ語の「劇」ですが、これはどなたもご存知でしょう。ですから、この二つのことばから合成された「メロドラマ」というのは、元来は「音楽劇」の意味で、事実むかしヨーロッパで「音楽入りの芝居」があった、それをさしているのです。（ただしこれは器楽だけで、声楽ははいりません。つまり音楽入りでも、オペラではないという意味です。）

そこで当然、この「音楽入りの芝居」が、どんなものかということになりますが、ぼく自身それを見ていませんので、具体的に説明できないのが残念です。ただ、「メロドラマ」というのはあれじゃないかというような芝居が、アメリカの映画などにでてきますので、それを指摘するにとどめましょう。

みなさんもときどきごらんになるでしょうが、西部劇なんかに、田舎芝居の一場面があらわれることがあります。たとえば、有名な「アンクル・トムス・ケビン」なんかが、舞台で演じられているところがうつります。すると、よ

メロドラマの変遷

福田英子

メロドラマを語る事は、日本映画史をひもとくことにまでなりそうですが、一番手近かなメロドラマの大作で、今日の地盤を成したといわれる松竹の作品系列を辿つて、その変遷を回顧して見ましよう。

◉昭和初年から十年まで

大正時代はさておき、昭和初年から十年位を一区切りにして見ますと、この時代はメロドラマと云つても所謂新派十八番の映画化が盛んに行われ好評を博しました。

己が罪（監督佐々木康、井上正夫主演）不如帰（監督五所平之助林長二郎、川崎弘子主演）生さぬ仲（監督成瀬己喜男、岡讓二、筑波雪子主演）琵琶歌（監督野村芳亭、川崎弘子、岡讓二）婦系図（監督野村芳亭、田中絹代、岡讓二）金色夜叉（監督野村芳亭、林長二郎、田中絹代）などがそうです。

「金色夜叉」熱海の海岸の場。配役は貫一・松本泰輔、お宮・歌川八重子。大正十四年頃作られたもの。

「金色夜叉」が企画にのぼつたのは、松竹の三大スタアである鈴木伝明、岡田時彦、高田稔が連盟で脱退すると云う一大椿事が突発。当時としては大変な事で新聞などでも「松竹破滅か」とまで大々的に報道されたものですが、このためにそれまでは時代劇ばかりだつた林長二郎が急拠現代劇に抜擢され、ピンチヒッターの大成功を収めて満都のファンをうならせたのです。

一体に不景気になるとメロドラマが流行すると云われています。何故ならば実生活が深刻になればなる程、娯楽も安易なものを求め、そ

く見ますと、舞台の手前や舞台の袖で、ヴァイオリンやピアノをひいて、感じをだすようなことをやっています。あれが「メロドラマ」の田舎芝居流の演出方法なのではないかとおもわれます。もちろん、当節の大都会で上演されるメロドラマは、あんな貧弱なものではありますまい。ところで、そういう「メロドラマ」の内容はどんなものかといいますと、たとえば、メロドラマ作家の例によくひかれるフランス十九世紀の劇作家デンヌリイの『二人の孤児』というのがありますが、その主人公は二人のわかい娘で、一人は無頼漢にさらわれ、もう一人は悪老婆の手にそだてられるという悲劇です。「夏のにわか雨のように涙をながさせた」と当時いわれたそうですから、いまの映画の宣伝文句でいうと、「泣けて泣けてしようがない」芝居だったにちがいありません。

そういう芝居風景は、すこし時代はさかのぼりますが、マルセル・カルネの名作『天井棧敷の人々』によくあらわれています。泣いたり、わめいたり、乱暴したりするあの観客が、メロドラマの見物風景です。要するに、芝居もお客も、はげしい情熱的感情に支配されているといっていいでしょう。

しかし、現在では、そういう「音楽入りの芝居」であるメロドラマは消滅しました。それゆえ、現在普通つかわれている「メロドラマ」ということばは、歴史的意味でつかわないかぎりは、「音楽ぬきのメロドラマ」の意味だといっていいでしょう。「音楽ぬき」の「メロドラマ」ではもとの意味と矛盾しますが、事実そうなっています。それですから、現在の「メロドラマ」を定義しますと、「はげしい感情が豊富に盛られた大衆的な芝居」ということになります。したがって、芝居に映画に、そういう例がたくさんあることは、みなさんもすぐお気がおつきのこととおもいます。

最近の映画では、松竹がさかんに、メロドラマをつくっています。『君の名は』はその典型ですし、その後も『君の名は』の大当りにあやかろうとして、おおいにメロドラマ系統の映画をつくっていますが、映画は元来、「劇」という点からいえば、伝統的にメロドラマにちかいものとなる運命にあったともいえるのです。

昭和四年。野村芳亭演出の「母」。川田芳子、栗島すみ子、田中絹代に、当時四才位の高峰秀子が初出演。

の中で一時でも生活の苦しさを忘れて美しいものに憧れ、現実ばなれした美しい泪を流したいと云うのが人情の常のようです。大体、泣くと云う事は陶酔の極地であつて、一種の慰安でさえあるのです。ですから昭和初年の不景気の中に、この新派調のメロドラマは大いに受けたのです。

更にこの新派調にダブつて流行したのが所謂「母」ものです。

確か昭和六、七年の作品だつたと思いますが「東洋の母」と云うのがありました。監督は清水宏で出演者はオールスタア・キャストと云つて文字通りの総力結集映画です。それから鶴見祐輔原作の「母」は野村芳亭の監督で川田芳子、栗島すみ子、田中絹代それに、当時四才位の高峰秀子が主演しましたが、この二つは「母もの」の代表的な作品です。他に、「母の愛」（川田芳子主演）「この母に罪ありや」（監督清水宏、オールスタア・キャスト）「或る母の姿」（監督佐々木康、水久保澄子、吉川満子）などが次々と出て紅涙をしぼつたものです。これ等は当時の社会にあつて常にしいたげられていた女性、つまり母を悲劇的に描き、時代への迎合が見られます。

　知つてしまえばそれまでよ
　　知らないうちが花なのよ

と云う主題歌で有名になつた「麗人」（監督島津保次郎、岩田祐吉、栗島すみ子）も昭和五年頃を代表するメロドラマと云えましよう。この頃から次第に映画に主題歌をつけてはやらせる様になり、「麗人」はその成功した最もよい例です。

又、当時新聞の三面を賑わした坂田山心中を二週間位で映画にし主題歌をつけて封切りしました。これが有名な「天国に結ぶ恋」（五所平之助、竹内良一、川崎弘子）です。この題名は毎日新聞の見出しをそのまゝ頂戴したもので、際物《キワモノ》の代表的作品です。

◎昭和十年から二十年まで

メロドラマの中でも依然として「母もの」が勢力をはつていますが、この頃になつて大衆小説の映画化と云う事が流行して来ました。これは母ものの様に

「京子と倭文子」昭和初期、菊池寛原作。梅村蓉子・岡田時彦

日本の伝統的演劇である歌舞伎は――それは歌舞伎学者におこられるかも知れませんが――日本流の一種のメロドラマ（もとの意味での）ではないかとおもわれます。声楽がはいるという点では、オペラに類するものともいえますが、声楽も音楽ですから、ひろい意味ではメロドラマです。もっとも歌舞伎劇にも新作やなんかいろいろな種類があって、一概にこういうのは少少大胆すぎるかも知れませんが、黙阿弥の芝居などは、たしかにこの種類にはいるのではないかとおもわれます。ですから、日本人は、もともとメロドラマずきだったといってもいいでしょう。

それについて、もう一つおもしろいことがあります。それは、いまのわかいかたはご存じないかも知れませんが、無声映画時代には、映画の上映に、かならず伴奏音楽がはいっていました。こういう点にも、映画がむかしのメロドラマの後継者であるという証明があります。そのうえに、日本では、鳴物やこわいろがこれに附きました。外国には当然ないことです。ますます、日本映画は、定義どおりメロドラマにならざるをえません。今日、メロドラマが流行したとて、なんのふしぎもないわけです。

もちろん日本では「メロドラマ」というような外来語をまえからあつかっていたわけではありません。これにあたる日本語は、ちょっと見あたりませんが、実質的にこれとおなじことばがあれば、それを考えてみるのも日本製メロドラマがどんなものかを知るのに便利だとおもいます。そこでぼくは、「新派悲劇」ということばをおもいついた次第です。

「新派」ということばは、歌舞伎のような「旧派」に対する「新派」で「悲劇」にもメロドラマの意味はありませんが、ぼくは「新派」はいまではもう歌舞伎に近いものとなっているとおもいますし、日本でいう「悲劇」は、「お涙頂戴」の意味になっていますから、ありようは「新派悲劇」はメロドラマである いってもいいですし、新派悲劇の代表作である明治時代の『己ケ罪』、『侠艶録』、または『金色夜叉』、『不如帰』などの新派悲劇の名作は、事実上、ごらんになればわかるとおり、「はげしい感情が豊富に盛られた大衆的な芝居」というメロドラマの定義

単なる催涙薬の目的でなく、芸術性を兼ね具えたいと云う処から発したので、菊池寛、久米正雄、吉屋信子などの大衆作家の代表作が次々と映画化されていきました。

ここで一言当時の監督を紹介しましょう。

かつて大船撮影所長であった野村芳亭（現在の野村芳太郎は彼の実子）はメロドラマの巨匠とも云うべき人で実に器用でした。俳優諸氏も野村さんのものには是非使って欲しいと云う程で、作品はいつも豪華メンバーですし、作品はどれも当っています。彼は常に経営者の立場から映画をとるので、何しろ野村芳亭が死んだ時、松竹の株が下ったと云う程ですからその人気は推して知るべしです。彼と対象的な監督は小津安二郎です。常に庶民生活に目を向け、一途に良心的芸術的な作品を作って来ました。「生れてはみたけれど」などは今でも得難い作品です。然し彼は凝り過ぎてN・G（撮直し）をなんと四十何本分も出したと云う程の記録をもっているのですから、経営者側の受けはあまり良くないのですが、その才能を認められて自由に好きな仕事をしていました。野村芳亭と小津安二郎の中間を行くのが島津保次郎で「春琴抄」「家族会議」などと云う芸術性と娯楽性を合わせた作品を撮っています。又、島津保次郎と小津安二郎の間に五所平之助がいます。叙情的な雰囲気をもった彼の作品はインテリに受け、「人生のお荷物」「伊豆の踊子」など大変好評でした。

扨て話をもとに返して大衆小説の映画化では、「涙の責任」（竹田敏彦原作、蛭川伊勢夫監督、川崎弘子、三宅邦子）「一つの貞操」（吉屋信子原作、野村浩将監督、大日方伝、三宅邦子、川崎弘子）「朱と緑」（片岡鉄兵原作、島津保次郎監督、高峰三枝子、上原謙、高杉早苗）「新道」（菊池寛原作、五所平之助監督、上原謙、田中絹代、高峰秀子、佐野周二）「男の償い」（吉屋信子原作、野村浩将監督、佐分利信、田中絹代）「人妻椿」（小島政二郎原作、オールスタキャスト）などがあります。中でも画期的成績をあげた「愛染かつら」は皆さんもよく御存じの事と思います。これは前編、後編、完結編、続愛

昭和八年、松竹、五所平之助演出による「伊豆の踊子」田中絹代主演。

「受難華」大正十五年作。写真は島田嘉七と筑波雪子。他に鈴木、栗島、及川。

に合致しているとおもわれます。

しかし、「新派悲劇」がメロドラマの全部ではありません。この外来語を日本でさかんにつかいだしたからには、その理由が当然あるわけで、新派悲劇にないものをメロドラマがもっているからこそ、このことばに魅力があるのです。早いはなしが、『君の名』が決してむかし流儀の新派悲劇でないことは、作者の菊田一夫さんもいっているとおりです。

おそらくこれは、従来の新派悲劇が、封建的な社会制度に屈服する点に「お涙」があったのに対して、現在のメロドラマは、封建性を打破しようとする点に、すくなくともその意図があるからでしょう。

「お涙」の性質上、やすやすと社会制度が変革されることはあまりせんが、その矛盾から生まれる悲劇をそういう方向にむけつつあることはたしかでしょう。ここに、あたらしいメロドラマの意義があります。

したがって、メロドラマは、ある意味では「社会劇」にちかいものとなります。すなわち、『金色夜叉』は、金銭を社会的問題としてとりあつかったものともいえますし、菊田一夫さんが『君の名は』を、一種の社会劇として書いたことは、その作者のことばにあきらかです。しかし、せんだっても大映でつくられた『金色夜叉』が、社会劇であったかどうかは、いたって疑問ですし、『君の名は』を一般の観客がそのつもりで見たかどうかもあやしいものです。

そこに、メロドラマの社会的意義と同時に、その危険性もあるわけです。社会の犠牲者をえがいて泣かせようとすると、泣いたことであきらめに似た感情を、見るひとにおこさせてしまうからです。はげしい暴力的な場面がでると、その暴力の魅力を感じさせる危険もあります。だから、メロドラマというのは、まことに、両刃の武器であるといえるでしょう。

現在のメロドラマをつくるひとたちが、そこまで考えているかどうかはあやしいものですが、もっとも大衆に歓迎されるこのドラマの種類をできるだけいい方向にもって行くのは、みんなの義務ではないでしょうか。

染かつら、続々愛染かつら、オール愛染かつら改修編と六本も作られて、センセーションを捲きおこしたのですから、最近の「君の名は」ブームといい対象です。これは川口松太郎の原作を野村浩将が演出し、上原謙、田中絹代が主演しました。

当時メロドラマの主人公は独身でなければ人気が出ないと云われていましたので、結婚した場合は、私生活を極力かくし、表面は独身の様に見せかけていたのです。この風習を打破したのが上原謙です。彼が結婚を発表した時、会社側はこれをひた隠しに隠していたのですが、上原謙は「私にとつて結婚は一生の大切な事なのですから」と云つて鎌倉山で盛大な披露宴を開いてしまいました。然しそれからの彼の人気は墜るどころか益々あがり「愛染かつら」で決定的なものになつたのです。

「不壊の白珠」昭和四年。八雲恵美子（右）と及川道子

それから「純情二重奏」（大庭秀雄監督、高峰三枝子、細川俊夫）の様なスマートな作品も出ましたが、戦争も次第に激しくなると共にメロドラマも「新女性問答」（佐々木康監督、桑野通子、川崎弘子）とか「女性の覚悟」第一部純情の花、第二部犠牲の歌（渋谷実、原研吉監督、松竹大船女優群総出演）と云うタイトルに変り時代色を反映するようになつて来ました。

◉戦後の映画界

戦後は今迄禁じられていた事、例えば「接吻」とか「先生との恋愛」とか「姦通」などが一度に解放され、唯、刺戟を求めたの感があります。メロドラマは新作としては菊田一夫の「駒鳥夫人」位のもので、あとは戦争前の焼直しで補つていた程度です。それと言うのも今迄のメロドラマの愛好者は生活に追われて映画を見る余裕さえなく、又若い人達は外国映画の氾濫と共に、急に解放されて刺戟のみを求め、映画界はそう云う人達に如何に満足を与えるかに力を入れて、強烈なもの、即ちエロとかグ

メロドラマの代表「愛染かつら」川口松太郎原作を野村浩将が演出。配役は上原謙、田中絹代。

たとえば、いわゆる「母もの」と称せられる映画がたくさんつくられていますが、これもメロドラマの一典型ともいえるだけに、やはり両刃の武器としての長所と欠点とをもっています。母性愛を主張するのはその長所ですが、母のかなしみやくるしみをえがいて、母というものはこれでいいのだとおもわせかねないのがその欠点です。

「母もの」というとインテリのひとたちは顔をそむけますが、あれが興行的に受けるという点は、よく考えなければなりません。そして、ただ泣かせっぱなしの「母もの」にならないように、みんなで警戒をする必要があります。

大体日本のメロドラマは、いじけるほうが多いのですが、もっとメロドラマでなければあつかえないような社会的な大問題を、強力に、いい方向にむけて、表現するようなメロドラマの出現を、ぼくはいのってやみません。

じり貧的メロドラマは、ボイコットをしたいものです。

（筆者は映画評論家）

ロに走つたのです。

総じて昨今、やゝ思想の安定を得てメロドラマの復活を見るに到りました。その魁けとなつたのは言う迄もなく「君の名は」（菊田一夫原作、大庭秀雄監督、佐田啓二、岸恵子）です。「君の名は」の成功は決して偶発的な事ではありません。

「愛染かつら」が戦争や当時の社会組織に対するレジスタンスであると云えると同じように、「君の名は」の悲劇はとりも直さず吾々が戦争によつて受けた痛手なのです。その中で芽生えて行く人の心の美しさは刺戟になれた人々にも共感を呼んだのでしよう。然しこれからは以前の様なメロドラマの乱発は決して興行を助けるものではありませんし、唯、泣いて楽しむと云う単なる客受けを狙つて製作されるのではいけません。

娯楽の第一を占める映画が、大衆に迎合するのでなく、大衆のレベルをあげてゆかなければならないのです。映画監督が作家となつた今日、映画界は古い因習から開眼しつゝあると言えましょう。

・菊田一夫作「君の名は」大庭秀雄監督、佐田啓二、岸恵子主演による戦後のヒット作

暫（しばらく）

歌舞伎十八番
鎌倉権五郎
昭和廿八年歌舞伎座
松本幸四郎丈

木綿のきもの

松本幸四郎丈御夫妻
をおたずねして

竹竺で見附けられた木綿の布団皮で、昔からある花鳥の模様が、わざわざデザインをした様な面白さだつたので、短か目の羽織を作つてみたとの事でした。色は渋い黄土色に模様を白ぬきしたもの。おきものは本場の無地の鉄色で、羽織と同じ布で模様のない所を取り帯が作つてあります。こうした美しさは、山水を思い出す様な落着きが見えます。

ある明るい午後、松本幸四郎御夫妻に〃木綿のきもの〃を見せて頂きました。幸四郎丈は松竹映画〃花の生涯〃で伊井大老に扮し映画の演技の中に新しさをきり拓いて映画界に問題を投げかけられた、歌舞伎界にかつこたる地位をもたれた名門。兄上に菊五郎劇団の市川海老蔵丈、弟君に尾上松緑丈と御兄弟揃つていずれも歌舞伎界の重鎮です。

正子夫人は、吉衛門丈令嬢で東洋英和御出身の才媛。一見お嬢様の様に若々しい方ですが、小学校六年生の坊ちやんを頭に三人のお子様のお母様でいられます。

麹町の御宅は、日本の美しさ渋い味を巧妙に取り入れた近代建築で、〃木綿のきもの〃を着てキャメラの前に立つて下さつた御夫妻と心にくい程の調和を見せています。

「木綿のきものは、本当のおしやれが着ると云われますが、おしやれというよりも、きものを愛する人達は、一様に木綿を愛されるのではないかと思うのです。木綿と云うのはしわになりやすく、いつもいつも手入れをしなくてはならない。そんなめんどうをしながらもやつぱり木綿の良さは忘れられないものですね。」と、又「色なども木綿特有の粉をふいた様な色が渋味を持ち、こんな味は中々ほかの布では出せません。」

こうした本当の木綿の味を愛する幸四郎丈御夫妻のおことばです。涼しいテラスにお出になつた幸四郎丈のお召物は、細い弁慶縞の木綿の絽のきもので、しやつきつとした張りのある感じが堂々とした幸四郎丈を一層重厚に見せ、夫人のきものは白地に大きな蝶々の模様が、ブルーの薄い色で染め出してあるゆかたで、これは大層古いものとの事です。古代布を求められた母上がさんざん手をとおされたものを、夫人が頂いてしまつてあつたのだそうですが、この蝶の模様はすこしも古さを感じさせずむしろ近代的なものにおもわれます。幸四郎丈のお見立ての渋い朱の帯に黒の帯〆をなさつたお姿は、不思議な味を持つ美しさでした。

銀のぶちとりした見事な屛風は、夫人が幼少の頃にきもののために母上が古代布を求められて作られたものを、その後には母上が帯にされた。それを又、成長された夫人が頂きになり、さんざん締めて、どうにも古くなつたのを最後に良い所だけを切りばりにして作られたという思い出のこもつたもので、その布は、古い木綿と絹が織りまぜてあり、素晴らしい刺繡も平安朝の文化を見る様なものです。

この夫人の無地の木綿のきものは藍染めで銀の帯をきりゝと締められた清潔なお姿と対照的な美しさを見せていました。上に見える額は、此の着物と同じ布で作られたもので着るものと住いとの愉しさがとけあつているのがうかゞえます。

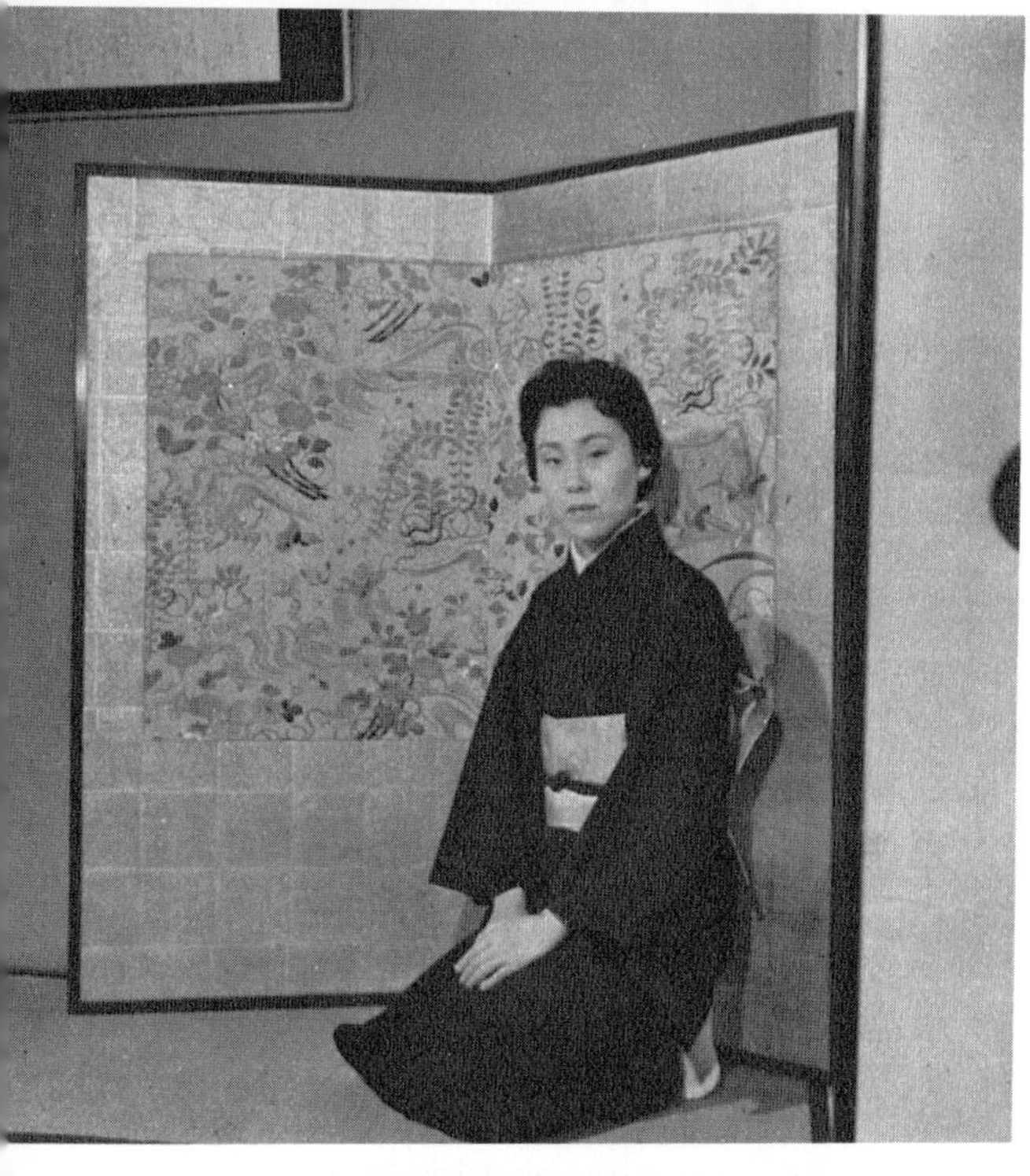

子供の頃の思い出をそのまゝに色を変えて染めてみたものとおつしやる木綿のちぢみ。

五ッ六ッの頃にはこの模様が、赤だつたが今は墨の様に黒でポットにじんだような美しさをみせている清楚な外出着で、好んで着られる。木綿の美しさを、このきものによつてつくづく考えさせられるとおつしやる夫人も又、本当のきものゝ良さを愛される様に見受けられる。帯は、朱の無地これも木綿のもので、（幸四郎丈が朱の色と黒を大変お好きとの事で、夫人のお持物もその色の系統が非常に多いようです。）その朱が誠に良い色が出ており、これも幸四郎丈が色を吟味なさり竹笠にたのまれたとの事で、浅黄の帯〆も美しいお召し物。それからこの座布団も、着古したゆかたの模様を面白くはぎ合わせたりして作つてあり、それがかえつて立派な部屋にあると素朴な美しさを見せ、なにか、ほのぼのとした親しさを見出します。

左の写真は久留米絣りに木綿の帯で、その帯は実に渋い色と味のある模様が出ている。これは、農家などで使い古してそのまゝでは使い物にならない布団皮をゆずり受けて、手入れなどによつてこんなにも生きた、大切な帯の一つなのですとの事。又、夫人の帯はほとんど作り附でなさつて居られ、前側になるだけの分の端に手持ちの木綿の手ぬぐいを縫いつけ背になる方は今までの作り附けのように型を作らずに四角にしておき締める時に自分の好みの型を作る。簡単に出来て軽いその作り方だと普通の帯から二本取れる。「お友達とわけ合うので大変経済的です。好きなものが同じ値で数多く出来る事になるわけてす。若い人達がきものを着ないのはやはり重たい帯にあるのも確かだと思います。」と語られる夫人の様にこうした作り方をして楽しめば本当にきものは着やすいものになるでしよう。

見事にいけられた花のごとく、夫人の着こなしもすつきりと美しい和服姿。紺・空色・白との木綿の洋服地によくある縞を木綿のちぢみに染めさせたのでその紺の深さ、空色の温かさと、本当の木綿の紺染の美しさを出させた様な一重のきもの。濃い朱の帯に帯締は木綿糸を織り、渋い灰色に染めたもので渋紙の様な落着を見せた外出着の一揃。

着物のお手入れをなさつていられる夫人のおゆかたは、深い藍色で魚の網を表現された涼しげな模様で、昨年の夏、避暑に行かれた海岸で漁師の網の干してあるのからヒントを得られ、海と網を基に暑い夏の夕暮に涼しい思いをと東京の竹笠にたのまれ染められたものだそうです。そのお召しものに合せて、夕焼の空の色を染め出させた木綿の帯は海に寄せる思いを一きわ深めます。お手元の幸四郎丈の結城の羽織は、学生時代作られたもので、裏についている木綿の更沙は、一坪何百円もの物で、朱の色が大変好きでつけたのだとおつしやつていました。「考えて見れば随分贅沢な事をしたものですよ。」と、幸四郎丈は、思い出のこもる羽織を見ながら、青年時代をなつかしまれる風情でした。

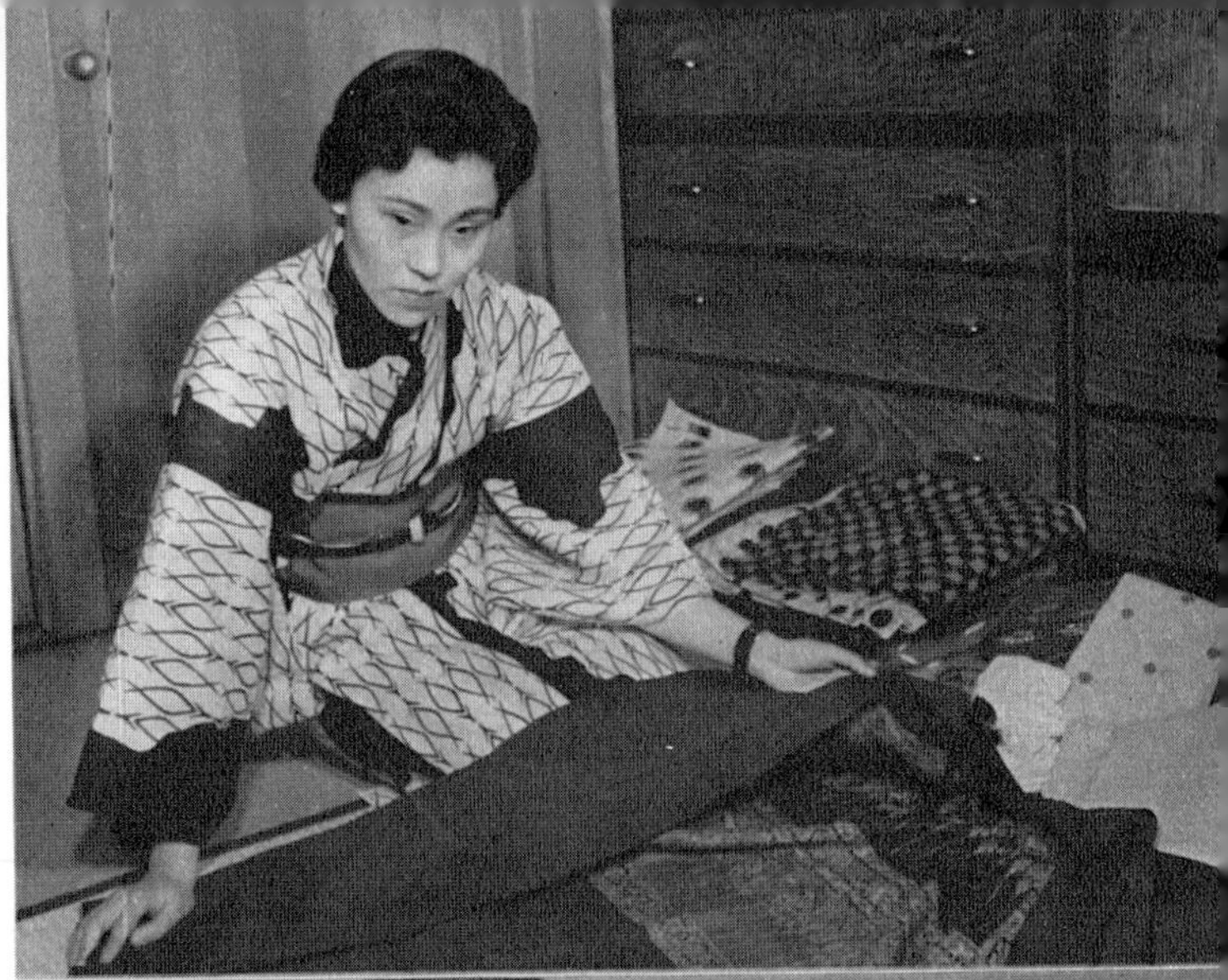

外出の折など好んで着て出られる三ッ揃。木綿の様に見える藍無地平結城のものなのですが、夫人の手になる羽織りの裏が、女の木綿の帯で、その渋い色調が、本当にきものを愛する幸四郎丈のお気持を良く表わされています。こうした事は、別に見せる為ではなく自分自身の楽しみなのだと云われる幸四郎丈です。

左の写真は歌舞伎座へお出掛けの為玄関に立たれた幸四郎御夫妻幸四郎丈は木綿の絣をさつぱりと着られ、折目正しい厚手の木綿の袴をつけて居られる。いずれも渋い藍色の薄目のものでこの色も幸四郎丈がとくに吟味されたものだそうです。

夫人のお召物は木綿の袷で茶色の地色に白く唐草の模様を面白く染めぬいたもので裾廻し袖口にラクダ色のデシンを使われたのも非常にこつた味わいがある。帯を共のデシンで作られたのも、ありきたりの概念ではなく、一つ一つに愉しい工夫がされています。

上の写真の夫人の一重のきものは、洋服の水玉ににせて間隔は正しく筆でちよんちよんとえがいた様な不規則な水玉模様を藍色で染め出したもので京都の洛趣であつらえられたものだそうです。帯は朱に近い茶色を白く唐草を染めぬいた厚手の木綿です。

幸四郎丈の木綿の絣のきものは、やはり模様も色もこつたもので濃い灰色で模様が浮き出ている様に全体は霞の様な感じ。

下の写真は、日頃、日本画を好まれ自から筆を取られる幸四郎丈の静かなお姿。木綿のちぢみを楽に着こなされ、灰色と黒の縞目の色もやわらかな、薄墨の様な感じの一重物。

木綿でつくった秋の子供服

――作業服にするゴワゴワとした地厚な木綿で秋の服を作ってみた――

水野正夫

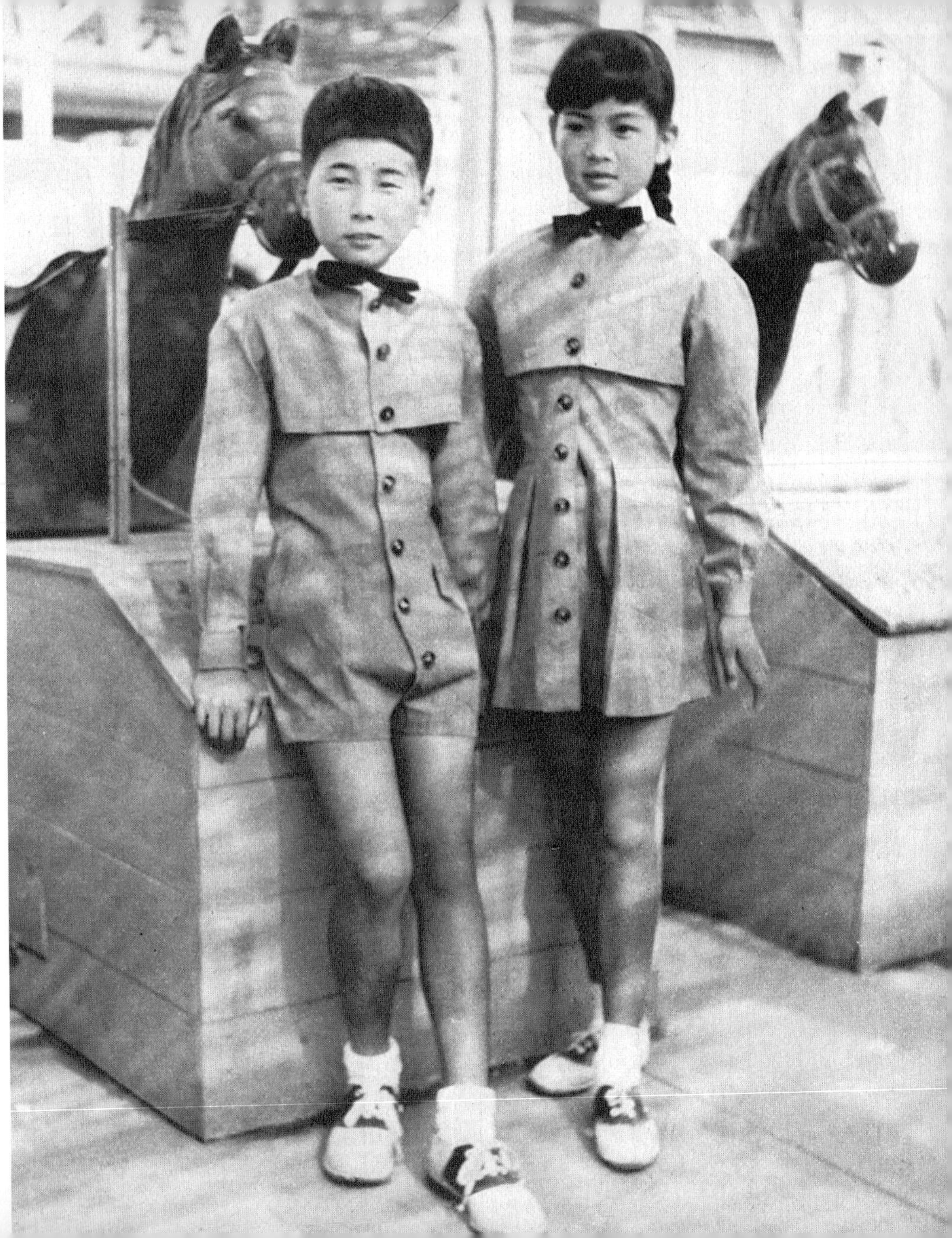

秋になると、木綿の夏服から急にウールの服に切替えたいような気がしますが、特に汚れ易くて洗濯のはげしい子供服の場合には、ウールよりもこうした厚手の木綿のほうが、いろいろの点で便利なのではないでしようか。

　この服の生地は手触りはちようどデニムのような感じですが、色は茶と白の細かい霜降りの生地です。

　ちよつとみるとワンピースのように見えますが、ごく短い上着と胸の位置まで上つたズボンとスカートとの組合せになつています。

　ズボンもスカートも前開きになつていて、各々釦で打ち合せてありますが、いずれも胸の位置で折返したように共布のベルトがつけてあり、細く何本もミシンステッチがしてあります。そしてそのベルトの一番上の釦の位置から二本の細い吊り紐が出ていて、後まで続いています。

　折返つたベルトの後側には二つの釦がつけてあり、その釦の間隔だけベルトが切れているような印象で、各々その釦が前身頃から来たベルトを押えているような感じです。

モデル　加藤公子さん
小林勝正君

　上着は袖口と裾にミシンステッチがしてあつて、衿は白布で腰布をつけて、少し高くしてあり、焦茶のボウを結びます。この焦茶のボウはなるべく厚手のリボンを、蝶ネクタイの様にひんと横に張らせて結んだ方が可愛いゝでしよう。

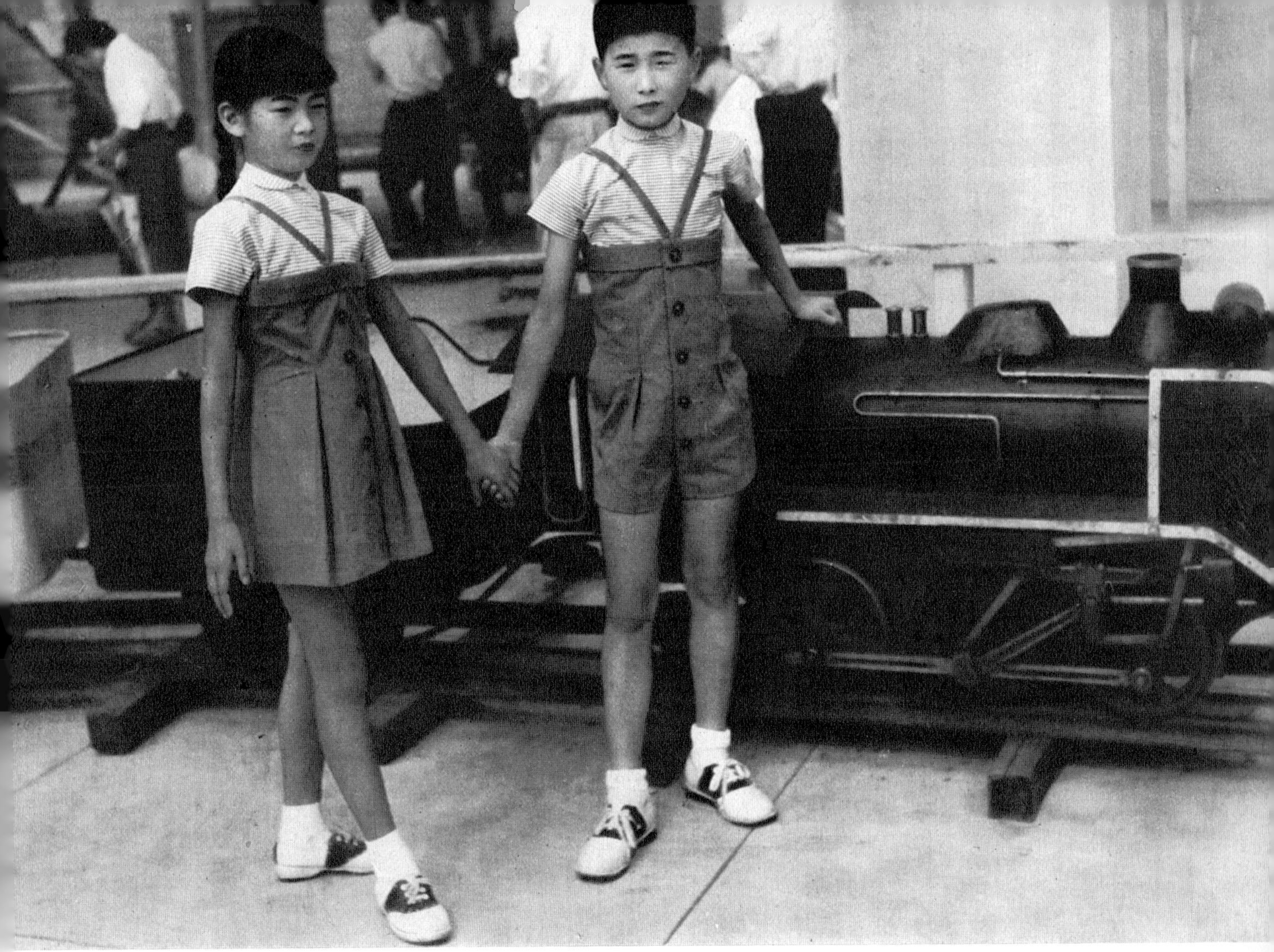

又上着の裾には、スカートとズボンの折り返した所についている釦に合せて後身頃に二つ、前身頃には一つの釦ホールが各々してあり、ズボンとスカートに上着をとめられる様になつています。一日のうちにいろいろ気候の変り易い秋の日には、こうした組合せを作つておいて調節したら如何でしようか。

下に着ているシャツは、男の子は茶と白、女の子は赤と白の細かい縞で、各各、上に着ている洋服を引き立てゝいます。デザインは、いずれも後開きにして、共布の小さなショールカラーに腰布をつけてみたものです。

私の和服姿

柳澤眞一

〃それいゆ〃の御注文で、これは僕の好きな濃紺の結城絣の単衣に仙台平の袴をつけたところです。紐も所謂書生結びにして、くつろいだ袴姿とでも云う所でしようか。こんな恰好で外へ出る事は先ず無いと云つてよいのですが、もともと芝居や寄席等が好きで、そうした日本的な情趣に憧れをもつ僕のことですから、自然和服は好きで、寒い冬の日などに、よく役者の着る、小さい船底形の袂のある裾の短い毛織のコートを着て見たいと云つて〃年寄りくさい〃と笑われたりしています。限られた時間であちこちと馳け廻つている時は、いくら和服が好きでもとても着ては歩けませんが、暑い盛りに長期公演の舞台がある時などせめて劇場への往き帰りだけでも、浴衣がけか白絣の着流しでぶらりと通いたいと思うのですが、終演後の夜道の帰宅にはそれでよいとしても、早朝から浴衣がけでは若い者が暢気そうで可笑しいと反対されるので諦めています。これは実際僕の願望なのですが——。そんな訳で現在のところ僕の仕事も和服向きではないし又家庭でくつろいでいる時間は殆ど無いので、好きな和服もどの道当分は着られそうもありません。（**ジャズ歌手**）

私の和服姿

雪村いづみ

この頃着物を蒐めるのが愉しみになりました……などというのはちよつと大げさで、少しずつ作りはじめたところです。ちようど私の年頃のために作られたような着物――大きな柄やピンク等の派手な色のもの――は、私はあんまり好きではなくて、どちらかと言うと渋い感じのものが私には似合うと思います。自然、私の着物は大抵そういうものです。これは、今私の一番好きなもの。

仲よしの江利チエミさんが琉球にいらした時のおみやげで、今年のお誕生日にプレゼントして下さつた琉球絣です。この藍の濃淡の色が私は何んとも言えず好きで、放送や舞台のお仕事で忙しい毎日の中で、ホッと息づくようなひととき、着物が着たくなつたりするとついこの着物をとりあげてしまいます。帯は黄色の博多帯で、こんなよそおいをすると私はいつも『ひまな時の愉しさ』をふと感じるのです。

（ジャズ歌手）

大谷冽子さんの「ラ・ボエーム」の衣裳を作る

中原淳一

大谷冽子さんの帰朝後第一回のオペラプッチーニ作曲『ラ・ボエーム』が、今年の五月イタリアの世界的テナー、タリアビーニとの共演によつて上演された。大谷さんの役はいうまでもなく可憐な美しい娘ミミ。彼女は屋根裏に住んでいて刺繍を仕事としている貧しい娘。右の第一幕の衣裳はくすんだローズ色に黒のリボンを胸にあしらい、ミミのやさしい感じを表わしてみた。第二幕では花を一杯盛つた帽子をタリアビーニの役ロドルフォから買つてもらうその時の衣裳は第一幕に同じ。

第三幕で、ミミは愛し合っていたロドルフォが自分を棄てようとしていることを嘆き病におかされた身の幾ばくもないことを知った冷い冬の朝ロドルフォに別れを告げてゆく。衣裳は深い緑色のビロードで胸の純白が一きわひきたつてみえる　これにグリンや赤、茶、黄色のチェックのストールを肩にかけている

第一幕

第二幕

第三幕

〔梗 概〕

銀一色に閉ざされた雪のパリの片隅に、此処だけは貧しいながらも人の心の温さに満ちた屋根裏部屋があつた。そこは気の弱い詩人ロドルフォ、情にもろい画家のマルチェロ、哲学者のマリンに音楽家のショーナールといつた四人のボヘミアン達の楽天地であつた。

クリスマスの夜も更けて、皆がカフェへ出かけた後一人残つて原稿紙に向つたロドルフォは、同じ屋根裏に住むミミという美しい娘が灯を貰いに来た事を知つた。だがその時、隙間風の悪戯で灯は吹き消され、暗闇の中で鍵を探す二人の手が偶然触れ合つた。ロドルフォはその手をソッと握りしめて自分の心を歌に託す。（「冷たいこの手」）ミミもそれに応えて「わたしはミミ」屋根裏部屋の生活の淋しさに堪えられないと歌うのである。（第一幕）一方画家のマルチェロは、美しい昔の恋人ムゼッタとカフェ・モミュスで図らずも巡り合い、煩く付き纏う中年紳士をうまくまいて、皆の勘定書を払わせてしまう。（第二幕）

雪曇りの日が二月も続いた或る早朝。傷心のミミがムゼッタとマルチェロの同棲する居酒屋にロドルフォの非情を訴えに来たのだつた。しかし、後から来たロドルフォは彼女がかくれているのも知らず、肺を病むミミに対して無一文の自分には何の慰めも与えられない苦しさから別れねばならないと云うのだつた。ミミは聞くに堪えず烈しい咳に襲われながら、あのクリスマス前夜にかぶつた帽子を形見に置いて淋しく去つて行く。「アディオ」の悲愴な詠唱（第三幕）

時は流れても変りないのは屋根裏部屋。マルチェロとロドルフォは型どおり机に向つてはいるが二人共心は穏かでない。ミミは去り又ムゼッタも仲互いして去つていつた。二人は夫々懐かしい形見をとりだして追憶に耽つている。と、そこへ突然、ムゼッタがミミを抱きかゝえて入つて来る。ミミは疲れ切つていた。愛するロドルフォの腕に抱かれて死ぬ事を願つたミミ。皆はミミの為に医者へ或いは質屋へ出かけていく。ロドルフォは二人が始めて恋に落ちた晩の思い出をミミに語つて聞かせる。だがミミは、ムゼッタが持つて来たマフの柔かい手触りを喜びながら静かに息を引取つていつた。後にはロドルフォの悲痛な叫び声。「ミミ！ ミミ！」と余韻を残して幕は静かに下りる。（第四幕）終

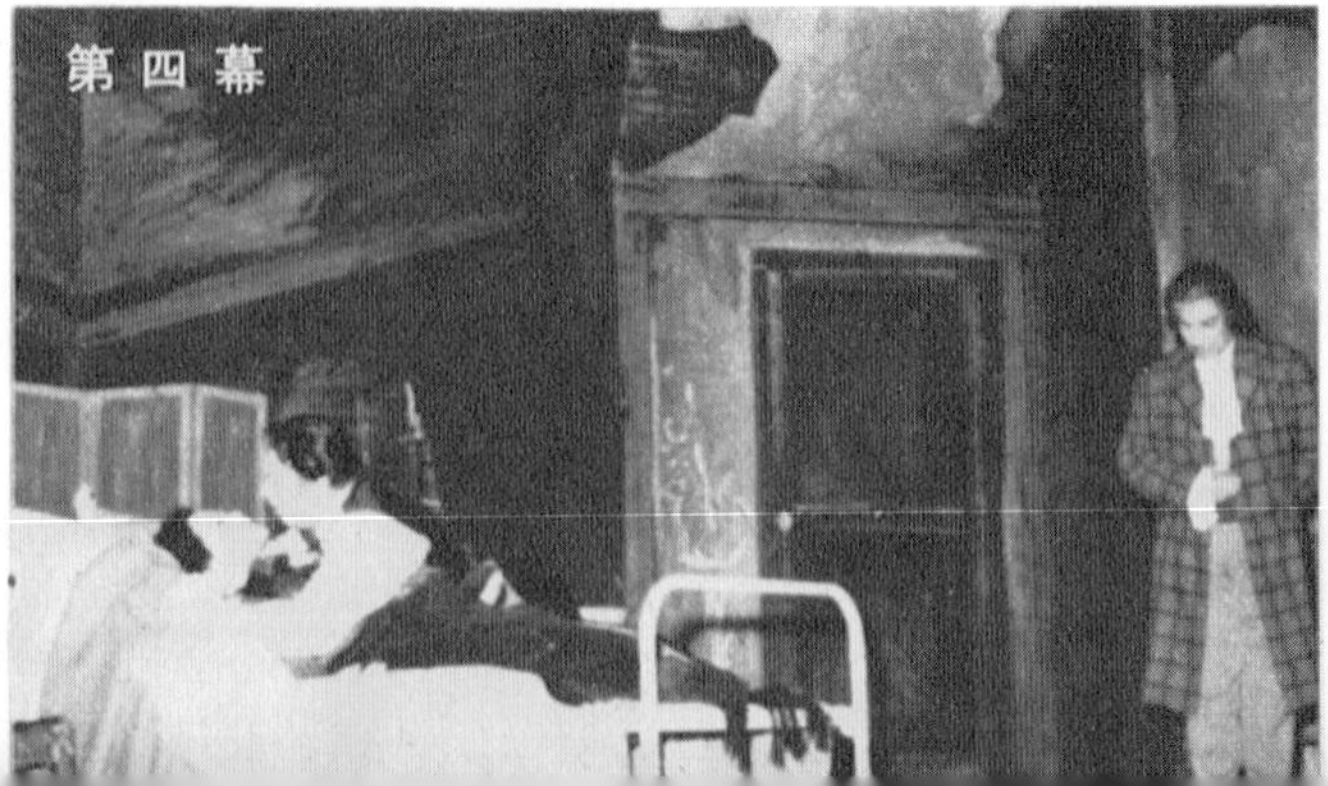
第四幕

第四幕の衣裳は、紫と白との細かい縞の美しい地厚な木綿で、胸一杯に大きくU字型につけた共布のフリルの下に綿レースのフリルがのぞいて可れんな感じを出している。痩せ衰えたミミが思い出多いこの部屋を訪れて、愛するロドルフォの腕に抱かれて死んでゆく幕切、ミミのやさしい女らしさと死の床に就く静寂さを表わしてみた。

暮しをいろどる
中原淳一

—その1—
残り布でつくった カーテンと座布団

どんな部屋でも入口や窓にカーテンをかけてみると、にわかにその部屋に柔かな雰囲気が生れる。しかし、一寸まとまって布地が必要になるので、美しいカーテンで部屋を飾るとなるとそう簡単に望めぬ場合もあるだろうと思う。しかし、ここでは、有り布や残り布又は一番廉い布地で作るカーテンと、それに揃いの座布団を考えてみよう。

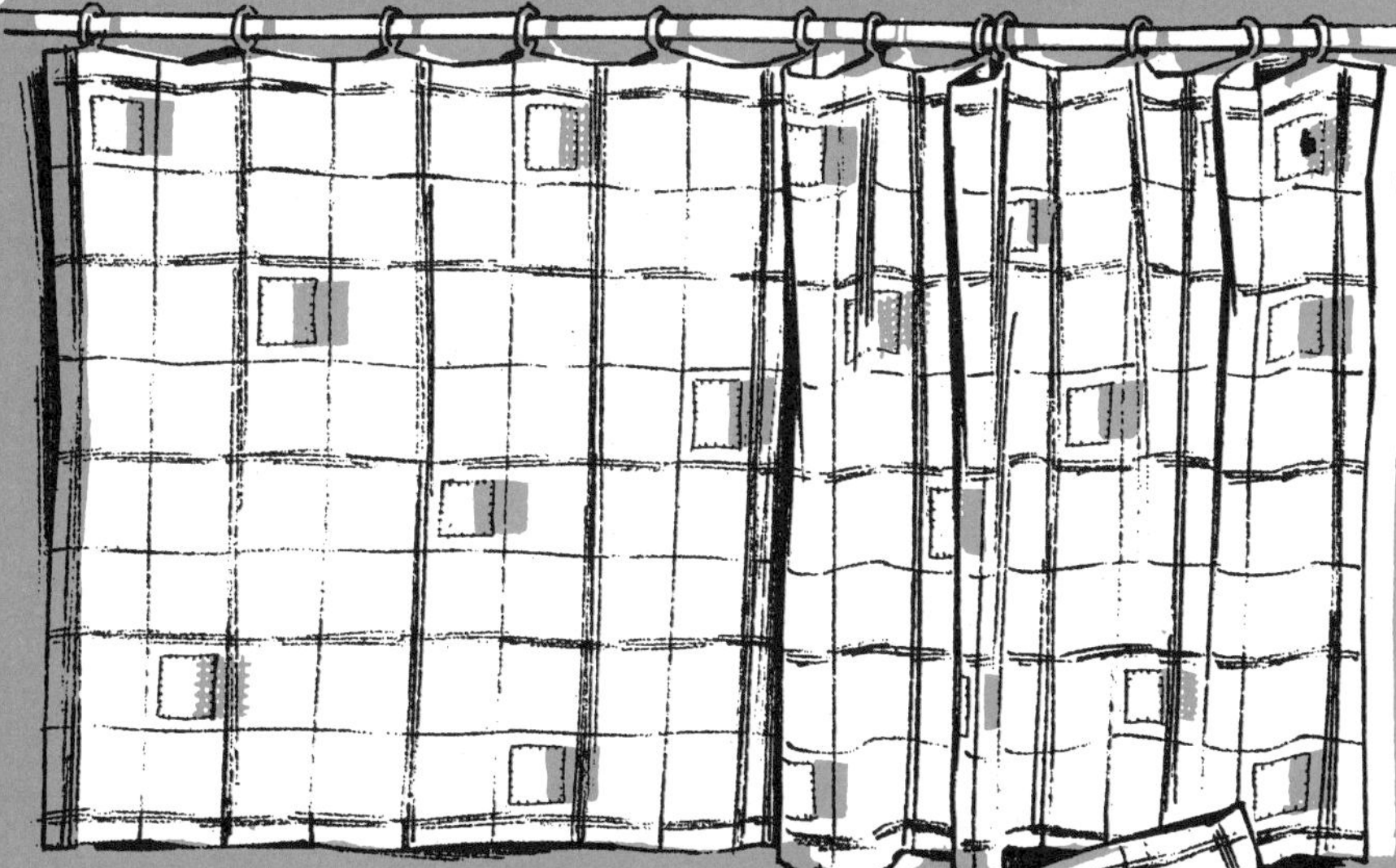

着古した木綿のドレスをといたものや、残り布を同じ正方形に切って、縫代を表に出して接合せ、その縫代を細く切ってわり、白い綿テープをはって抑える。そして、そのますのところどころに可愛いアップリケをしたもの。←

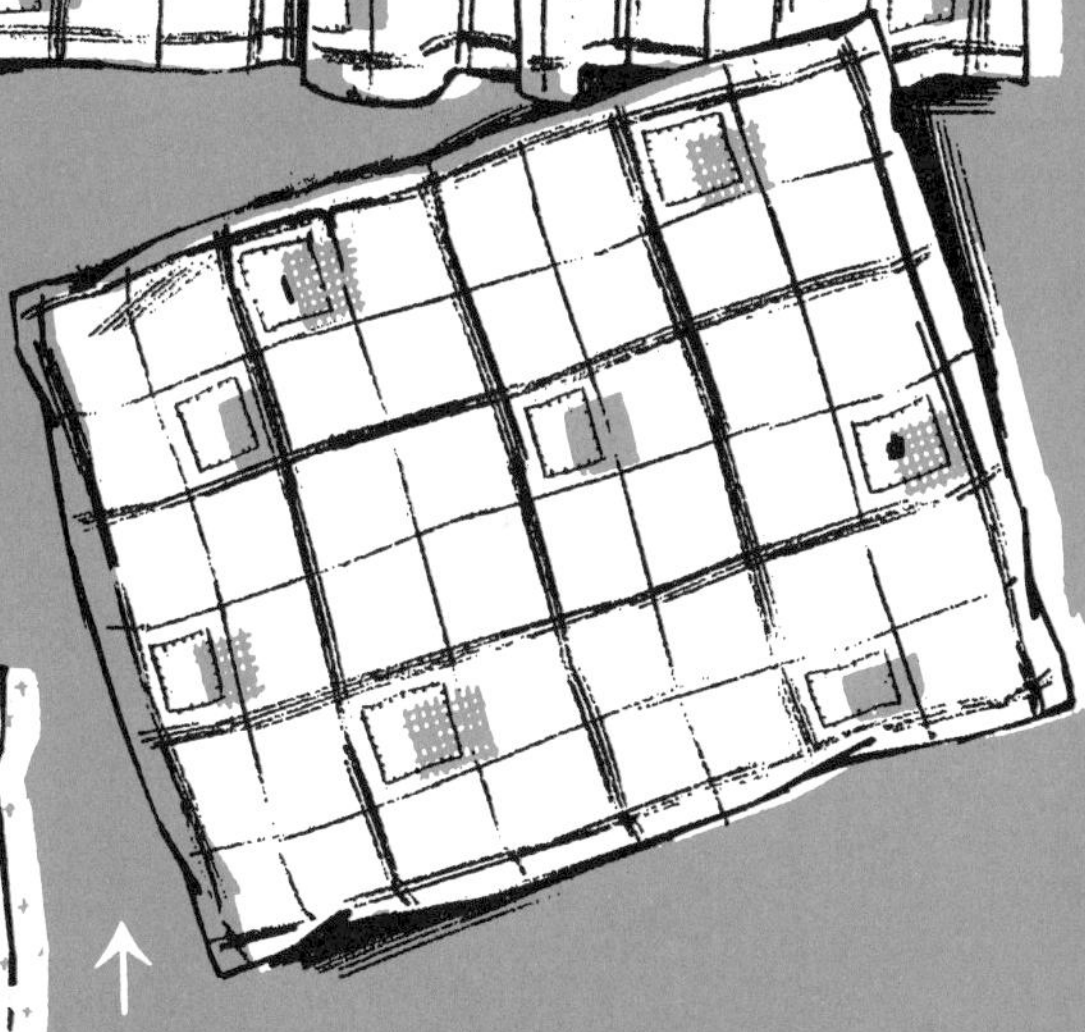

↑

旅館などの浴衣や寝衣にするような一番廉い木綿の浴衣地に白地に黒などの格子の布地がある。それをそのまゝではいかにも廉ものの浴衣のようでみっともないと思うが、小さな木綿の屑布の中からかわいらしい柄を選んでアップリケしてみると、思いの外にすばらしいカーテンや座布団が出来る。

キャラコや天竺の布でカーテンを作る人がいるが、白であるから無難な色でもあり清潔なはずであるが、部屋によってはいかにも雑な感じがする。それで茶碗の円形を形紙にしていろいろな色の果物をとばしてみた。誰にでも出来る簡単なアップリケであるが真白の時よりも見違える程可愛らしいものになる。

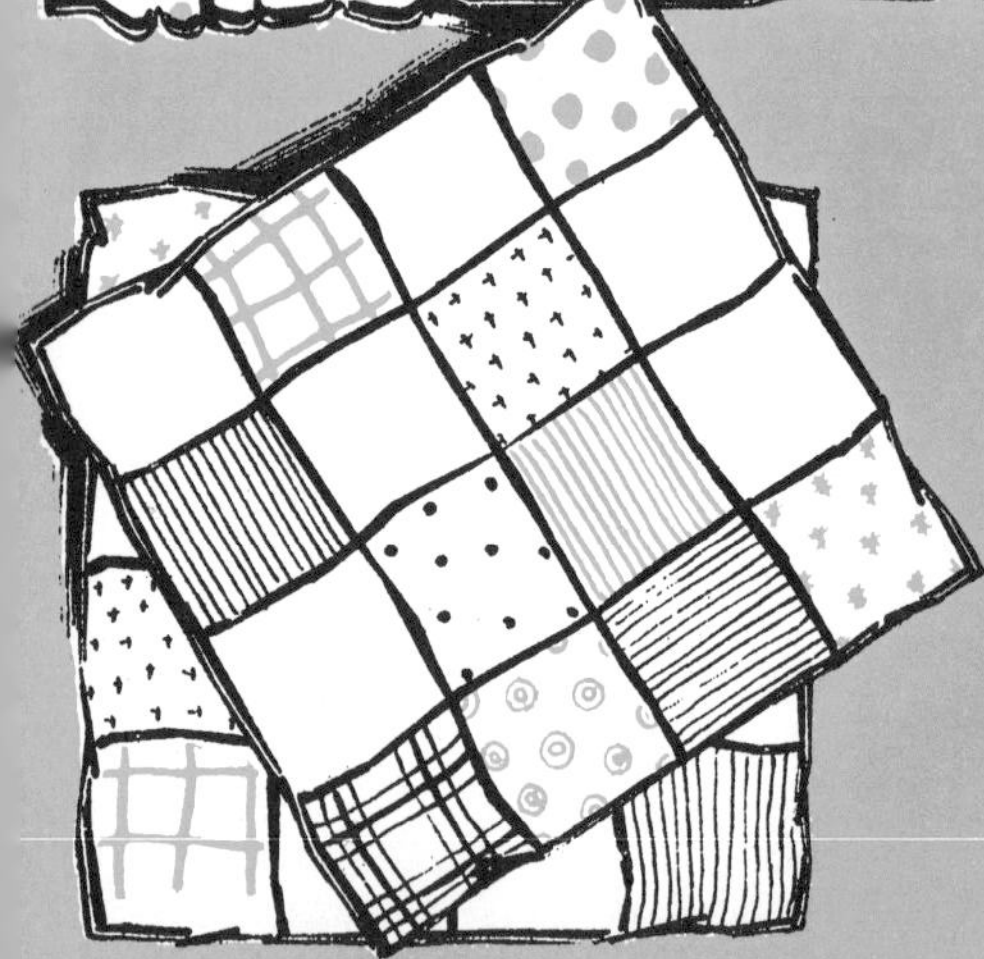

前頁の升目に接合わせたものと同じようなものだが、これはその正方形がずっと小さくて黒のテープを使ってみた。縫代を表に出してそれをテープで抑えると言うのは、裏に縫代がひらひらしていたのでは見苦しいから。

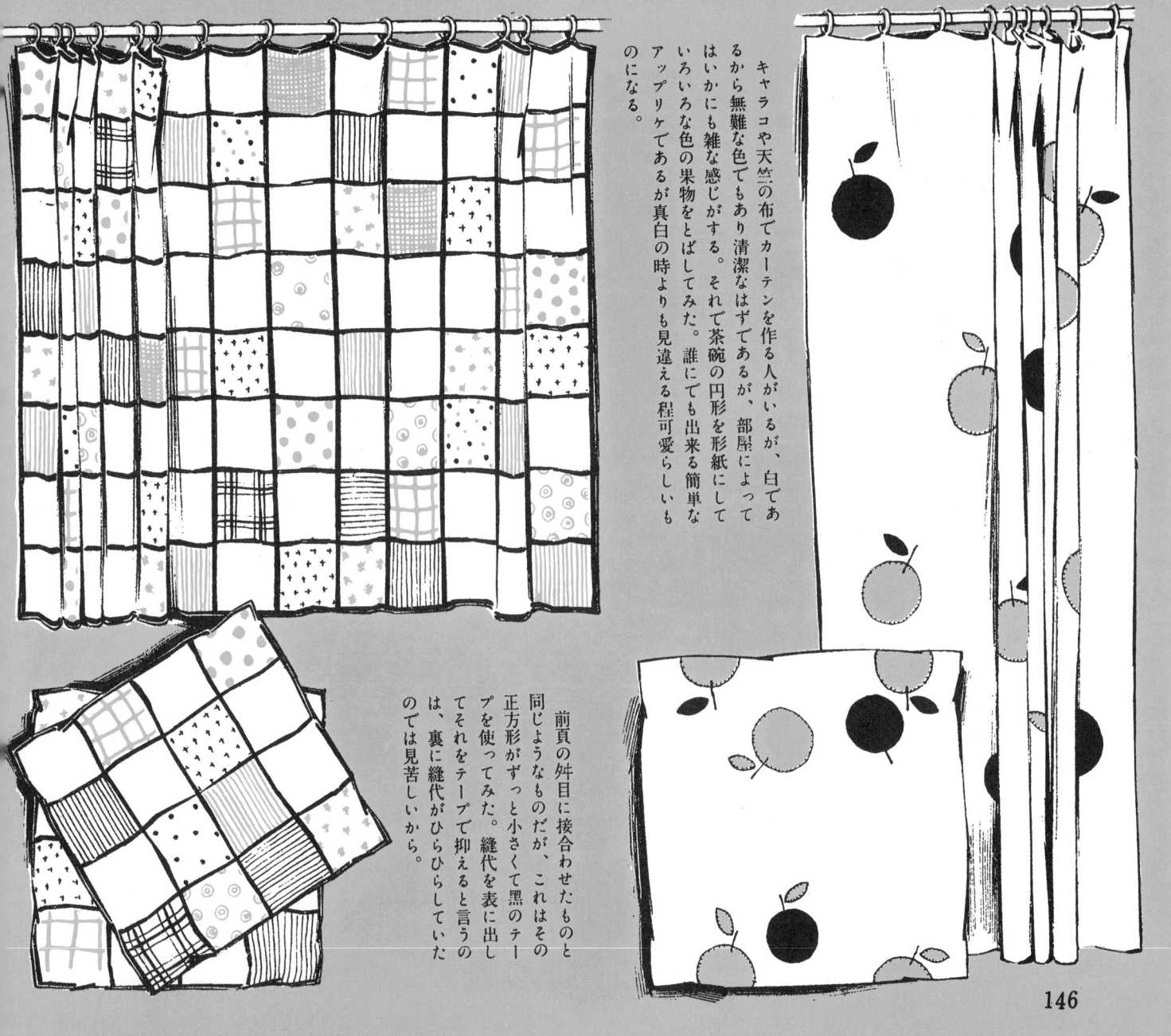

着古した紺絣や木綿縞などでカーテンを作ったとしたら、いかにもむさくるしいものになると思うが、こんな風にかわいい花のアップリケをその上にすると、見違えるほど美しい趣味のあるカーテンや座布団が出来る。

カーテンは寄せると縦にシワが寄るのだから、縦に接変えるなら差支えないが横に接ぐのはどうも余り感心出来ない。これは不規則な残り布を縦に接いでその接目をテープで抑えたもの。

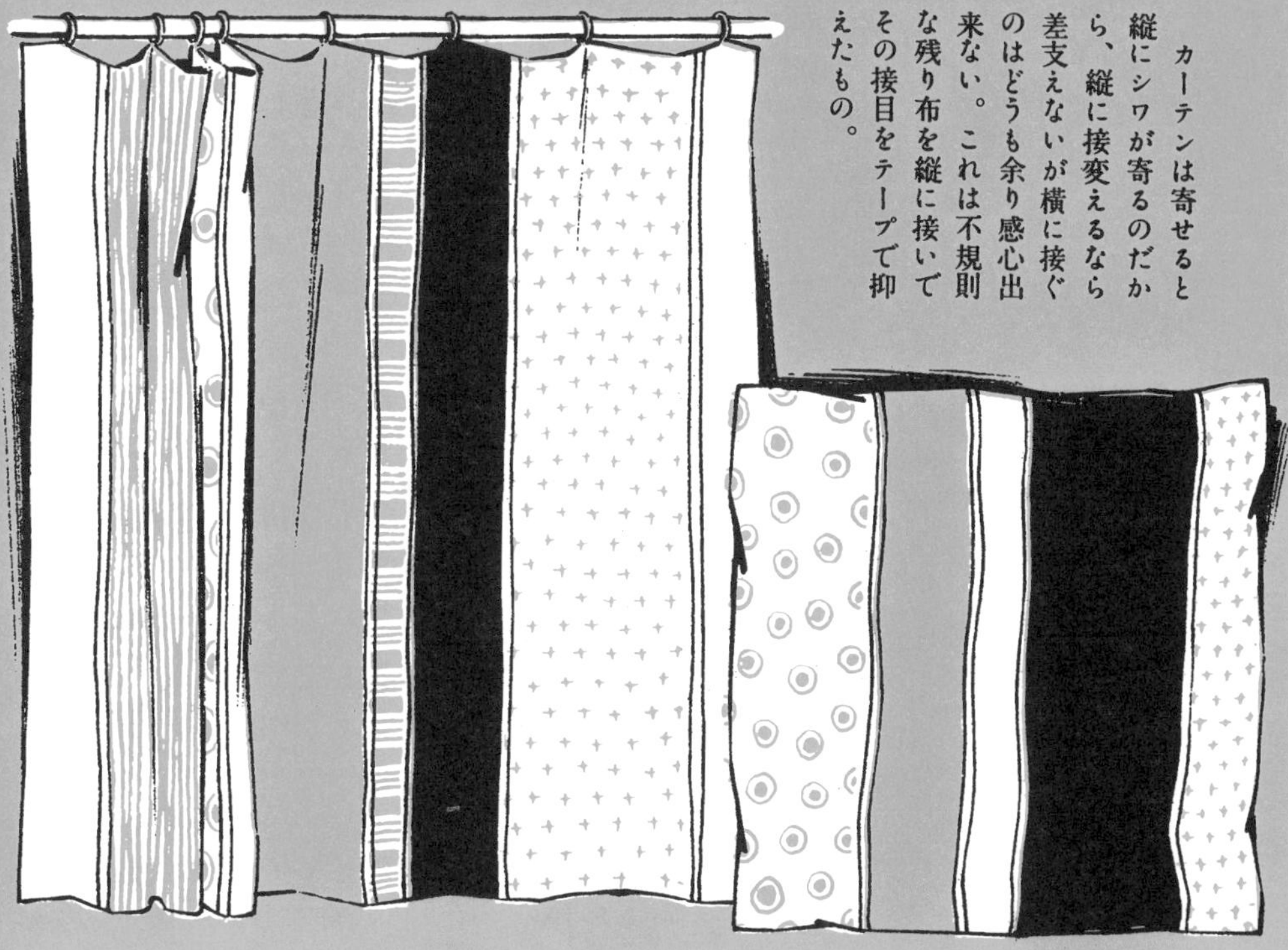

つけまつげをつくる

—その2—

女性の美しさが、目にポイントをおいている様な傾向にあり、美しい目はそのチャーミングポイントになる。

目の美しさを強調するために、長いまつげが尊ばれる様になる。そうなると、つけまつげと云うものが考えられて、それをつけたら目のあたりにかげができて一層美しくなると云う訳である。

がしかし、つけまつげは、映画や舞台などでつかうもので、一般の人が普通つけるものではないと思うが、デパートや化粧品の店などに近頃つけまつげを売っているのはどういう人がつけるためのものなのだろうか。もちろん、此頃では、花嫁とか、又それにたぐいする席に出る場合にそれをつけたりする事もあるだろうが、普段に使う事は考えられない。しかし、そのつけまつげを自分の手で作って、日曜日のつれづれなどに化粧の後でつけてみて自分の顔がどんなになるかを楽しんでみるのも愉しい。

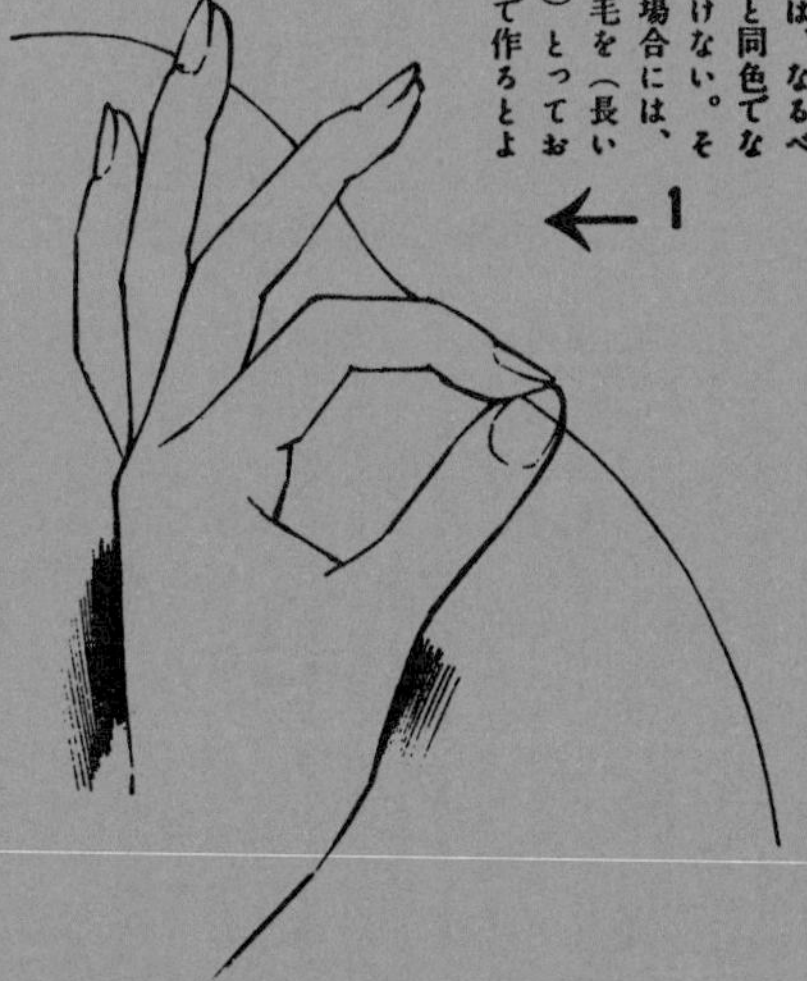

まつげは、なるべく髪の毛と同色でなくてはいけない。そこで作る場合には、髪のぬけ毛を（長い目のもの）とっておき、それで作ろとよい。

← 1

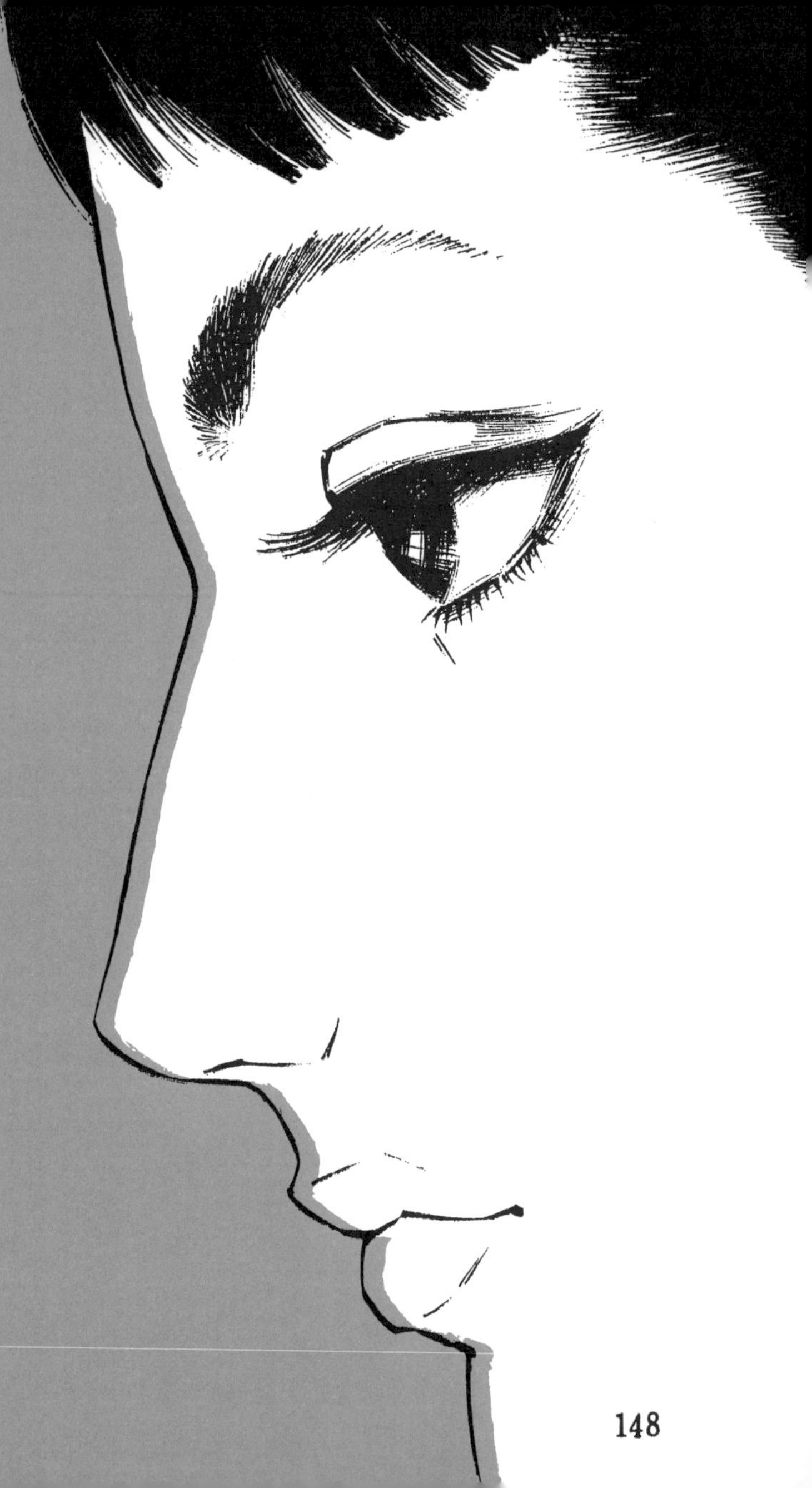

2

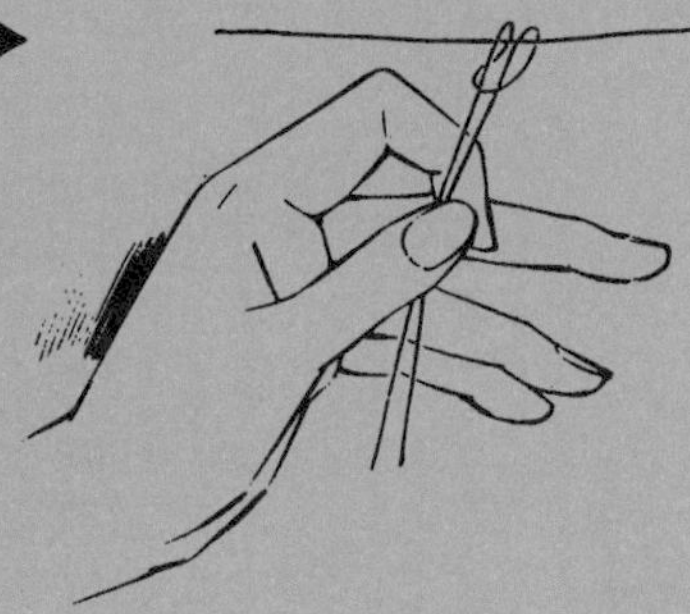

まず丈夫な絹糸を一本両はしをピンでぴんとはってとめておく。それにちょうどショールのふさの様に毛を一本一本図の様にかけて行く。

3

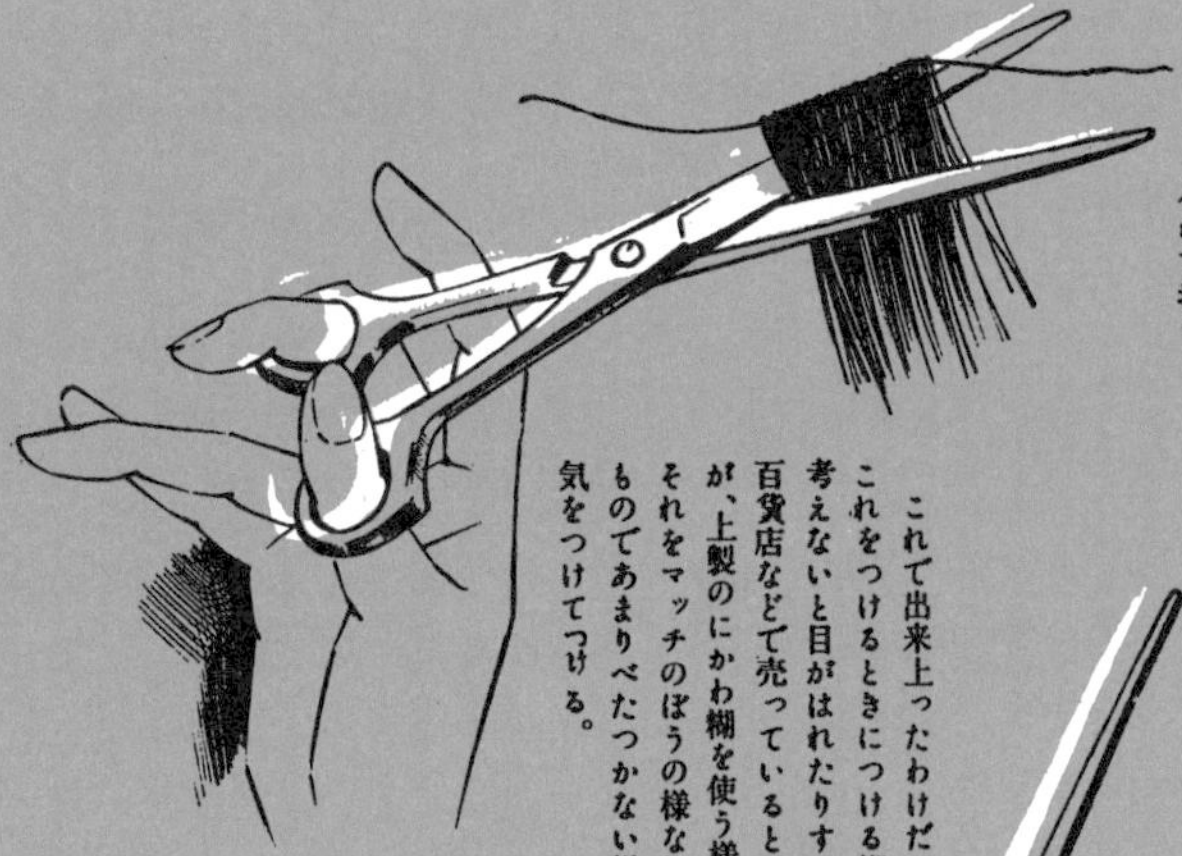

自分の目の巾よりも少し多く毛をかけたらば、まつげの長さを適当に考えてきる。その場合は、毛先をすこしそる様にしなくてはならないからその事も考えに入れておく。

4

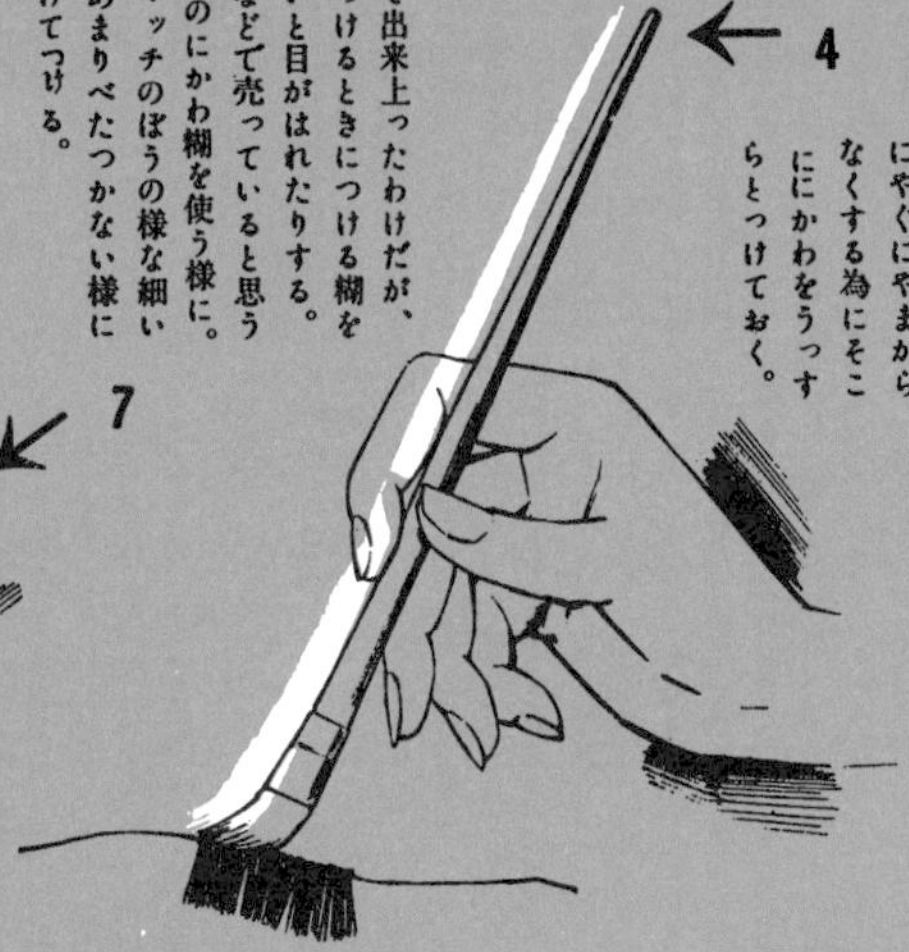

そうしたら、まつげのつけねにあたる所。絹糸の通っていいる所を、ぐにやぐにやまがらなくする為にそこににかわをうっすらとつけておく。

5

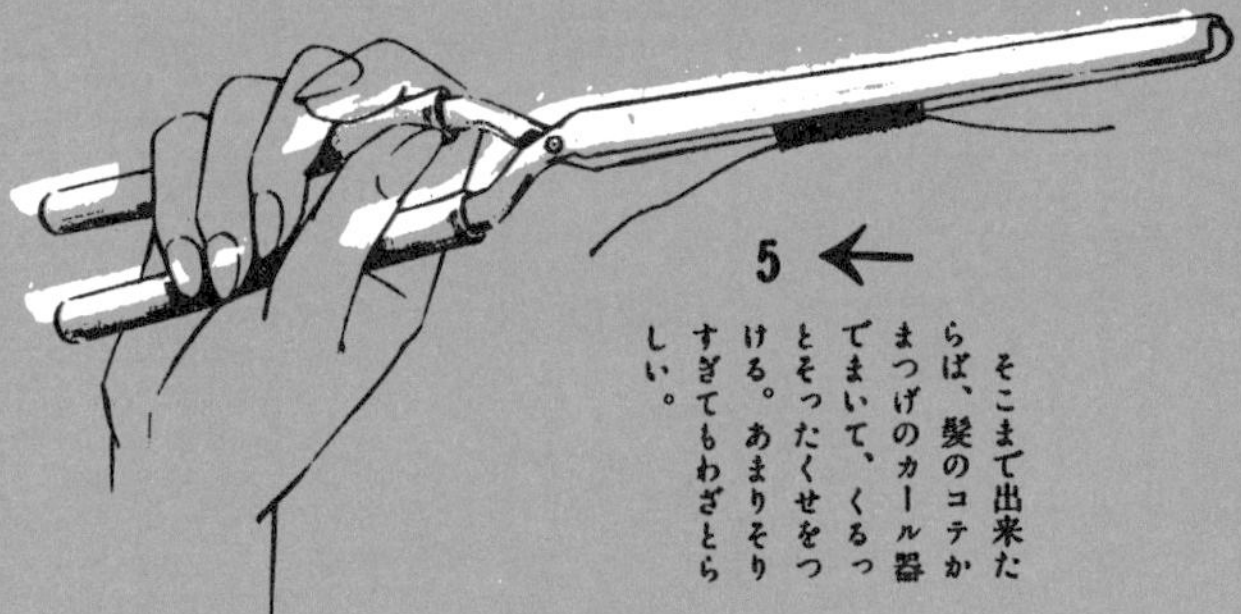

そこまで出来たらば、髪のコテかまつげのカール器でまいて、くるっとそったくせをつける。あまりそりすぎてもわざとらしい。

6

ほどよくそったらば、目の巾と長さを考えて、切りそろえる。この時に、良く自分の目の型やまつげの理想の長さを考えて切り揃える。

7

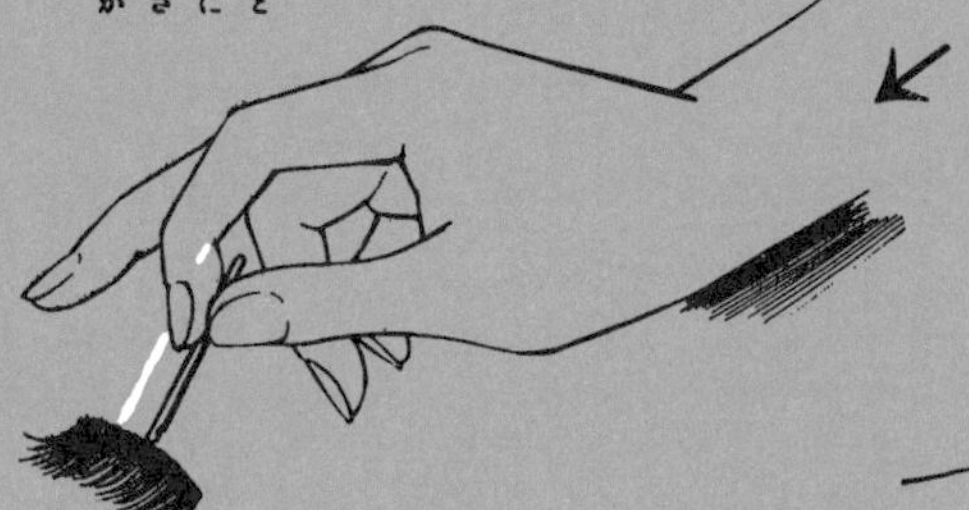

これで出来上ったわけだが、これをつけるときにつける糊を考えないと目がはれたりする。百貨店などで売っていると思うが、上製のにかわ糊を使う様に。それをマッチのぼうの様な細いものであまりべたつかない様に気をつけてつける。

8

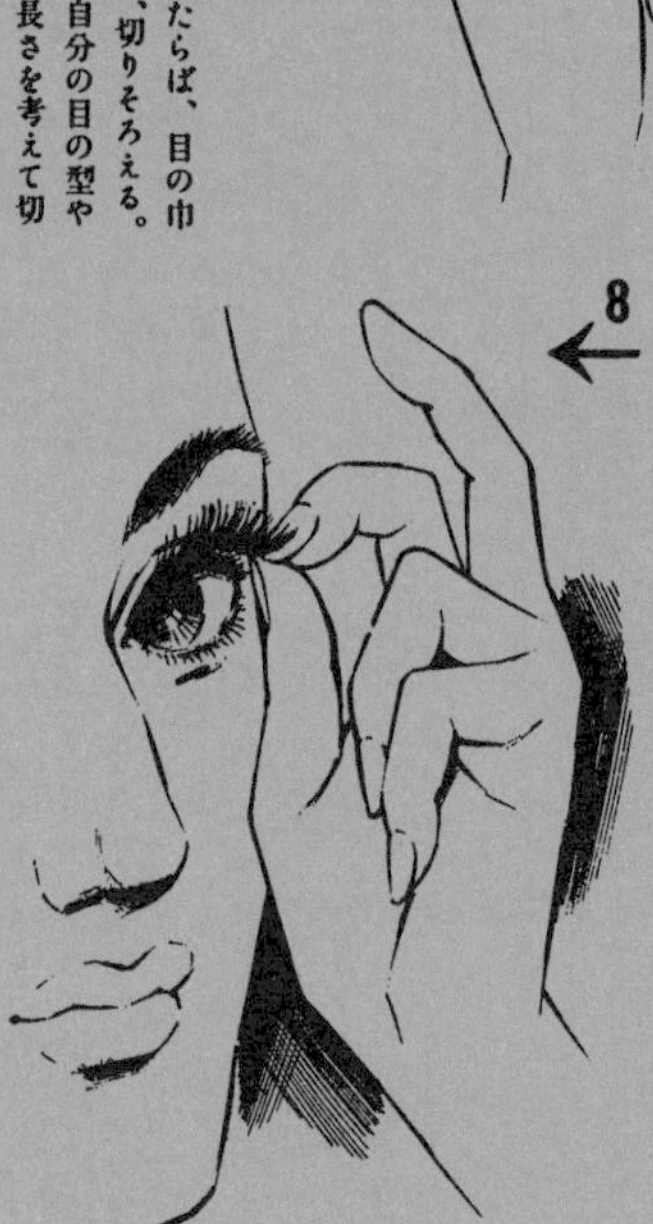

出来上ったまつげをつける時は、自分のまつげのちよっと上につける様にする。この様に自分で作ったまつげなら、長さも型もぴったりとあったものが出来るわけだ。

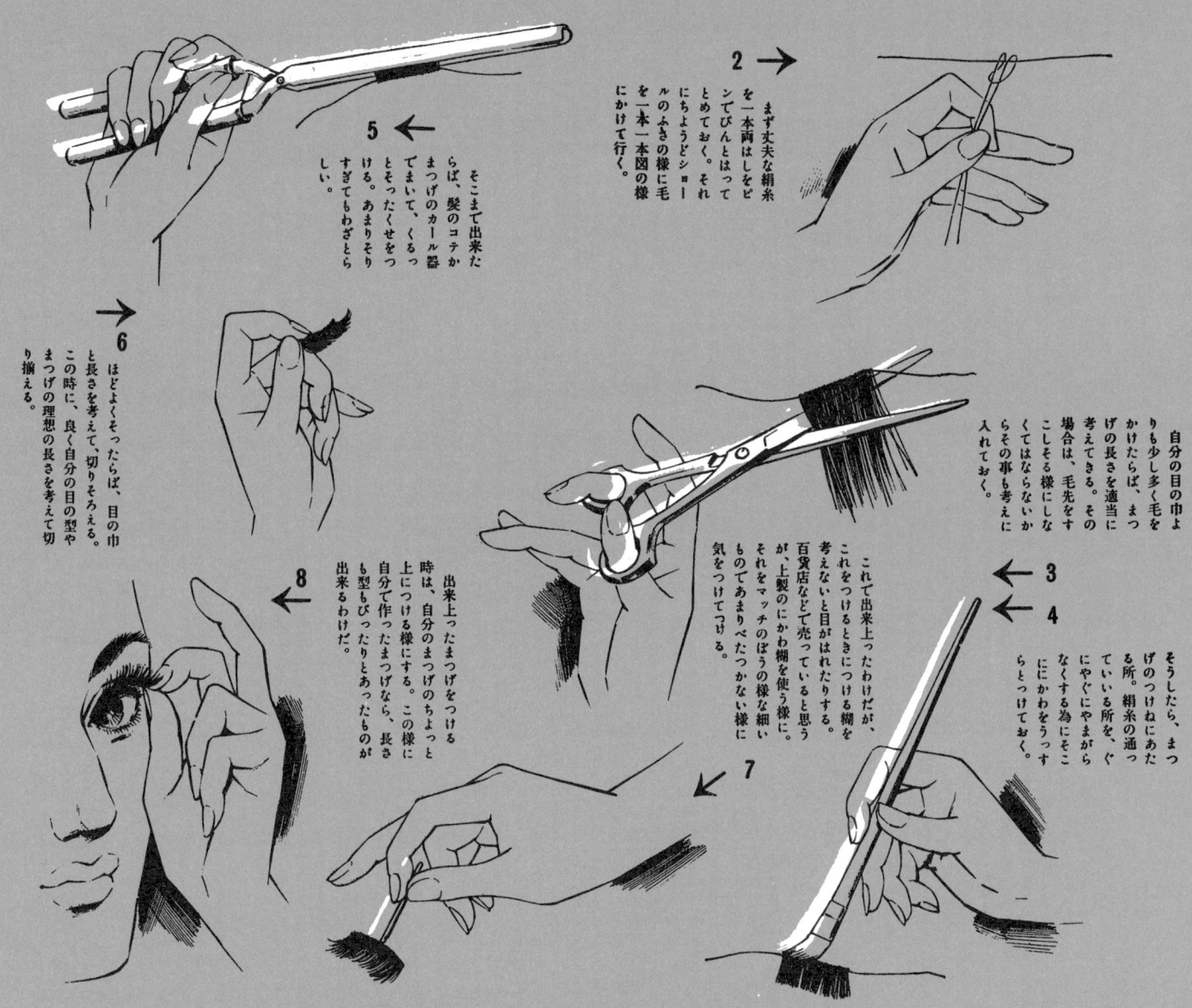

—その3—

秋のための ブラウス

—その4—
1時間30分で出来る
小さなこけし

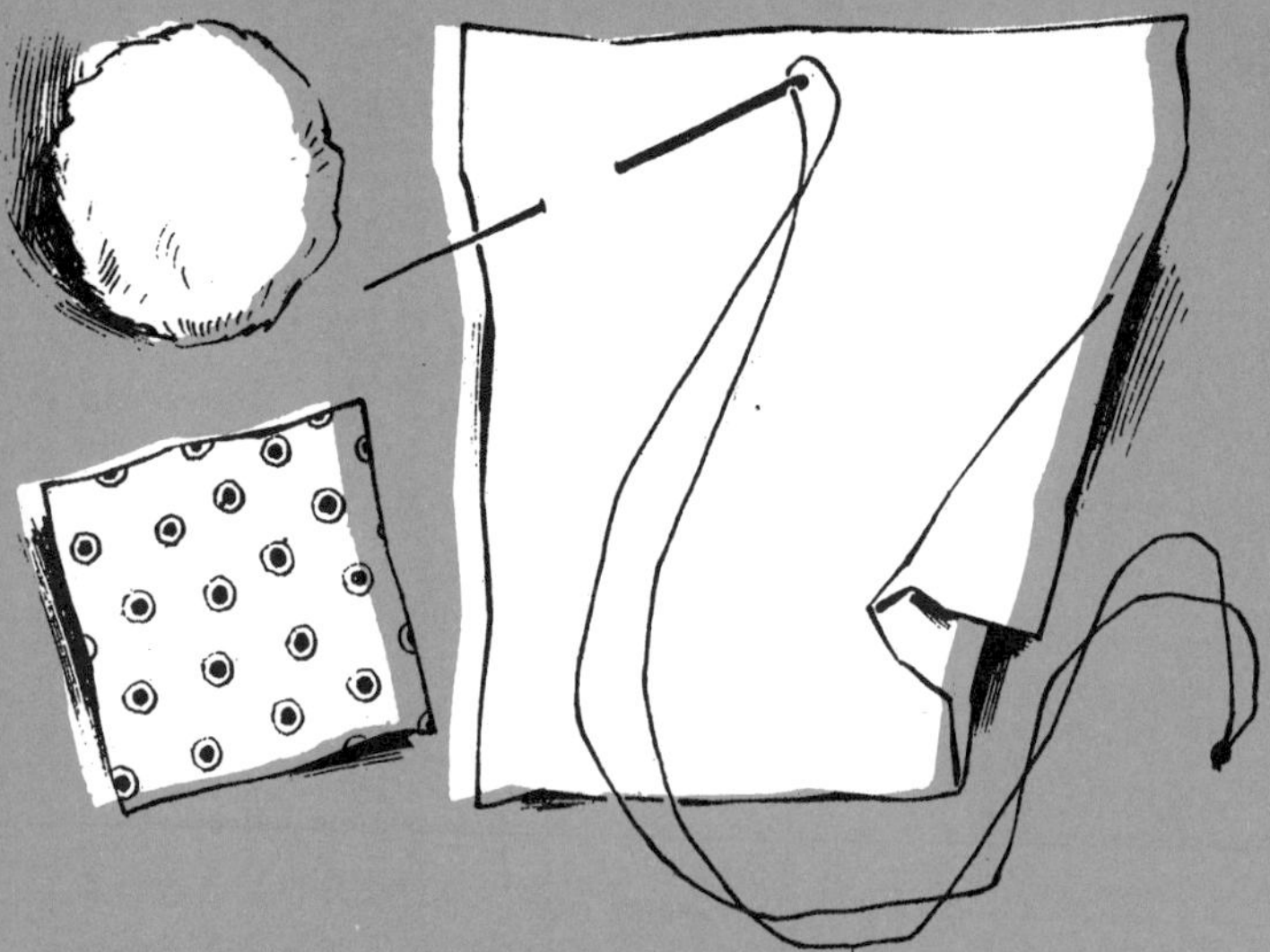

材料は十五糎四角の柔い布と、五糎正方形の着物にする布。綿少々、障子紙少し、木綿針、糸等。

①十五糎四方の布の上に、綿をちぎって固く丸めて、その中央に置き

②それをてるてる坊子の頭のように結ぶ。その時頭の直径が二・五糎位

③残った布を、堅くしばっていく。

④下を、きちんと揃えて切る。

⑤障子紙を小さく破ってノリをつけ、頭の方にベタベタと重ねてはっていく。

⑥五糎四角の布を胴の長さに合せて、上下を折り、

⑦身体にぐるっと巻いて、折代をつくってきちんとかゞる。

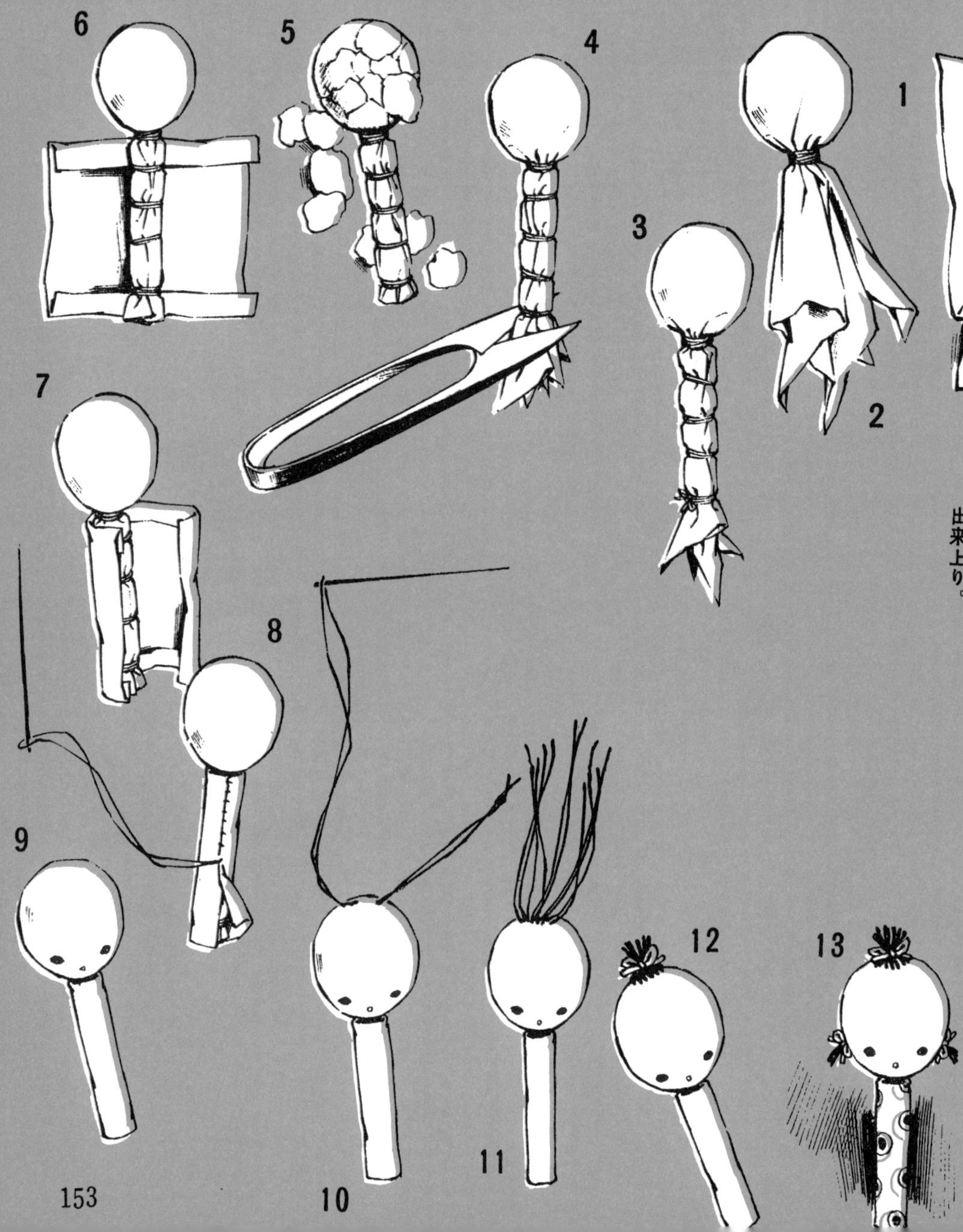

⑧⑨かがったところは後になるので、前側に顔を描くが、目
や口の位置は思いきって下の方に描くのほどかわいい。
⑩太い木綿糸か中細毛糸で、頭の頂辺をすくっては切り、す
くっては切り、
⑪幾度かそれを操り返して
⑫毛糸か、その他の赤などの紐でむすぶ
⑬両耳の辺りにも一寸それをくり返し
出来上り。

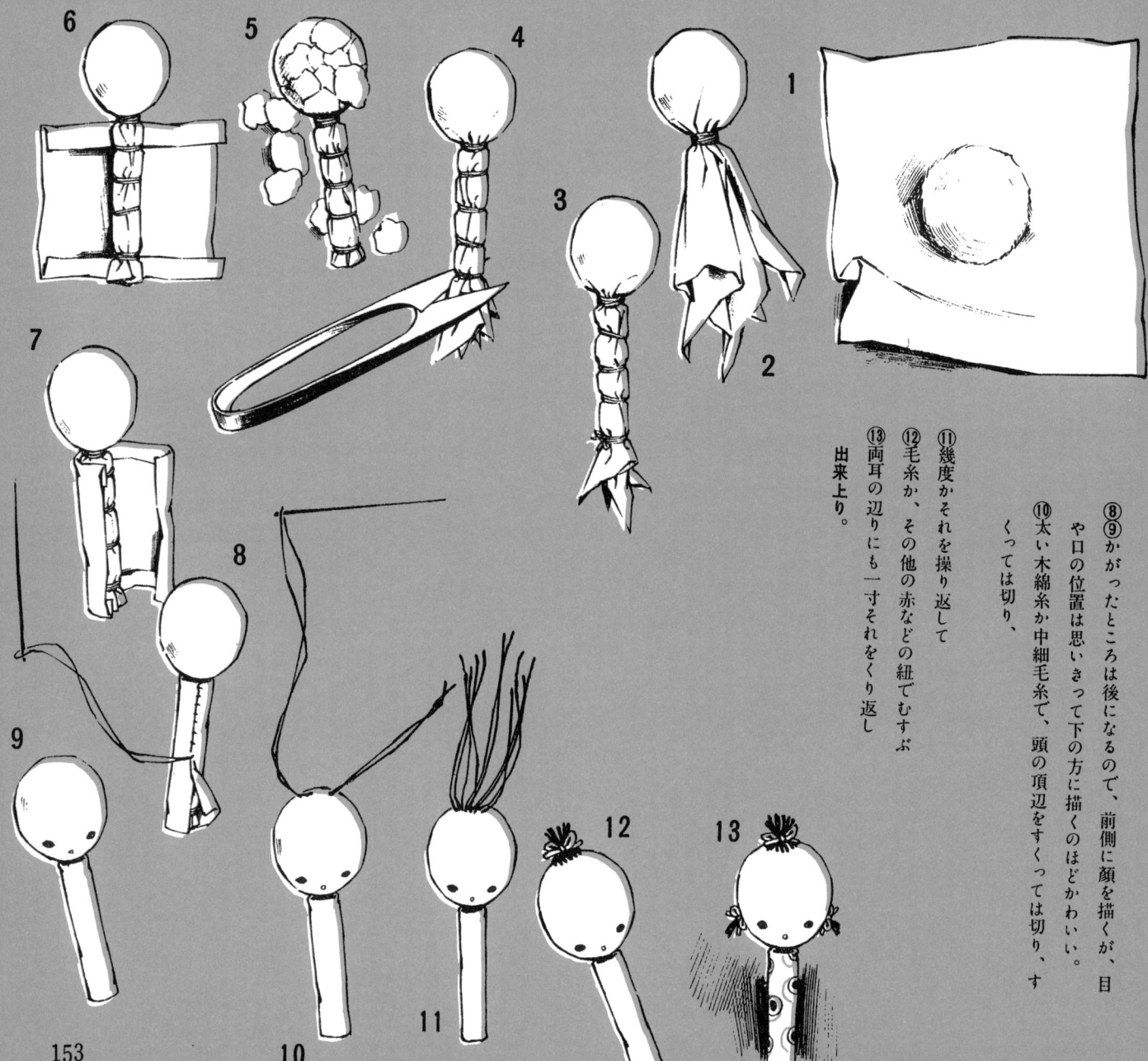

—その5—
半日で出来る
人 形

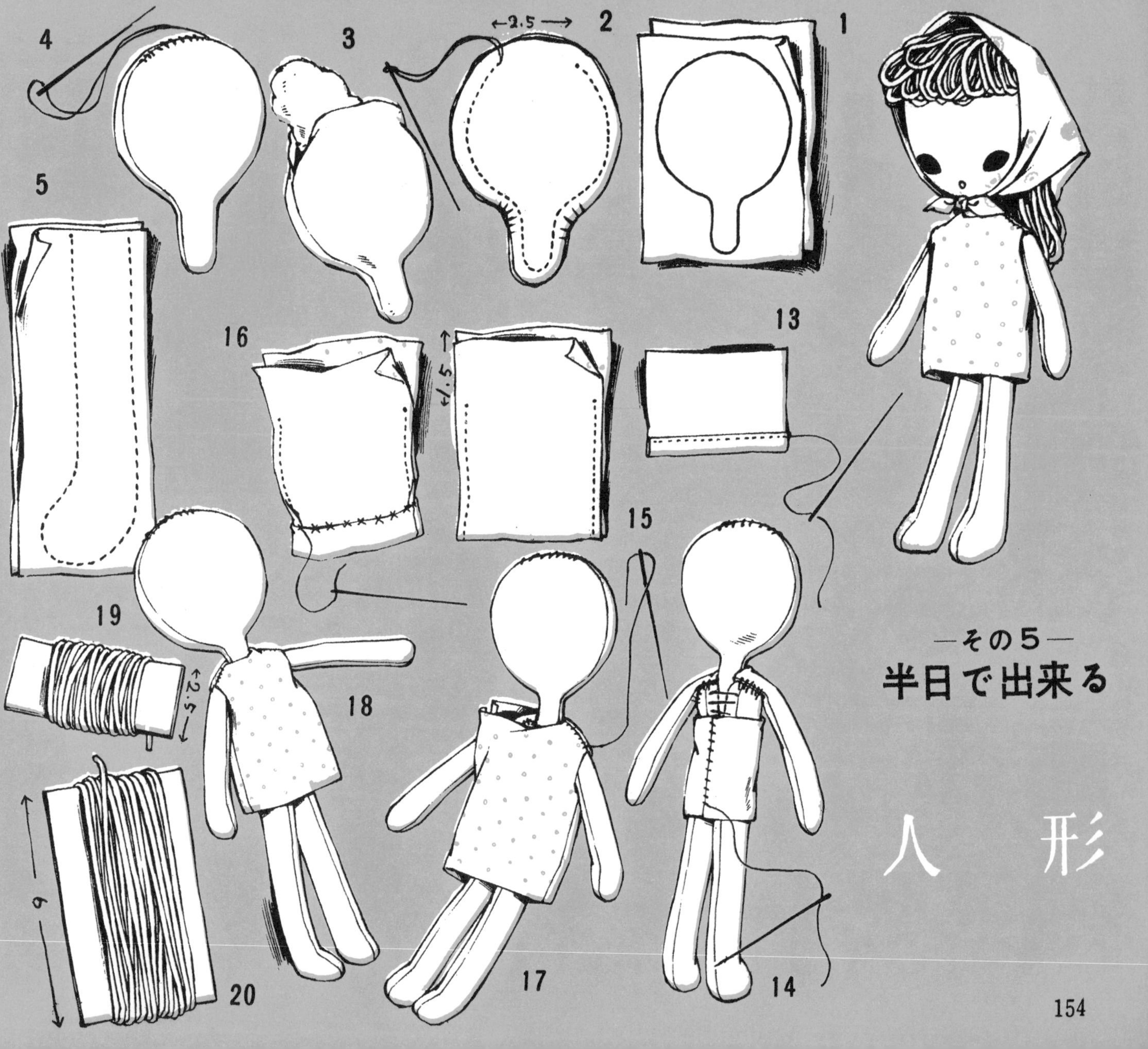

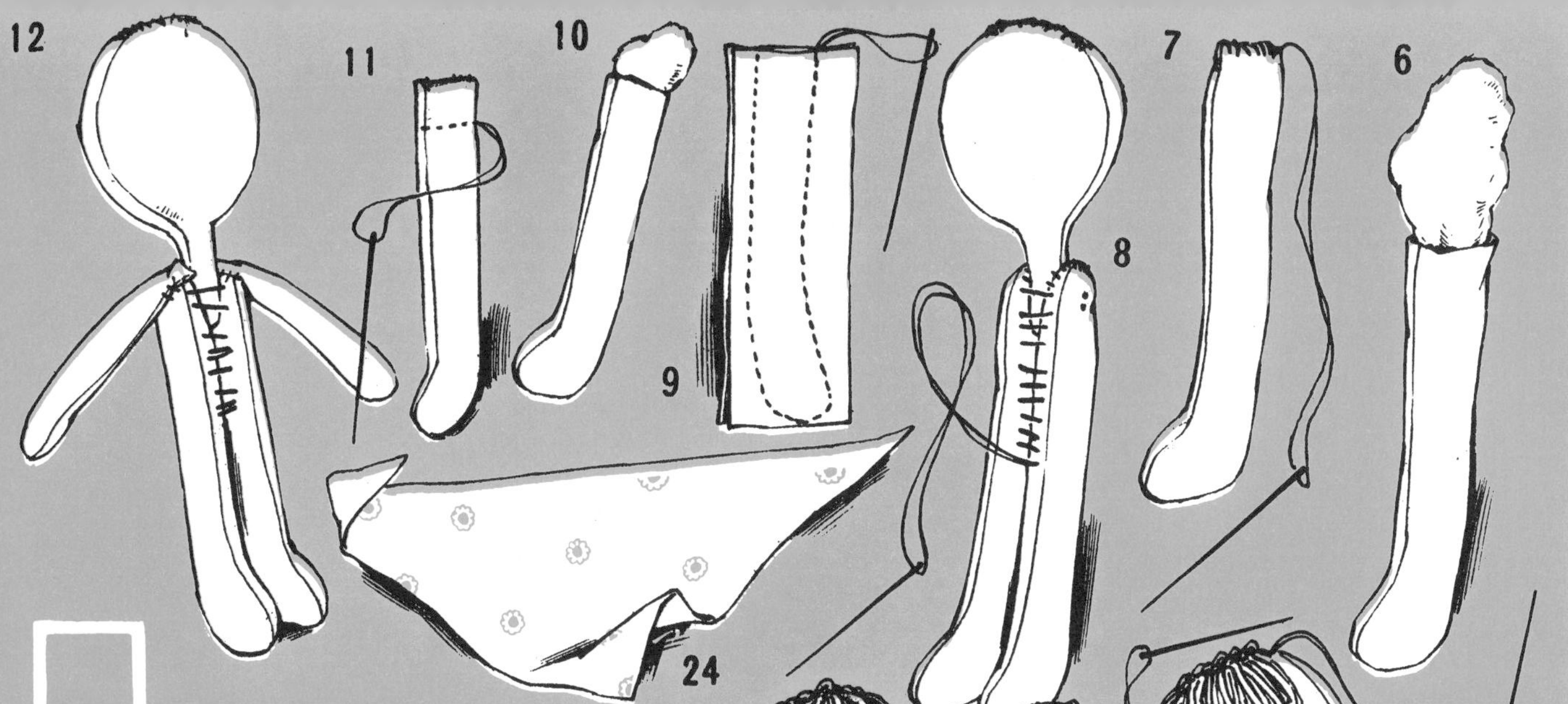

①肌色の布の上に頭の型紙をのせ
②上を残してぐるっと縫い、首の辺りに切込を入れる
③綿を堅くつめて　④とじ合せる　⑤足の型を縫い
⑥表にかえして綿を堅くつめ　⑦とじ合せる
⑧足と足との間に首を挾んで丈夫な糸で肩から3.5cm下ったところでしっかりととじ合せる　⑨手の型を縫い
⑩表にかえして堅く綿をつめ　⑪上から7mm下ったところで縫い合せる　⑫両肩に手の綿の入ってない部分をあてがい、しっかりととめる ⑬身丈4cm、幅8cmの布の下を折り曲げて縫い　⑭身体に巻いて後でとめる
⑮丈6cm、幅5cmの布を上を残して両端を縫い
⑯裾を折曲げて表にかえし　⑰前後を合せてかがる
⑱左右の肩を同じにとじ合せる。
⑲ボール紙に毛糸を適当に巻き、これが前髪
⑳之は後の毛　㉑頭の項辺に前後をとじつけ
㉒後にもとじつけ　㉓顔は目の形に黒か、こげ茶などの布を切ってはってもよいし、描いてもよい。やはり目の位置はグッと下に下げて書く方がよい。
㉔14cmの正方形を傾に切った三角布で、ネッカチーフをして、**出来上り。**

こんなときは こんなふうに

食べるときにも あなたを美しく

小林文子
（日本女子大学教授）

これはむつかしいテーブル・マナーではありません。ものを食べるとき、それは何人かの人と愉しい団欒のひとときをつくり出す場合も多いのですから、自分だけが美味しくて満足すればよいというのでなく、辺りの人にも不快な感じを与えない様、自分も人も一緒に愉しくなければなりません。テーブル・マナーに難しい掟はなく、食べる時も食べた後にもたのしく美しくありたいという普段の心掛けが、一寸した事にも無意識の中に貴女を美しくみせるのです。

尾頭つきの魚

尾頭つきに限らず骨つきの魚は、片面の食べよい方の端から順序よく実を拾って食べます。真中だけ食べて両端を残したり、あちこちとつゝついて食べ汚してあるのは感じの悪いもの。骨は口から皿へポツ〱と落したりしないでホークやお箸の先で受けてそっと取る事、又残った骨は真中に置かず端の方へ寄せて、ナイフやフォークについた肉の屑等も落して置く様に、食べた後の事にも心を配って下さい。又お皿に模様の向きがあったら、それを正しく置いておく事も忘れないように

くるんだ紙の始末

飴やチョコレート等紙にくるんだお菓子を出された時、その殻をそのまゝ放って置くのはお行儀が悪い許りでなく、風が吹いたりすると散らかるので、二つか三つにきちんと折って器の端の方へまとめて置いておく事。葛桜等を包んだ桜の葉の始末も同じで、きちんと折るか、又は芯を中心に細くたゝんで結び文の様にしておきます。又何の場合でも、くしや〱に円めたり細かく千切ったりするのは、如何にもカスが残った様な感じで見苦しいもの。食べた後にも愉しさが残るように。

骨のあるお吸もの

鯛の潮汁や鯉濃汁のように、頭の部分や、骨ごと筒切りにしたものが入っている吸ものは、お箸を正しく持って、箸先を上手に使って骨についた実をはがして食べます。又、鯛の場合など頭についた肉は大へん美味しいのですから、一寸つゝついて残して置かずに、骨ごと口へ入れてしやぶっても差支えありません。たゞ骨を口から出す時はやはり、指を使ったりしないで箸先で綺麗に取る事。漆器類は傷がつき易いので、美しい蒔絵のお椀に傷をつけたりしない様、器にも心して下さい

カステラ・ケーキ

カステラやケーキ等にフォークがついていない時は、そのまゝ形良く指でつまんで直接食べてもよいのですが、フォークのある時はその横をナイフ代りにして、上から一息で下して切ります。（腹で切る）鋸で材木をきる時の様にごし〱引くとボロ〱になってしまいます。シュークリームの類も手で持って食べてもよく、フォークを使って同じ様にしてもよいでしょう。中のクリームはフォークにさゝる程度の柔さが本当とされています。（とろ〱流れ出す様なのは出来の悪いもの）

指を使って・1

若鶏の丸焼など骨つきの料理は料理の中でも一番美味しいものとされています。これは、骨についた、ナイフでは斬れないところが美味しいので、両方の二本の指で持って（これも五本の指を目立たせない様）骨をしやぶる様にして食べます。日本でお魚の骨等を指で取ってはいけないのと反対に、これは手を使うのが正式なマナーでもあるのです。ナイフで無理をしてゴチ〳〵音を立てる方がおかしいのです。その為にも洋風では食事の前に必す手を洗う事がエチケットになっています。

指を使って・2

アスパラガスやセロリの類もナイフやフォークを使わず指先で持って食べます。日本風に考えると手で持っては失礼の様な気がしますがこれがエチケットなのです。汚れた指先は綺麗なナフキンで無闇に拭かずに、指先だけを端の方でそっと拭きます。元々ナフキンは、全部をくしや〳〵にして拭くのがその目的ではないのです。又日本には懐紙という便利なものがあるので、それを利用してもよく、又〝お手拭き〟というものを場合に依ってはテーブルに用意して置くのも深切でしょう。

ぶどう

アレキサンドリア等大粒の洋種のものは、ナイフ、フォークを使う事もありますが、一粒ずつ母指と人指指でつまんで、種子は舌先で上手に皮の中に入れ、皮をきれいにしてお皿に残します。尚葡萄は大きな房のまゝでなく、初めに適当に鋏を入れて出すことです。又甲州地方等の生産地では、葡萄の皮を入れる為の、蓋に丸い穴を開けた小型の木製の壺の様なもの（木製なので中が見えない）を見かけますが、こんなものを工夫するのも、食卓をきれいにする一つの方法でしょう。

アイスクリームとお汁粉

アイスクリームに添えたウエハースは、丁度ポタージユに浮かしたクルートンと同様に必要なものです。アクセサリーとしてだけではなく、舌が冷たくしびれて感じが鈍り、味もよく判らなくなるので、舌先を温め乍らその感覚を元に戻して美味しく味わう為の役目を果します。その意味でお汁粉に添えてある紫蘇の実も、間につまんで、甘さで舌がバカになったところを補い乍ら、一そうお汁粉の甘味を充分に味わう為のものです。口直しに後でつまむのが本来の目的ではありません。

持ち廻りのお料理・1

持ち廻りのお料理、といつても家庭で来客のあった時など、お菓子類を一人ずつ別々につけないで大きな器に全部盛りつけて出す場合、人数だけ丁度に盛りつけて、取り廻してしまうと器が空になるというのはエチケットではありません。これは好きなものを好きな分量だけ取って貰って和やかに持てなす、という趣旨のものですから、それでは分割主義のさもしさが感じられ何となく味気ない感じがします。お皿には必ず残っているように考えて盛りつけて下さい。

持ち廻りのお料理・2

又、持ち廻り（取り廻し）のお料理（お菓子）が出された時、好きなものを自由に、という趣旨に沿うためにといっても、初めの人が、重っている一番下の方のものをひっぱり出して、上の方が崩れてしまう様なやり方は感心しません。又、一度取ったものを置いて他のに取り替えるというような事もエチケットとして慎しんで欲しいことです。食べる時は自分も楽しく、又はたの人にも不快な感じを与えないように、という心がけが総てのことに大切なのです。

茹玉子・1

旅行やハイキング等ものを食べる設備のない戸外で食べる場合が多いので、辺りの人に迷惑の掛らないよう後始末には特に気をつける事です。これは元々茹でた時に水に取ってさましておけば綺麗に皮が剥けますが、熱いまゝ包んでおくと中々剥けません。卵は一つずつ別々に卵をくるむだけの大きさの紙に包んで（新聞紙でもよいから正しく切って）、それをナフキンペーパーとして膝の上にひろげ、皮を散らかさない様に順々に剥き乍ら、瓜揚枝があれば三つ位に切って食べます。

半熟玉子

半熟の玉子は、正式のマナーでは、エッグホルダーという半熟玉子のための器（丁度卵の入る大きさの柄のついたグラスの様な形）に入れ、スプーンで叩いて上端の皮をかいてから塩胡椒で味をつけ、スプーンで掬って食べます。こんな器がない時は小丼に盛って同じ様にしてもよく又、左手に持ってスプーンで食べてもよいのです。

茹玉子につける塩は、水気に溶け易いものですから、ビニールとかセロファンのように水分を吸収しないものに包んで置くこと。

パンの食べ方

トーストは焼きたての熱い時にバターをつけ乍ら、そのバターが溶けて滲みてゆくところを食べるのが美味しいのです。滲みてしまって乾いた様なのはなるべく人に進めない様に。又洋食の際のパンは、初めテーブルに置かれても手をつけずに、スープか済んでから、サラドコート迄（魚・肉・野菜等の出る間）に食べるのが正式で、その次のデイザートコース（お菓子や果物）になるとパンは退いてしまうのが定りですからそれ迄に、半分に割って、あとは少しずつ千切って食べます。

茹玉子・2

揚枝の無い時は、剥きながら、上からパクッと齧らないで、母指と人指指を上手に使って廻しながら内側を〱と食べる様にしますこういう時は、なるべく人にかじった歯の跡を見せない様に内側へ〱と心掛ける事です。又五本の指を目立たせない様、母指と人指指にせい〲中指を添える程度ですっきりと持つ事、無造作な鷲掴みというのは何の場合にも見よいものではありません。例えばコップの水を飲む場合男の人は上から鷲掴みにしても貴女は二三本の指を添えて優しく持つこと

握りずし

街のお鮨屋で、調理台の前で好きなものを握らせながら食べる時の事は別として、突然訪ねた家で握り鮨をよばれる。という様な事はよくあるものですが——そんな時、一口では何となく大き過ぎて食べ難い時は、せいぜい半分位にお箸で割って食べます。本当は一口で食べられる位に小さくつくるのが上等の握りと云われています。これは云う迄もなく上においた種との調和が美味しいのですから別々にはがして食べるのは無意味です。又、嫌いな物があったら予め取って貰うこと。

林檎やバナナ

林檎や梨、バナナ等総て果物は変色し易いので、食べるだけずつ皮を剥き、皮を剥いたものをお皿に残さないことです。

バナナは両端を落して真中から二つに切り、上側に一本ナイフで切り目を入れて、皮を開き、左手で端をおさえて、小口から少しずつ切って食べます。

りんごの類は、大体どれも縦半分に割って、それを更に二つに切り、芯をとり、皮を剥いて手で持って食べてもよく、又はそれを適当の大きさに切ってフォークでさして食べます

オムレツとハムエッグ

オムレツやハムエッグのように、ナイフで切ると半熟の卵の黄味がとろ〳〵流れ出て来るものは（オムレツも中は半熟が上等）、その流れた黄味を、左手にパン右手にフォークを持ってそのパンをあしらって手前にかき寄せて食べます。ハムエッグの場合、これは流れ出た黄味をハムにまぶして、二つの調和した味をたしなむ料理ですから、卵の所だけをそっと残して、ハムはハムだけ先に食べてしまったりしては美味しくありません。流れるだけ流して全体を美味しく味わいましょう。

みかん

密柑は初めにぐるっと全部皮を剥いて了わず、全体を四つ位に皮ごと割って（下の蔕の方はそのまま続いている様に）、一袋ずつ食べたら、そこに袋を入れてゆき、さかさまにしてお皿に伏せて置くと、丁度中にまだ実があるように見えます。皮をこまかく千切って剥いたり、食べ残りの袋をペタ〳〵と皿に残したりしないこと。

食べてしまえばあとはどうでもよい、というものではなく、食べたあとにもあなたの美しさが残るように心を配って下さい。

メロン・西瓜など

適当の大きさに縦切りにしたものを左手を添えて押えスプーンで掬って食べます。（ひっくり返りそうな不安定なものは遠慮なく左手を添える）西瓜は種が多いので、初めにスプーンの先きで落せるだけ落して食べます。又種子を口からポツポツとお皿に吐き出す様な事をしないで、口に残った種子はスプーンの先で目立たぬ様に受けて皿の端へおきます。すべて種子のあるものは、それを受けるスプーンの類がない時は、皿の方を口元に運んで種子を捨てるように心掛けること。

串にさしてあるもの

串にさしてある料理を洋風ではグロシエットと云いますが、極く一般的なものでは、肉や葱などを竹串にさして揚げた串カツというのをどなたも御存じのことでしょう。こうしたものは、お箸かフォークの先で一つずつ抜きながら食べます。この料理は、一つずつ楽しみながら食べるところにその目的があるのですから、一度に全部はがしてしまったのでは、その特色をなくしてしまうわけです。焼鳥などという庶民的なものはその時の雰囲気で指でもつて食べてもよいでしょう。

玉蜀黍や栗

玉蜀黍は、そのまま両手で持って齧って食べます。その時やはり両手で鷲摑みにしないで二本の指で目立たぬ様に持って端の方から内輪に食べること。ナイフで始めに粒をこいて落す食べ方もありますが、あまりおいしくないようです。同じ様に栗も、片側を。剝いてスプーンで掬って食べる方法もありますが、コロッと剝いて食べる方が美味しいでしょう。その時皮を汚なく散らさないよう　きれいな外側を上にして残しておきます。すべて残るものはきれいに。

おなかが空いていない時

おなかが空いていない時に突然御馳走を出されて、その量が多過ぎて食べられそうもなかったり、又出されたものにどうしても嫌いなものがあった時は、初めからありのまゝに云って、箸をつけない中に、量を減らして貰うとか、その嫌いなものだけ取り除いて貰う様にします。

そのまゝ無理に食べかけて残すのは、返って失礼に当ります。初めからはっきり表現する方がお互に気持もよく、エチケットでもあります。

新婚夫妻のための離れ家

塩川旭

新しき酒は新しい皮袋へ、と云う言葉があるかどうか知らないけれども、新婚の二人の新しい生活の門出は新しいスイートホームでと云うのは誰でも望ましいことであろう。ところが現在のように貸家もなく、新しい家を建てようにも土地を手に入れることがむずかしく、土地だけに大変な費用がかかるような時代では、新しいスイートホームも限られた人々以外には空しい夢で、当分の間はどちらかの家に同居と云うことになるのであろう。

それで小さな家だけでも何とかならないだろうかと云う人々で、若しも新夫の家か、お里の家にでも庭に一寸した余裕があった場合に、この様な新婚の夫妻のための離れ家は、如何であろうと考えたのがこれである。

この家は大きさ二間の二間半の五坪で、敷地としては、出窓とテレスの余裕を見ても、東西三間、南北に四間の土地、即ち十二坪の余地が庭にあれば充分で、図のように明るい、アメリカ風の外観を持つ、二人だけの家が費用は二十万円位で建てられるわけである。

次の平面図の処で説明するように、若しも便所を省けば離れ家にせずとも、主家につけて、建増しとすることも出来るであろう。

A図（外観）

離れ家を南西側から見たところ。屋根は勾配をゆるくして、軒先を充分に出し、建物の小壁になるところを硝子張りとしてある。南のテレスの上に日除けを設けると華やかな清新さが出て来る。

A 図

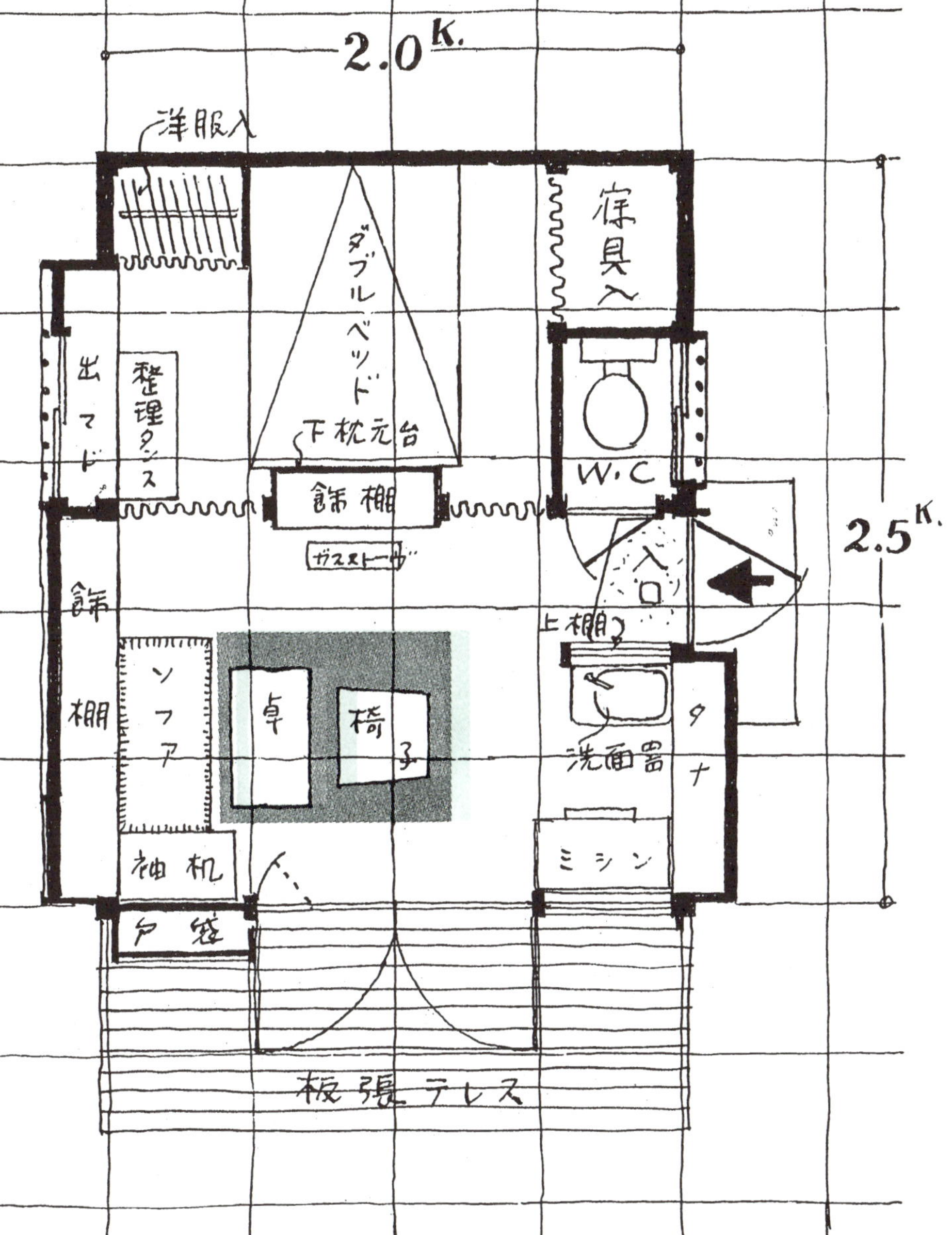

平面図の説明　建物は新婚夫妻の寝室兼居間、時には親しい友達を招くことも出来る程度の部屋として設計したので、食事だとか、入浴は主家で皆と一緒にする様に考えてある。

東側の三尺巾の入口の一部は土間となり、その右手は洋風便所、左手は洗面所となっている。この洗面所の右手には建物から出張った棚があり、その上部が戸棚にしてあるので、ここにお茶道具等を入れて置き、下の棚に電熱器、ガスの設備を設けて置けば、洗面器を流しに利用してコーヒーや御茶を入れることが出来ると云うわけである。簡単なトーストにコーヒー位の朝食ならばこの部屋で楽しむことも出来るであろう。

建物の北側の半分弱が二人の寝室になって居り、南側の居間とはカーテンで仕切る。ダブルベッドは巾約四・五尺のものを大工に作らせる。居間との境は飾棚になっているが、この棚はベッドから約一・八尺上迄はベッドの方から枕元台として使えるようになっているから、小さい電気スタンドや、読みさしの本等が置けるわけである。寝室の東側は寝具入の押入がつき、西側には二人の洋服ダンスが造付けとなり、出窓に接して整理ダンスや化粧台が置けるよう面積を最大限に利用して寝室で更衣、化粧が出来る様に考えた。

南側の居間の洗面器の反対側にはミシン——卓上型の手廻し又は電気ミシン——を机の上に置き、出張りの棚でアイロンをかけることが出来るであろう。部屋の南側の硝子戸は両開きで外に開き、その片方の扉の一部は内側に開くようにして、雨戸の開閉が出来るようにしてある。こうすれば二枚の扉を開き、テレスを部屋の延長として充分に広く使い得るし、冬も隙間風が少ないわけである。部屋の欄間は屋根の軒を深く出して南、西共米国風に硝子張りにしてあるので、雨戸を締めても部屋は明るく、広々と開放的な気分が出るであろう。ベッドの傍の飾棚の下は煉瓦を貼り冬はその前にガスストーヴを置くか又石炭焚きのストーヴを置く。

前にも述べた様に、離れ家とせず、主家に建増しとする場合は、東側に窓がとれないので便所をやめて、便所の処に洗面所や棚を造れば尚居間を広く使えるわけである。どちらの場合も空いた敷地の関係で、平面の東西を逆にしても良いわけである。

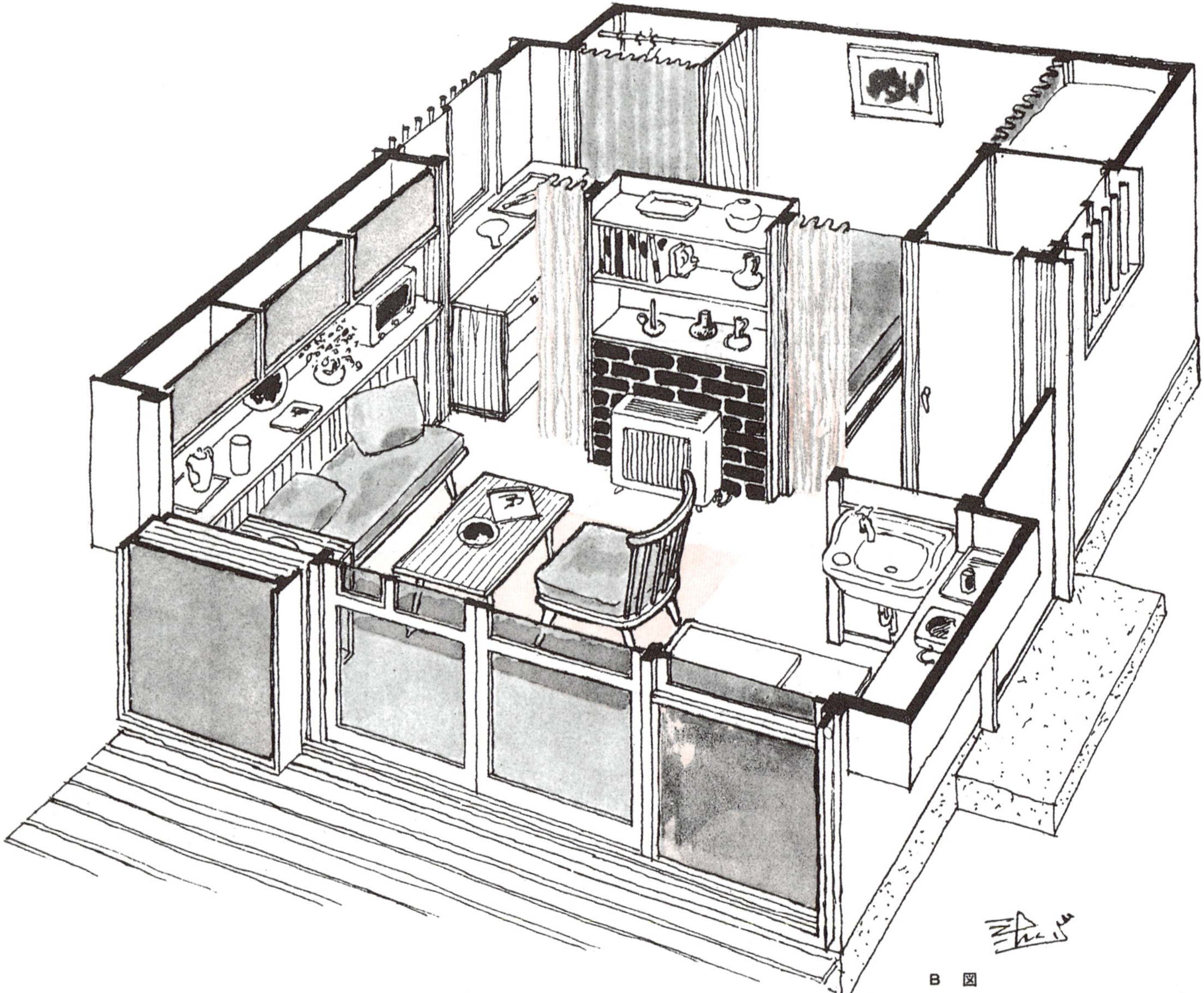

B 図

B図

建物を水平に切って上から眺めたバーズアイ・ヴュー。居間の西側の出張り棚は上を戸棚とし、下にラジオだとかいろいろの手廻り品を置く。寝台の前の飾棚とその下の練瓦を貼ったところ、ガスストーヴ等が見える。

C図

居間の透視図。天井は屋根の勾配に平行に、断熱材を張った上を仕上げるので勾配なりに傾斜して居り、正面の壁の上部は硝子が嵌込んである。西側の飾棚とその前のソファーが見える。ここが夫妻の落付きの場所である。

C　図

テイジン デザイン研究室

デザイン・画　酒井つや子

①、セツフイットのツウピースです。ジャケットは大き目のカラーを抜衿風に着こなします、ディテールは、ウエストからの前立を胸ポケットから裾まで続けて裁ちます。裾は、ゆるみを少くして浮かない様にして脇にスリットします。スカートは後にキックプリーツを入れたスリルなものです。

②、ブラウスとシルウェットのワンピースドレスです。

高く浮かせた抜衿風のカラーをつけます。前の中心にダーツ風の縫目を入れて前立風に見せ、そこにボタンホールを仕込みます。

カラーの附止りは、前立巾の二倍にします スカートは、ボデイスと反対にシェープしたものに致します。腰のポケットも浮き分を少な目にしておきます。

有馬稲子さん
若さと健康の栄養
Morinaga
MILK CHOCOLATE
森永ミルクチョコレート
理知的な甘さと
野性的なほろ苦さ
森永ミルクチョコレート
20円・キングサイズ50円

SLACKES

中原淳一

夏になると、日本ではどんなに和服好きの人でも洋服を着たがるように、洋服は和服に比べて簡単で涼しいものとされている。それだけに又日本の冬には、洋服は必ずしも暖く暮らせるものとは云い難い。

そんな意味からも、若い人の通勤や家庭着としてスラックスは捨て難いものではないだろうか。

ズボンのスタイル、というと何かきまつたもののように思い勝ちだけれど、ズボンにはズボンでその時々の新しいシルエットもあり又デザインも、それは元々スポーテイな性格のものだからドレッシイに飾るというものではないが、スポーテイな中にいろいろな愉しさを発見するということは出来る。

モデル　**重山規子・羽島永一**
（N.D.T.）（N.D.T.）

生地　**三菱テックス プリ・シュランク**

これは深紅のズボンと短い上着の一組。ズボンの裾巾は十六糎の思い切つて細いもの。この裾巾を細くするという事は新しい傾向であるばかりでなく裾先が広くひらひらしているよりも甲斐々々しく、足元が軽快な感じがするズボンのウエストの所は、ウエストラインまでの短かい上着を着る時、両手の上げ下げなどに裾から下に着ているセーター等が見えないようにハイウエストになつて、そこを芯で堅く張らせてある。この上着はウエストのダーツと袖口に黒い毛糸をあしらつてある。下に着たセーターも黒で、この黒と赤の対照が大へん美しい。（生地・**三菱テックス・ファインサージ**）

男ものの上着はグレーのフラノで、裾をズボンの下に入れゝばシャツスタイルにもなるが写真のように上着代りにも着られる。胸の高い位置にヨークの切替があり、そこのポケットの蓋の陰で釦がけになつていて、それをはずして首を入れる。ゆつたりとした感じを出す為に前明はなく着易いように両脇の裾を明けて釦止めにしてある。

これは濃紺のスラックス。

胸のふくらみの下までハイウエストになつた布がそのまゝ折れ返つた感じに、別布をはさみ、それが折れ返つている。

肩の吊り紐は後で交叉しているがこの紐は前も後もボタンで取りはずしが出来るようになつている。（生地・三菱テックスＡＢサージ）

下に着ているブラウスは濃紺と白との美しいチェック。

ハイネックになつた小さなカラーは純白でそこにやはり濃紺のボウを結ぶ。

このブラウスと紺のスラックスとが、紺と白の美しい調和をみせて、非常に若々しい新鮮な印象である。

左のスラックスは右頁のスラックスから吊り紐をはずしたところ。朱と白の縞のブラウスと組み合わせて見ると、またくつきりと映えて、右頁とは別の美しい調和を見せる。

この上着はスラックスと共布のもの。全体に左のブラウスと共の裏がついていて、前では、見返しが表に返り、それが肩でセーラーカラーの様になつてうしろへ下り、そこにもブラウスと共の裏をつける。小さな丸い衿ぐりからはブラウスの衿をのぞかせる。

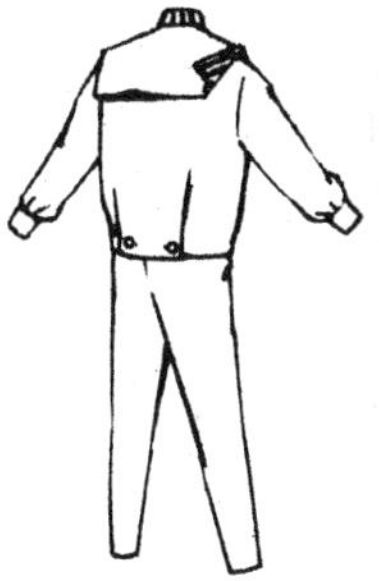

（作り方一九四頁）

化繊の欠点として縮みが常に問題とされたが、こゝで使用した三菱テックス・プリ・シュランクと云う生地は我が国で初めて完成された化繊無収縮加工を施したもので洗濯しても一％以内の縮みしかない。化繊服地もよくこゝまで進歩したものと思う色も淡色から濃色まで豊富に揃つているようだから、これから秋に向つて、スラックスや其の他の服装に大いに利用されるようお奨めしたい

中原淳一

くだもののアップリケのきもの

中原淳一
モデル　淡路恵子

アップリケをするというと、まず絵心がなければとか、図案が欲しいとか考えるが、きもののようなものにするアップリケは、絵よりもむしろ単純な模様のほうが向く場合が多いのではないか子供服のようなものにならば可愛らしい絵を置いてみても、またおもしろくなるかも知れないが、このきものでは、どこの家庭にでもある食器類を使つてとれる大小のまるをいくつかとばして縫いつけてゆく、誰にでもすぐできて、しかも愉しんで着られるきものを作つてみた。

生地は、少し渋みのあるレモン色の木綿のピケ地。春さきや秋風がたち初める頃などセルがわりに着たいものだ。アップリケした布は、同じ木綿で無地の残りぎれを使つてみた。お皿、茶腕、湯呑、盃等手近にあるものを持つて来て型をとる。黄色の大まるがザボン、小まるがみかん、その他オレンジ、リンゴにさくらんぼ赤地に白い水玉模様は、同じ円型の両方をまるく削つておいしそうないちご。というふうに大きさと色の感じでいろいろなくだものができ上る。

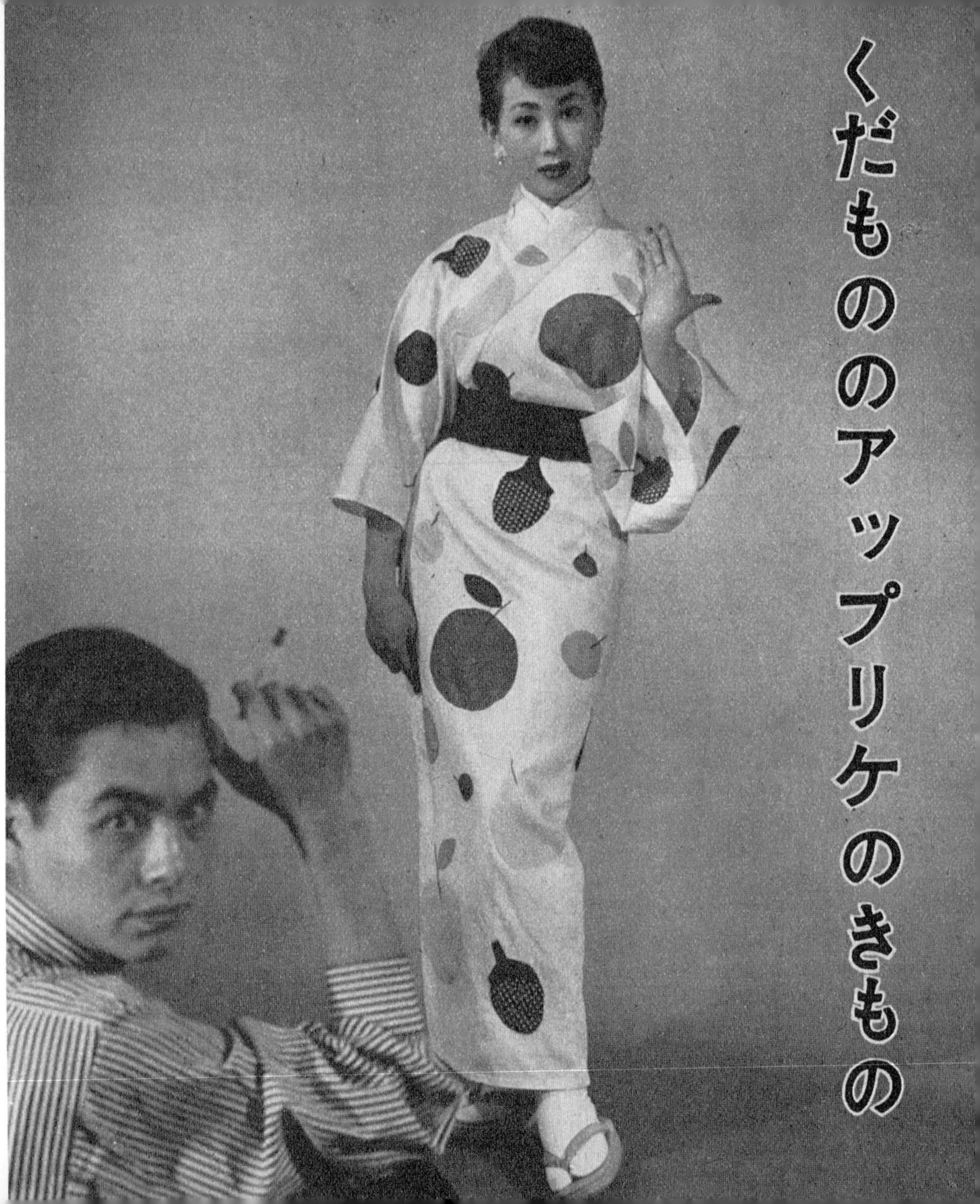

きものは、なるべく縫目を少なくするために背縫も衽もないコート仕立になつている。つまり、ヤール巾の洋服地を着丈で二つ折にして、前の打合せは上前だけを衽をつけたような感じに斜めに裁ち出し、反対に削られた下前には衽を別に裁つて縫いつける

きものが仕立上つてから、切つておいたアップリケの布を色どりよく身頃や袖に置いてみて、まわりを五ミリ程折りこんで上からミシンをきれいにかけてもよいし、まつりつけてもよい。

これだけでは、大小の布がついているだけだが、これに刺繍糸で軸を縫いつけたり、緑の布で葉の形に切つたものをつけたりしていくとすつかりくだものらしくなつてくる。

こんな愉しいきものは、ちよつとした外出着にもなるだろうし、日曜日などに家でくつろいでいるときにもよいし、又お客様を招待したときなどにも明るい雰囲気をかもし出すのにふさわしいきものといえるだろう。

おいしく召し上がること
は、何よりの健康法です
味の素の調味で季節の味
覚を十分味わつて下さい
AJI-NO-MOTO
味の素
AJI-NO-MOTO
味の素
世界の調味料
味《あぢ》の素《もと》
味の素株式会社

私はこんな服でこんなときが好き

フアッシヨンモデル8人のアルバム

フアッシヨンモデルの資格の一つと云われている「八頭身」という言葉が最近流行語のようになつている一例を見ても判るように、初めは服装に関心を持つた女性の趣味程度のものであつた「フアッシヨン・モデル」も、今では本格的な女性の職業として新しい時代の波の上に浮び上つて来た。云う迄もなくこの仕事はきものを着て、その服装のねらいや美しさを引出して見せなければならないので、服装に関心を持ち良い感覚を身につけている事が必要である。つまり勝れたドレッサアでなければ出来ない仕事であるとも云える。

フアッシヨン・モデルも今では全国で数百人を数えると云われているが、一流と云われる人はやはりまだまだ少い。ここにあげた八人の人はそのA級の中でも特に、フアッシヨン・モデル草分けの人と云つてよいだろう。ここで八人の人に一番好きな服を着て、暮しの中の好きなひとときを語つていただいた。

安い生地でも好きな柄で愉しく

森貝光子

これは黒と白の極く細かい格子のレーヨンタフタで作つたカクテルドレスです。今仕立上つて来たばかりなので今日は早速これを着てお友達に招かれたパアティに出掛ける所なのです。スカートの前側にエプロンの様な感じに丸い線を描いた切替と胸ぐりに、五ミリ位の細かいプリーツにした共布をはさんであります。生地としては大変安いものですが、私は安い生地でも好きな柄を見つけると、思うままのデザインをして、気軽に着るたのしさを味わうようにして居ります。写真ではよく判りませんが右手に持つているのは共のボレロで、これを羽織れば初秋の街着としても着られます。自分で考えた新しい服の出来た時の楽しさ——これはそんな一こまです。

落着いた地味な感じを

相島政子

取り立ててどこが好き、と云うようなものではないのですが、私の感じがきつとこの服の何げないデザインにマッチするのかも知れません。一番しつくりと体になじんでくれます。生地はうすいクリーム色にオリーヴの細い格子縞のもので、その中の前中心を通る縞が上着とスカートを一直線につないでいます。この服のアクセントを強いて探せば両脇についているふくらんだポケットではないでしようか

仕事では華やかな思い切つたデザインのドレスも着こなさなければなりませんが、普段の私は全体に地味な感じのこんな服を愛用して居ります。順調にお仕事が終つて自分の体になじんだ服でホッとくつろいだ一ときー

雨の晴れ間に

伊東絹子

これは渋いグレイでレインコートとスカートを　それに赤と濃い緑の大胆な格子縞のブラウスを組み合わせたアンサンブル。それぞれのこくのある色としやりつとしたナイロンの布地の感触が大好きなのです。このコートは桜井あやべ先生のデザインで、袖口を絞ると裏地に使つたブラウスと共の格子縞がガーベラの花のようにパッと開きます。こんなちよつとした工夫でも暗くなりがちな雨の日がきつと愉しくなるのではないでしようか。この一組は丁度この撮影の日に出来たのですが、次々とお仕事に追われている時、一寸した隙に、こうして仕立上つた許りの新しいきものを着て静かな場所に立つてみますと何といつても解放されたような喜びを感じます。

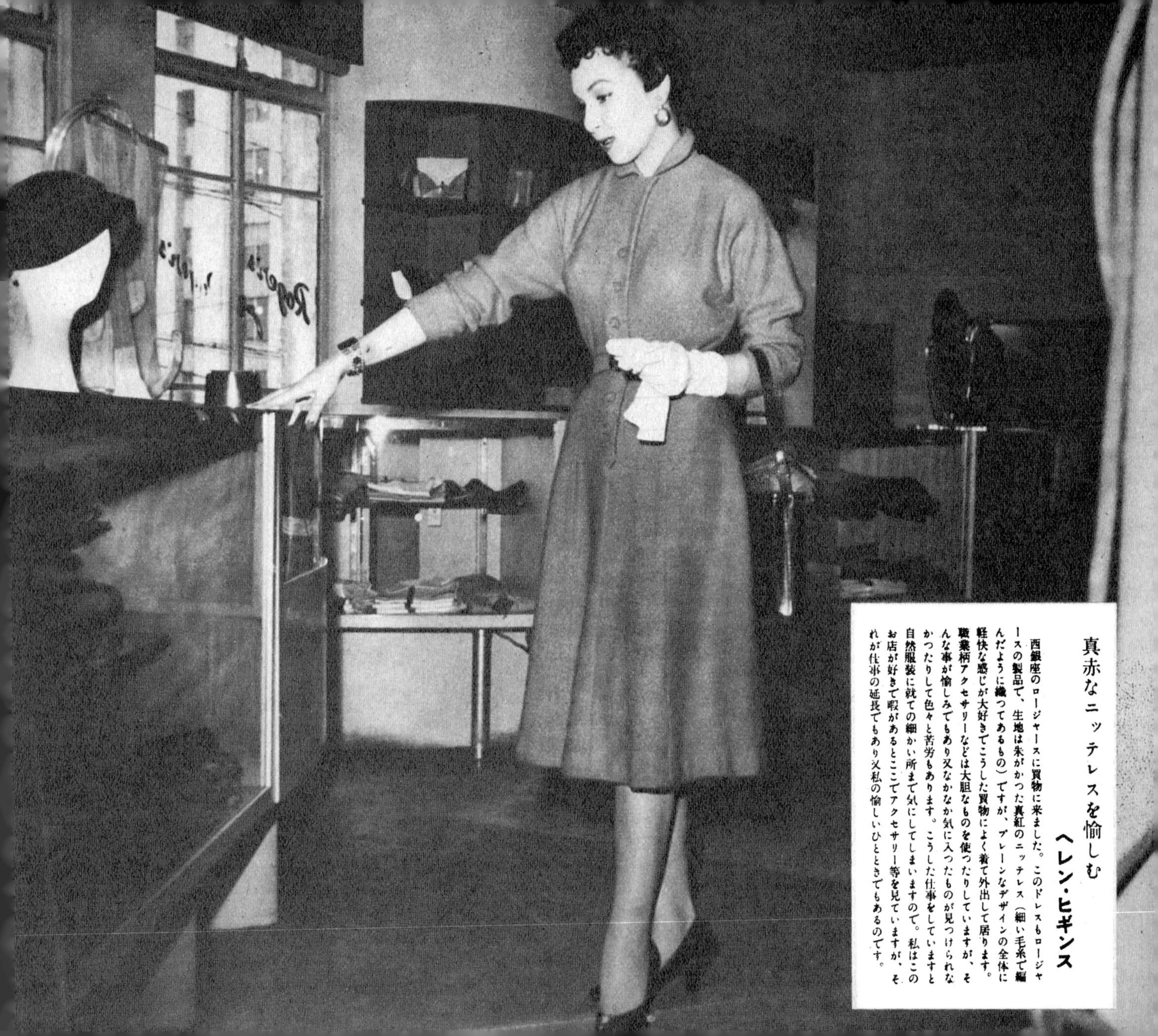

真赤なニッテレスを愉しむ

ヘレン・ヒギンス

西銀座のロージャースに買物に来ました。このドレスもロージャースの製品で、生地は朱がかつた真紅のニッテレス（細い毛糸で編んだように織つてあるもの）ですが、プレーンなデザインの全体に軽快な感じが大好きでこうした買物によく着て外出して居ります。職業柄アクセサリーなどは大胆なものを使つたりしていますが、そんな事が愉しみでもあり又なかなか気に入つたものが見つけられなかつたりして色々と苦労もあります。こうした仕事をしていますと自然服装に就ての細かい所まで気にしてしまいますので。私はこのお店が好きで暇があるとここでアクセサリー等を見ていますが、それが仕事の延長でもあり又私の愉しいひとときでもあるのです。

凝つた細工を

岩間敬子

パウダーブルーのジャージイのワンピース。衿元につけたアンゴラが、柔かなジャージイとマッチして、全体にはのぼのとした温かい感じが私は大変気に入つているのです。外出着として、又ちよつとしたパーテイにもよく着て行きます。着やすいという事も好きな理由の一つかも知れません。そして又、写真では判りませんがこの衿元のアンゴラの中には宝石（本物だと思つて下さい）が留めつけてあつて、それが真白なアンゴラの柔い毛並の中からチカチカと光つて、その光りが全体の単純なデザインに華やかな愉しさを添えてくれます。仕事を離れて自分だけのおしやれの愉しさにひたるとき——やつぱり現在の私の一番しあわせなひとときであるようです。

黒やグレーで目立たない形に

香山佳子

グレーのアセテート・コードで作つたプリンセススタイルのこのコートは、今年の春から夏へかけて私が一番好きで愛用したものです。これは私が自分でデザインしたもので、衿ぐりから前明にかけてと袖口に黒のデシンでパイピングしただけの単純なものですが、張りのある生地のせいか、スカートのフレヤーが美しい線を出してくれる所が気に入つて居ます。私は大げさな形は嫌いて、生地も黒とかグレーとか地味な色彩で、例えば母の紬の着物やシャンタン等のように張りのあるものが好きです。以前は全部自分で縫つていましたが此頃はその暇がないので、家庭でくつろいで好きな服の形をあれこれと考えている時が一番たのしいひとときと云えるでしよう

化学繊維で

井沢有多子

スポーテイなドレスが私には似合うような気がします。グレイのこのスーツは森英恵先生のデザインですが、先生のデザインはプレーンな中に大へん洒落た味を出して下さるように思います。又このスーツの自慢の点は化学繊維だという事でしょうか。シャリッとした布地の感触は初秋の外出着として大変気持がよく、皺も手入れによつては出来ませんし、これからの時代は断然化学繊維に限ると思つて居ります。

このお店は銀座の御木本真珠店ですが、このお店全体の真珠色のような雰囲気が好きで、よくここへ来ては、やわらかな鈍い光りを投げかけている真珠のネックレスなどを手にとつてみるのです。

紺と白の調和が好き

原田良子

これは濃紺のウールシャンタンで、大きく胸を開けた袖なしのプレーンなワンピースと、純白のカラーをつけた短い上着とのアンサンブルです。この紺と白の調和が清潔な感じがして私は大好きなのです。この服の時にはアクセサリーもなるべく白で揃えるようにしています。この上着を脱げば下はワンピースとして着られる訳ですが、忙しい仕事を持つていますと自然この程度の、どちらかと云えばスポーティな感じのものが着易くて好きになるのです。写真は、これから出演するファッション・シヨウの舞台に急ぐため東京駅に降り立つたところですが、仕事に向う張り切つたひとときーーこんな時にはやはり何となく引き締るような喜びに包まれます。

こんな二人の喜びもある

浪江 虔氏の生活と意見

自分の生涯を農村の文化運動のためにささげたいという、一生の方針をたてられた時、浪江氏は三つのことを決意したその一つはインテリの立場からそれをするのでなく村の住民になること、二つは結婚して二人の力で農民のために役に立ちたい、最後に農業の化学技術を身につける、と云うこの三つ。このためにまず、それまで音楽美学を学ぶために籍を置いていた東大をやめ、全然不案内な園芸学校に入られた。そして最良の協力者であると共に、伴侶となる女性を探すべく友人の紹介のもとに見合をされた。しかしそれはいわゆる見合とは、随分勝手の違つたもので、友人の立会いで三日にわたつて会合し、今までの経歴から将来の方針に至るまでを、事こまかく語り協力を求められたのだつた。結婚の約束が成立されると、浪江氏の希望によつて、夫人は産婆の技術を修めるべく産婆学校に入られた。やがて二年、お二人の準備が完了した時、友人や先輩達に、結婚に至る経過を報告し、目的の達成を公約すると云う独自な結婚式が、昭和十三年の七月に挙行された。それから十数年、お二人の努力は着実に進み、その収められた成果は大きい。（写真は、農村としては一流の浪江氏宅の裏にある私設図書館の整理に当られる御夫妻）

結婚当時のお二人。本文の誓言の書かれた栞に貼られた物

浪江　虔（なみえ　けん）氏は農村文化運動の権威として、私設の農村図書館の経営を続けると同時に、「光村村に」「農村図書館」「村の政治」他沢山の好著を出された。結婚以来、ライフワークに献身されている。左は氏の一文です

一

「僕たち二人を見て、これがたつた今結婚式をあげてきたものだと思う人は、おそらく一人もいないね」私は新妻の耳に口をよせてこうささやきました。都電（当時の市電）の中で、つり革にぶら下りながらです。時は昭和十三年の七月九日、たぶん夜の十時頃です。私はポーラーのせびろ、妻は訪問着。指輪もしていないし、髪かざりもついていません。私は革カバンをもつています。どうみてもそれは、結婚式場から出てきた二人とは見えません。行先は、東京駅……ではないのです。それまで七年、私が両親や兄弟と暮してきた、すみなれた家の一室が、私たちが新婚第一夜をすごす予定の所になつていました。そこへむかつて、市電と省電とタクシーならぬテクシーとで帰つていこうとしていたのです。

　こういうとなんだか、私たちの結婚式は、うらぶれたわびしいもののようにお感じになるかも知れません。どうしてどうして、その時の私たちの心は、自分たちの結婚式が比類なくすばらしいものであつた、ということからくる喜びにみちみちていたのです。

　置きざりにされている農村のために、しいたげられている農民のために、二人の生涯をかけて働いていこうと誓いあつた私たちにとつては、結婚式はそのままに宣誓式でもありました。家族・親戚・知人などにたいして、そしてまたその人たちを通してひろく社会全体にたいして「私たちはこれからこうやって生きていこうとしています。そのために私たちは結婚するのです」という報告と約束をし、さらに、その活動を怠りなく続けていくために多くの方々の鞭撻をおねがいする、このような意味をもつた宣誓式、それが私たちの結婚式の性格でした。そして結婚式のこのような性格は、私たちの生涯の生活方針から、自然とにじみ出てきたものでした。けっして風変りな結婚式をあげてみたいなどという物好きからではありません。

　こういうわけで私は、式のやり方のすみからすみまで、式のもつ意義にかなつたものにしようと決心しました。そして、考えに考えぬいて、全く独自の形式をつくり出しました。当然の結果として外見は簡素をきわめ、内容はまことに豊なものが生れたと思います。

　結婚式の案内状と、式次第とが、それを端的に示しております。

　案内状はこうでした。

　農村生活を目指して共に準備すること二年余、ここに私達はいよいよ結婚式を挙行することになりました。及ばずながら農村の更生のために力を尽す覚悟の私達にとつて、この式は意義深いスタートでございます。

　結婚について皆様に誓を立て、且つ行先の遠い私達の旅立ちに対して皆様の御教示を仰ぐこと、これこそ結婚式の真実の内容であるとの愚考から、私達は新しい形式を創りました。簡素をきわめたこの新しい型の結婚式は、私達の将来の生活を象徴するものであると同時に、また無意味な因習に対する批判でもあると信ずる次第でございます。

　御多忙中誠に恐縮に存じますが、私達の門出を祝福して下さる意味で是非御臨席下さいます様願

私設図書館の入口に立つ浪江氏。そり返つた看板は、浪江氏の厳父の書かれたもの。

鶴川村の畔道にて。手前が次女瑞穂ちやん。後はいづみちやん

い上げます。

昭和十三年六月三十日

板谷　虔
浪江八重子

P・S　御贈与品は勝手ながら拝辞いたします。

服装は通常服にお願いいたします。

この案内状といつしよに送つた式次第の方はこうでした。

板谷虔
浪江八重子結婚式並びに披露会次第

日時　昭和十三年七月九日（土）午後七時（厳守）
会場　神田一ツ橋　如水会館大会議室
司会者　法政大学教授　城戸幡太郎氏

一　開会の辞　司会者
一　結婚についての言葉　板谷虔
一　結婚成立表示　（一同起立）
一　祝いの言葉　有志
訓えの言葉　父　板谷浩造
一　感謝の言葉　兄　瀬崎重吉
一　懇談（茶菓）
一　閉会の辞　司会者

私の「結婚についての言葉」というのは、二五分にもわたる長文のものでした。生い立ちから始まる私の経歴と、結婚するにいたつたいきさつと、私たちの将来の生活方針とをくわしくのべたものです。その中でこんなことを言つています。

「農村生活について私の抱く理想は必ずしも小さいものではない。併し実行は最も手近の第一歩から始めていくつもりである。いわゆるよそ者が農村で新しい仕事を始めるには知る人のみ知る困難がある。私は数々の理想を遠い彼方に置いて、一つ一つ小さな仕事を完成していくことにしようと思う。これらの仕事の一つとして第一に選んだのは農村図書館の開設である」

妻の仕事については、こう言つています。

「よい児を生んでよく育てるという考え方の徹底、育児知識の普及、農繁託児所の設置、これらも私達の仕事の一つである。わが妻はこの仕事の担当者となるであろう。助産婦の技術はこの様な仕事に大いに役立つであろう。幼児の死亡率が欧米の倍以上であるわが日本の現状、わけても悪い農村の有様を私達は黙視するにしのびない」

二

こういうふうに私たちの新しい生活の幕は切つて落されました。これでおわかりのように、私たちの結婚生活というものは、いわば「衆人環視」のもとでスタートしたのでした。結婚にさいしてのいくつかの公約は、政治家の公約ではありませんから、守らないからとてまさかリコールもされないでしようが、私たちの良心はこれを守らずにしらばくれることを許しません。こういつた意味で、私たちの生活ははじめから、公私の区別のつきがたいものでした。

もつとも「公約」の一つ一つが、とどこおりなく実践に移されていつた、というわけではありません。計画というものは、どうしてもせつかちなものです。そして、逆に、実践というものは、やるとなると思いのほかに時間のかかるものです。それでも、少しずつ計画は実践にうつされてきました。

私たちが「村人」になつたのは、結婚から半年後の昭和十四年一月でした。私が、そうした生活を、どんな困難があろうともやりぬこうと決心してからでは、ちようど四年の歳月が流れ

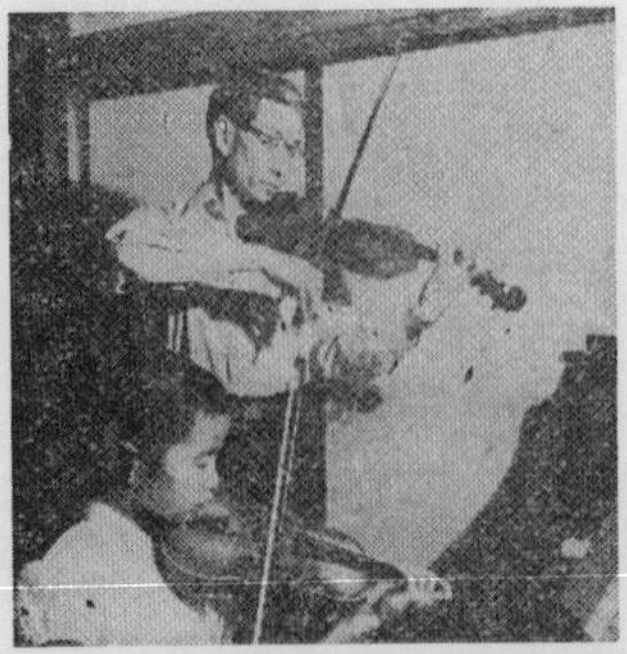

昔とつた杵柄で、今でも時々家庭音楽会を開き、父娘合奏をされる

ていました。

その年の九月には、図書館を開館しました。雑誌までふくめて、やつと千八百冊ぐらいの、小さなものでしたが、これはそれ以来、着実な成長をとげて、今では、農村の図書館としては、押しも押されもしない一流の(?)ものとなつております。

もつとも、この図書館にはたいへん問題があるのです。この図書館を私たちは、私たちの農村への奉仕活動の最初のものとして実践にうつしたのですが、省みてみると、私たちの個人プレイであつて、村民の力を無視したものでした。文化施設のこういう作り方は邪道だ、ということを、私は作つてからあとで、やつと気がついた次第です。日本人にとつて一番大事なことは「自分たちの力で」自分たちの生活を明るく楽しくするというその実践活動ではないでしょうか。私たちは先祖代々あまりにも長いこと、何事によらず天下りにやられつけてきています。そのために、自分たちの力でやることに不馴れです。それに加えて、日本人のもちまえのせつかちがあります。何がちよつとやりかけてみて、時にはやりかけもしないうちに、早くも「ああ、ダメだ」とあきらめてしまう。そんなことが多すぎるのではないでしょうか。

そういう私も、実をいうと始めのうちは、せつかちでした。図書館の仕事なども、二、三年もしたら大体は軌道にのつて、また別の新しい仕事を始めることができるぐらいのつもりでいましたが、なか〳〵そんなものではありません。

浪江氏夫妻結婚十週年を記念した報告を兼ねた文化祭、壁の「結婚生活の基礎はライフワークである」の言が印象的

ここ四、五年私が主力をそそいでいる仕事——農民のために、実用的でしかもごくわかりよい本を作ること——は、私の図書館の仕事と一見別のように見えますけれども、実は図書館の仕事から否応なしにそこへ発展しなければならなかつたものです。

三

妻の仕事の方は、もつと手間どつています。当然といえば当然ですが、ひと様の子よりも自分の子の方がなんといつても優先しますので、次々と生れた二人の子が幼いうちは、助産婦の開業さえもできませんでした。開業したのはやつと昭和十八年のことです。育児の相談なども、個人的にやつている程度ですし、託児所の開設なんかも、やつておりません。もつとも、結婚当時気負つていたようにこれらを「やつてのける」ことは必ずしも必要なことではないのです。

妻の仕事については、予期しなかつたよい結果も出てまいりました。いくら「夫婦が同等の権利を有することを基本として、相互の協力により維持されなければならない」(これは憲法二十四条の言葉ですが)二人の生活であつても、妻がもし家庭の中にだけとじこもつているとしたら、二人の間に人間的平等が本当にうち立てられるのは、非常に困難だと思います。そればかりではありません。妻が自分自身の「社会生活」をもつているということからくる人間としてのたえざる成長は、本当の意味での民主的な家庭の確立に、欠くことのできない条件のように思えます。

四

私たちの家庭生活は、こんなわけで、いろいろのかたい土台の上に立つています。愛情が、愛情だけで生涯燃えつづける、ということは、おそらく非常に困難なことでしよう。二人が力をあわせてなしとげているライフワークの基礎の上に「夜のごと静けく、わだつみのごとふかく」私たちの愛情はたえず育つていることを感じています。

結婚してちようど十年たつた時、十週年記念小文化祭というのをやりました。あのような結婚式をした私たちとしては、十年に一度ぐらいはとりまとめての報告を、社会に対してする必要があると感じたからでした。その時、長男と長女とがかんたんな対話劇をやつたのでしたが、二十週年の記念の会の時には、妻も、四人の子供もそれぞれに、何等かの発表をすることができるのではないか、と思つています。

いまちようど十六年、その記念日にこれを書いているのですが、ふりかえつてみると、私たちの今日の幸福は、私たちがたゆまずうまず努力してつみあげてきたものだ、という感じがいたします。(一九五四、七、九)

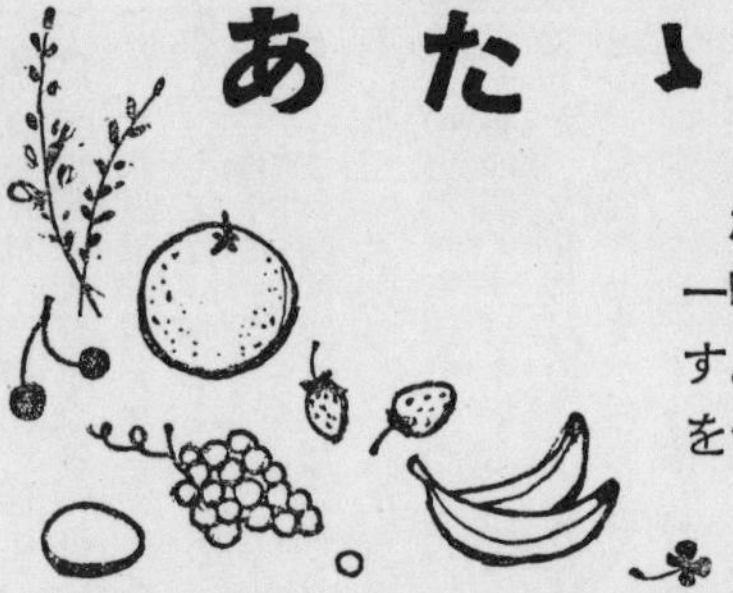

あたゝかいお菓子

涼しい秋風の吹く頃になると家庭の団欒の一時にあたゝかいお菓子がなつかしくなります。家庭で愉しみながら簡単に出来るお菓子を何種類か御紹介致しましよう。

吉沢久子

くだものを主にして

1 フライ・アップル

材料五人前
りんご　五ケ
牛乳　2/3合
砂糖　大さじ二杯
卵　一ケ
メリケン粉　カップ一杯半
塩　少々
揚油
費用　約百五円

リンゴは、皮とシンをとり、四つくらいに輪切りにしておきます。

卵を黄身と白身に分け、白身は泡立てておきます。黄身と砂糖、塩、牛乳をまぜ合せ、そのなかに、メリケン粉をふるい入れて、さつくりとまぜ、さらに白身の泡立てたのをまぜます。これを衣にして、リンゴにつけ、煮立つた油に入れてから、ちよつと火を弱めて、ゆつくり揚げます。

これは、青リンゴのカリカリしたものよりは、かこいもののリンゴを使つたほうが、おいしいでしよう。新鮮なものは、塩をつけて丸かじりをしたほうが健康です。

このフライ・アップルは、リンゴのシンをくりぬいて輪切りにしてあるので、見たところ、ドーナツそつくりです。アップル・ドーナツといつてもいいでしよう。熱いうちにさらつとしたテーブル・シュガー（グラニュウ糖）をかけたり、シナモンをふりかけて召上ると、一層味が引立ちます。

リンゴは、洗つてから皮をむき、あかくなつてもかまいませんから、そのままにして、水気をよく切つておくのが上手につくるコツです。

2 水鏡

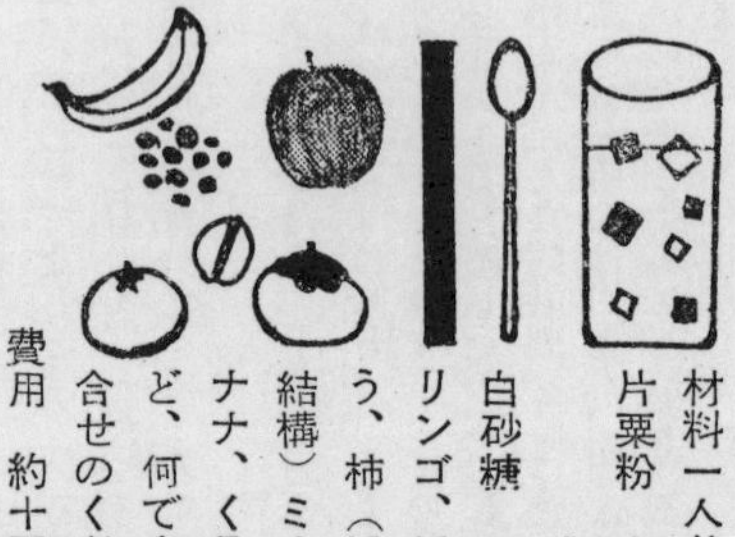

材料一人前
片栗粉　大さじ山一杯
白砂糖　〃
リンゴ、ほしぶどう、柿（ほし柿も結構）ミカン、バナナ、くるみ、など、何でも、あり合せのくだもの
費用　約十円くらい

京都の銘菓で、くず湯のなかに、甘なつとうや、ぎゆうひもち、柚子の砂糖づけなどを浮かせた、のみ物風なおかしがあります。名前はいかにもそれらしい感じの水鏡。これにヒントを得て、くだものばかりを入れてつくつてみたら、なかなか香りもよく、おいしいものができましたので御紹介しましよう。

あり合せのくだものは、小さないころ形に切り、砂糖をふりかけてしばらくおくと、すつかり砂糖がなれて水気が出てきます。これをコーヒーカップに好みの分量だけ入れ、次に片栗粉、砂糖をよくまぜて入れ熱湯をそそぎます。そして、手早くスプーンか箸でかきまぜ、透明になるまでつゞけます。もしお湯の温度が低かつたり、くだものの量が多すぎると、澱粉が生のままでかたまりませんから、注意して下さい。ただし透明にかたまらないときは、一度小鍋に入れて火にかければ大丈夫です。何人前も、一度につくるときは、鍋に入れてつくつたほうが手早くできます。かたねりのくず湯にくだものの香りのただようのを、スプーンで一口ずつ口にはこぶのは、いかにも秋の夜の感じです。

卵とミルクがあつたとき

1 カスタード・キャビネット

材料五人前
牛乳　二合
卵　三ケ
砂糖　大さじ六杯
その他、パン、ビスケット、ほした果物、カステラ等なんでもくずのもの、あり合せだけ
費用　約九十円

これは、プディングの応用ですが、サンドイッチをつくつたあとのパンの耳や、あまりおいしくないカステラ、あるいは、ビスケットのかけらなどを入れて、新しくおかしにつくるわけです。また、バナナやほしぶどう、あるいはくるみなど、あり合せのもの、何でも入れておつくり下さい。

卵は、割つてよくほぐし、牛乳砂糖をまぜておきます。

パン、カステラ、ビスケットのかけらなどは小さくちぎつておきます。

コーヒーカップか、湯のみ茶碗の内側に、マーガリンでも、食用油（これは、においのないもの）でも、ちよつとぬつて、この中へ、牛乳と卵をまぜたものと、中にいれる、あり合せの材料を入れます。冷や御飯を入れても結構です。

これを、むし器に入れ、ごくとろ火で、十五分から二十分むします。表面を指でおしてみて、弾力があるようになれば、中まで火が通つていますから、むし器からとりだして、カップのままでスプーンを添えて出してもよく、お皿の上に、ぬき出しても結構です。ホットプデングというわけです。

2 スノー・エッグ

材料五人前
牛乳　二合
卵　二ケ
メリケン粉　大さじ二杯
砂糖　大さじ七杯
費用七―八十円

フランス風の生菓子で、急なお客などに出すには、豪華な感じのものです。

卵は、白身と黄身に分け、まず白身を、かたく泡だてます。

牛乳に、少し水をまぜ、火にかけて、わき立つたら、泡立てた白身を五等分して、一つずつ、牛乳の中へ入れ、浮き上つてきたら、すくいとつて、ふきんの上にでもおき、水気を切つておきます。

白身に全部火を通したら、牛乳を火からおろし、ぬるま湯程度にさまし、メリケン粉、砂糖、卵の黄身をまぜ合せ、もう一度火にかけて、木のしやもじでかきまわしながら、なめらかな、とろつとしたクリーム状になるまで煮つめます。できたら、バニラエッセンスか、あるいはレモンエッセンス、または洋酒の一二滴を、このクリームに入れて、香りをつけます。何もなければ、なくても結構です。（あまりかたいクリームにしないこと）

お皿に白身を盛り、上から、たつぷりと、あたたかいクリームをかけ、スプーンを添えてすすめます。やわらかい雪に、クリームをかけた感じの美しいおかしになります。

3 フレンチ・トースト

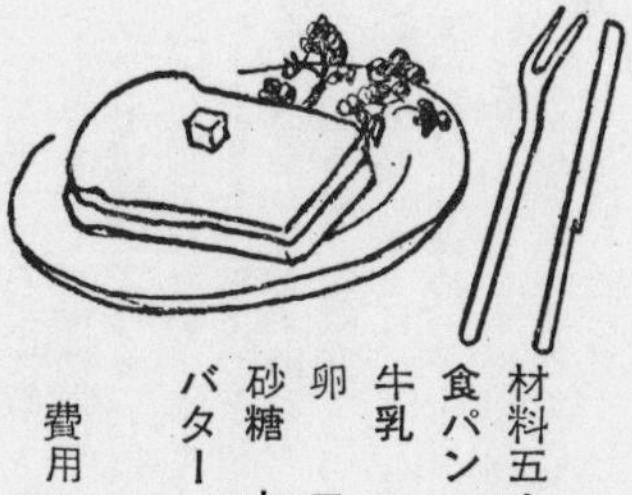

材料五人前
食パン　五切れ
牛乳　一合
卵　二ケ
砂糖　大さじ三杯
バター　大さじ二杯
費用　約九十円

朝ごはんか、あるいはおやつやお夜食に、なかなかのごちそうです。

食パンは、一斤を六切れくらいに切つた厚さが適当でしよう。

卵を割りほぐし、牛乳と砂糖を入れて、よくまぜ合せておきます。これを、食パン五切れに、等分にしめりが行きわたるように、分けて、パンにかけます。

フライパンに、バターをひき、火を弱めて一枚づつ、パンの両面を焼いて、熱いうちに食べるのですが、お皿にのせてから、バターの小さなかたまりをパンの上にのせ、フォークと、ナイフを添えて出すとよろしいでしよう。もつと甘い味を好まれる方は、シロップをかけて召上るのも結構です。

ホットケーキよりも失敗がなく、だれにでも手軽にできて、味もよいのが取柄です。

序に食パンを使つて、お好み焼きまがいの、いたずらをお教えしましよう。うす切りの食パンの両面に、メリケン粉の水ときをつけて、両面をフライパンで焼き、それにソースをぬつて食べるのも面白いものです。題してパンカツ。昔懐かしい縁日の屋台のお好み焼き屋で売つていたものです。

お芋があったら

1 きんつば

材料五人前
さつまいも、大きいもの三本くらい
砂糖　白砂糖大さじ十杯
塩　小さじ一杯
メリケン粉　カップ半杯
費用　約四十円

さつまいもは、三つか四つに切つて、ふかし、皮をむいて裏ごしにします。砂糖、塩を加え、とろ火にかけて、よく煉り上げます。さめてから、適当の大きさに丸めておきます。

きんつばの皮は、水ときしたメリケン粉をつけて焼いてもいいのですが、きれいに仕上げるには、メリケン粉に、ぬるま湯を少しずつ加えてやわらかにこね、手に水をつけながら、ごく、うすくのばして、芋餡を包み、好みの形につくります。

天板か、フライパンを、とろ火であたため、こがさないように全体を焼きます。とろ火で皮を焼いているうちに、餡もあたたまり、ほかほかのきんつばができ上ります。

おいもは、金時にかぎりますが、少しまずいものでも、ちよつと手を加えると、思いがけず、おいしくなります。たとえば、お抹茶を少々入れた芋餡にするとか、白ゴマをすつて煉り込むと、香りも良く、味はぐんと引きたちます。

2 スイート・ポテト

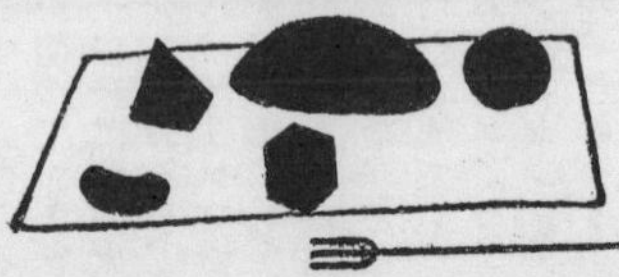

材料五人前
さつまいも　五十メ程度のもの五本
バター　大さじ山二杯
砂糖大さじ山五杯
塩　小さじ一杯
牛乳　1/2合
卵の黄身　一ケ
費用　約七十円

さつまいもを、よく洗つて、丸焼きにするか、むし器でふかします。丸焼きにして、皮がきれいに焼き上れば、皮を舟型に切つて、あとで使います。ふかした場合は、清潔な厚紙で型をつくつておきます。

丸焼きにしたさつまいもを、たて二つに割り、スプーンで中のみをとり出し、熱いうちに裏ごしにするかなめらかにすりつぶします。この中に、バター、砂糖、塩、牛乳の順に入れて、よくまぜ合せ、味が平均に行きわたるように注意します。

これを、さつまいもの皮、あるいは、厚紙の型のなかに、中高にして詰め、ナイフか、スプーンの背で、なめらかに形をととのえます。

卵の黄身は、同量の水を加えてよくまぜハケにつけて、上にうすくぬつておきます。天火があれば、あたためた天火に入れ、はじめはとろ火で二十分ほど焼き、最後に、ちよつと火を強めます。天火のない場合はフライパンに並べ、できれば、金属製の板でふたをして、上にも火をのせます。黄身をぬつた部分が、てりのつく程度になつたら、火をとめます。ほくほくした、熱いスイートポテトは、実においしいものです。

3 蜜がらめ

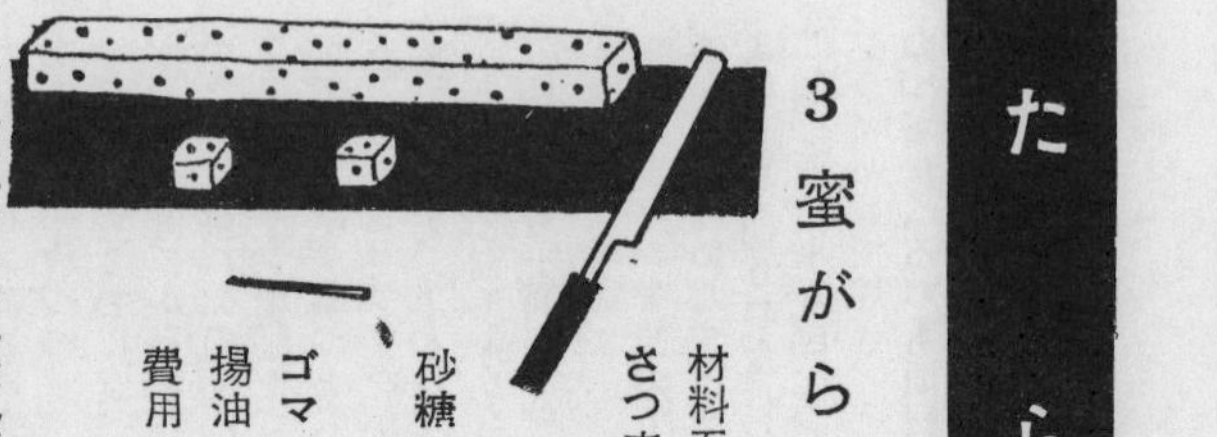

材料五人前
さつまいも　大きいもの　三本くらい
砂糖　ざらめ大さじ　十杯
ゴマ　少々
揚油
費用　約二十八円

材料をごらんになればおわかりでしよう。大学いもといわれている、あの、芋菓子です。

形よくお皿に盛つて出すために、おいもの形は、一口でたべられる程度のさいころ形か、ひようし木切りにします。一度、水にさらしてからかわいたふきんに包んで水気を切つておきます。

別に、ざらめを鍋に入れ、水を少し加えて、とろ火で煮て蜜をつくつておきます。ゴマは白ゴマでも黒ゴマでも結構、ざつといつてまな板にあけ包丁でたたいておきます。丸のままよりも、ちよつと切つておくと香りがぐんとよく出ます。

揚げ油を一度煮立てて、さつまいもを入れ、あとは、こがさずに中まで火を通すため、多少火を弱めて揚げます。

金ぐしを通してみて、やわらかくなつていたら網じやくしですくい上げ、よく油を切つて、そのまま蜜のなかに入れて、甘味をからませます。

お皿に盛つて、切りゴマをふり、口のなかが、やけるように、熱いところを、楊子につきさしてたべるのは、いかにも、アット・ホームな感じがします。

鍋やフライパンを囲んで作りながらたべる

1 シナモン・ロール

材料一人前
メリケン粉　カツプ半杯（薄力粉）
牛乳　〃　1/3
ベーキング・パウダー　小さじ1/3
白砂糖　大さじ三杯
レナモン粉　少々
費用約　十四円

フライパン、あるいはお好み焼き用の天板があれば、それをかこんで一家だんらんの折や、お友だちといつしよに、焼きながらたべる気のきいたおかしです。

お好み焼きをするときなど、一品だけ、こんなものをつくるのも、たのしいでしよう。作り方は、きわめてかんたんです。

まず、メリケン粉とベーキング・パウダーを、よくふるつておきます。牛乳に、砂糖大さじ二杯分をとかしメリケン粉を入れて、さつくりとまぜ合せます。もし、あり合せがあれば、ウイスキーでも、ブドー酒でもとにかく洋酒なら何でも結構、一二滴をおとすと、かるくでき上り、香りもよくなります。

これを、大きく天板にひろげて焼き、火が通つたら、シナモンの粉と、砂糖をまぜて片面にまぶし、小口から、くるくると巻きあげます。

これを、適当な大きさに切つて、熱いところを、シナモンの香りといつしよにたべるのです。シナモンの粉は、一カン百円くらいで食料品店に売つています。一カンあれば、かなりあり、ドーナッなど、ほかのお菓子にも利用できて重宝です。

2 ピーナツ・ボール

材料一人前
白玉粉　カツプ半杯（約十ケケ）
ピーナツバター　小さじ三杯
蜂蜜、或は白砂糖　少々
費用　約十八円

うすらさむい日の茶の間で、家族みんなで湯気のたつ鍋をかこみ、つくりながらたべるおかし。白玉粉がなければ、メリケン粉でも結構おいしいものができます。

白玉粉は、水を加えて、耳たぶくらいのやわらかさにねります。そして、カップ半杯分ならば、約十ケにちぎり分け、ピーナッバターも小さじ三杯分を十等分しておきます。

ねつた白玉粉を手のひらにのばしピーナッバターをくるんで、好みの形にまるめます。「私はマンマル」「私は四角」「私はそらまめ形」などと、個性的な形になさるとおもしろいでしよう。

これを煮立つたお湯に入れてゆで浮上つてきたら中まで火が通つていますから、すくいあげて、蜂蜜かお砂糖をかけ、ふうふう、ふきながら召上つて下さい。ピーナッバターでなくても、ほしブドー、マーマレード、ジャム、餡、なんでも包んでつくります。

即席餅の粉があれば、それを利用して下さい。支那のお菓子に、お餅で餡や杏子を包み、片栗粉をまぶしつけてざつとゆで、汁といつしよにたべるのがありますが、それとにた味になります。

3 やきもちやき

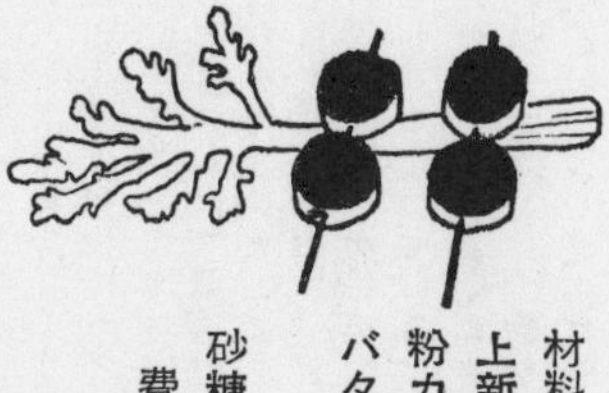

材料一人前
上新粉、即席餅粉カツプ　1/2杯
バター　大さじ一
砂糖、醤油　少々
費用　約二十円

農村などで、お米のけんやくのために、くず米を粉にひいて、おやきという、間食用のたべものをつくりますが、それに似たものを、おいしくつくつてみましよう。

まず、材料の上新粉は、熱いお湯でねり、小さくちぎつて、もう一度むしておきます。むし上つたら、なおよくねり上げて、めん棒の形にのばし、小口から一センチくらいの厚さに切ります。これを二ケずつ、竹ぐしにさして用意しておきます。

フライパンにバターを落して、竹ぐしにさしたお餅の両面を、淡いこげ目のつく程度に焼き、砂糖醤油をつけてたべます。熱いところを、焼き上つたそばから食べていく、そのおいしさは格別です。

即席餅でつくつたお餅でもよく、また、ふつうのお餅があつたら、こんなふうにして召上つてごらんなさい。お餅のときは、おろし醤油で召上れば格別の味。

これは、おかしというよりは、十分、一食分の食事にもなるものですから、うどんやパンにあきたとき、こんな食べものをつくるのも変化がたのしめます。

なお、その場合は、あとでは、果物か野菜も召上るように。

ふたりの経済学《やりくり》

"へそくり"と"やりくり"という、なんだか語呂合わせみたいな、暮しの経済学が、二人の幸福を与える案外大きな土台石になつている所から、諸氏のご意見を叩いてみました

へそくりのご愛嬌

奥野信太郎

"へそくり"ということばは、なかなか愛嬌があつていい。その愛嬌の由つてもつておこつてきた理由を考えるとその内容にはいうにいわれない庶民的な無邪気なものがあるからだと思う。といえば、とんでもない、亭主が女房に内証で金を貯たり、女房が亭主にかくれて虎の子をつくつたりして、なにが無邪気だなどと叱られるかもしれないが、ぼくは逆にだからこそこんな無邪気なものはないといいたいのだ。およそ夫婦が多少自分たちの自由になる金をもつていたいということは、人情としてごく自然なことである。それぞれがそれぞれの財産でももつていて、その財産から生れてくる収益を使うのなら話はまた別になる。そんなことのできる夫婦は、今の世にそうざらにあるものではない。とすれば勢い、へそくるより以外

二人の倹約と贅沢

食道楽の事など

声楽家 日高久子

マンフレット・グルリツト夫人

十五年も日本に住みついている主人は、もうすつかり日本の土地風俗に溶け込んでしまい、日本料理等にも私より余程味が解るようです。何処々々の天婦羅が美味しいと言つては早速出かけ、又他所で食べた名も解らぬ珍らしい料理を是非作つてくれと所望して私をまごつかせる事が多いのです。それでも酒も飲まず宴会遊びもしないところ、或いは他所より贅沢してない方でしよう。演奏など済んでも外で遊ぶよりは家でくつろぐ方が好きなようで、之は引込みの恥かしがり屋のせいでしようか。土曜から日曜にかけて来客はとても多く、この社交費は已むを得ないとして、主人は電気、ガス等にとても気を使うのです。之は可笑しな事で、主人が若い頃下宿屋の女将が随分うるさい人だつたのが今でも気になつているらしく、私など静かに風呂に入つていると真暗にされて仕舞います。持ち物は至つて倹約して古物を修繕して使い、以前主人の眼鏡のツルを直して近所で笑われた事もあります。

主人の深い理解の中で

女優 浜田百合子

ついこの間新居を建てたばかりの私達に贅沢も何も無いでしよう。尤も、諦めていた子供を急に

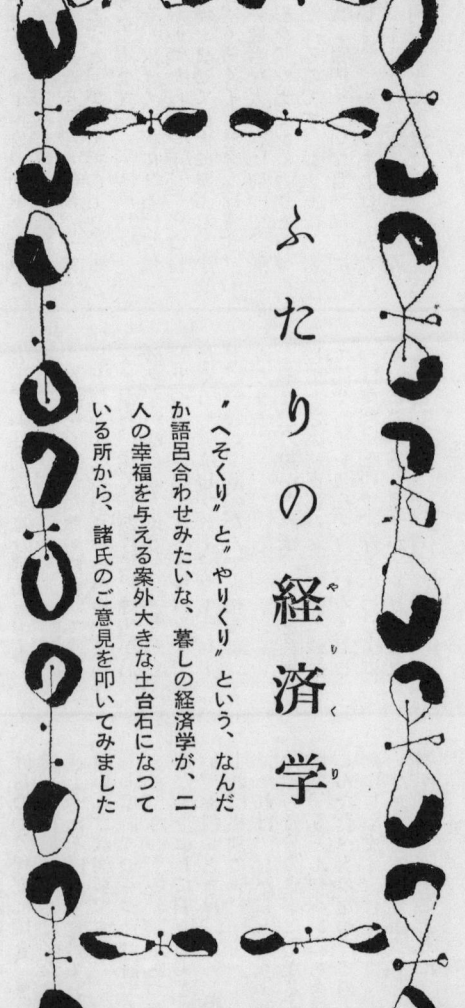

その方法はみつからない。

　庶民的なといつたのは、つまりこの意味にほかならないからだ。どうせたかがへそくりである。巨万のへそくりなんていうものはありつこない。へそくりというからには少額にきまつている。そんな零細な金をちびちびためこむその心根たるや、なんといじらしいことであろう。これは到底有邪気の人間にできることではない。

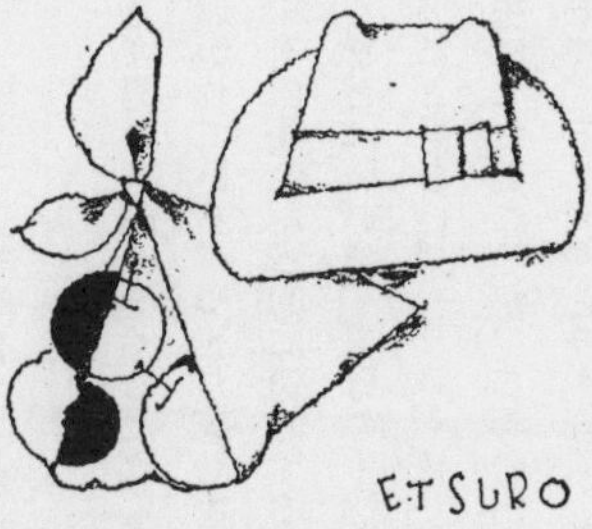

　夫婦の間はガラスばりみたいに透明でなければいけないという。ガラスばり大いに結構である。しかしお互が多少のへそくりをもつているいない、あるいはときどきへそくる、これはガラスばり云々とは関係のないことだと思う。
　亭主にいきつけの呑屋があつて、〝親爺今日は借りとくよ〟を二三遍くりかえしたとき、もしへそくりがなかつたなら、それをどう始末するのであろうか。亭主としてその都度女房にせびることは到底忍びないことである。この忍びざるを忍ぶのがほんとうの夫婦ですというような議論は、ぼくにいわせればそれこそ観念的なものにすぎない。この場合亭主にしてみれば、ふと友だちといつしよに呑屋にいつたということを、さまで悪いとは思つていないまでも、そうそう女房に対して威張れることだとは思つていないのだ。まして勘定を借りた、それも一度ならず二度三度とついた

授つて吉祥寺より世田ケ谷の方が暖かいだろうという親馬鹿の気持ね。思わぬ大金を使つてしまいました。女中二人使つていますが之は主人が私の為に無理に雇つたもので仕事が仕事ですので敢て贅沢と言うものではないと思います。いろんな芸事も（バレー、ピアノ、絵、近頃は日本舞踊、長唄、清元等）それも仕事と趣味をマッチさせるものとして勉強の一つです。食べ物は何よりも身体を酷使する立場からつい贅沢になりますが、身体は私達の何よりの財産ですもの。必要以上に気をくばります。こう数え上げてくると贅沢と名のつくものは一つとしてなく、他所眼にはどう見えるか解りませんが至つて質素です。何しろ新居の為の費用に追われて…でも強いて云えば私の贅沢は生活の面の贅沢より、主人の深い理解に甘えて精神的な贅沢をしているとでも申しましょうか。

〝色〟の事

歌舞伎俳優・市川左団次夫人
荒川　霞

　私達二人の倹約贅沢と申しましてもやはり子供につながつて行きます。長女が九才の頃より日本画を習いずつと筆を染めて居りますのでその影響だと思うのですが、一番の贅沢と申しましたらば〝色の事〟なのです。数かぎりない沢山の色の中に、どれだけ私共の気に入つた色があるかという事です。その色を出して頂く為には大変な神経をつかい、又、お金もかかるわけです。けれども出来上つたものが本当の色が出た場合、又それを着るものに応用出来た場合はなんとも云えぬ喜びです。愉しみながら、金額などは、問題なく本当の自分の色を身につけた場合が私達の贅沢だと云う事になるのかもしれません。又倹約と申しましたらば、小さな小花でも美しい色のあるものはちよつとした器にもさして愉しむ。が捨てるかもしれないものでもその天然の美しさがしぼみ枯れるまではその可憐な姿をとどめておきたいと思うのです。これはある意味では倹約と云う事になるでしよう。けれどもやはり私達は倹約と云う気持よりも〝美しい色〟に強く惹かれそれが一つの型を表わした事なのです。愉しみながら倹約出来ると云うわけ。

生活のうるおい

女優　望月優子

　倹約と申しても、さしてこれと云つて致して居りませんが私共の夫婦の中でいつのまにかもうけ

めてしまつたとなると、もうそれこそたいへんな気兼ねである。これはどうしても自力でなんとか形をつけなければならない。それにはへそくりの一手あるのみという段取りになる。二等の出張旅費をもらつておきながら三等で出かけたり、他人の宿直を代つてやつて稼いだり、そこはまたなんとかなるものであつて、そこはへそくり三年いわゆる年の功という奴で、この方の智恵はだんだん発達していくものである。

給料に手をつけたりボーナスを使いこんだりするのに比べれば、こんな罪はいたつて軽いものだ。

そこへいくと女房の方がへそくるにはもつとも有利な立場におかれている。つまり家計をつめて残余を生ませ、その残余を私的に隠匿するのであるから、へそくりとはいい条、自分の手柄力量といえばいえないこともない。

もつとも亭主にしたところが、二等の出張旅費を三等ですませて、そこにゆとりを浮かせるのは、これひとしく自分の腕前ではあるが、女房はこれを腕前とはけつして認めないというのが世間一般に多いようである。

収入は全部女房に公開すべきことという鉄則を楯にとつて立ち向つてくれれば、自然そういうことにもなろう。

どうも亭主の方が女房に比べてはずつと分が悪いようだ。この分の悪さは、男が内証の金をもつていたら碌なことをしないという考えかたが一般

られたしきたりの様なものが出来ました。それは、どんなに収入が多かつたとしても、普通の家庭の基本的な線を出ない様に心掛ける事です。収入が多いからと云つて無茶に使つたりすればもし無収入の場合は非常にみじめになる事でしよう。これが倹約にはならないかもしれませんが、私共では生活にうるおいのおける程度までを倹約と致して居ります。贅沢すると云う事も考えられませんが。しいて云えば、自分の家でばかりの二人の生活でしたらば、いつも変りなく平穏です。けれども外部でたとえば二人だけで喫茶店などで逢つたりすれば、その雰囲気で同じ話も変つた味がでるでしよう。又小旅行なども、夫婦のみで出掛ければ帰つた家は又新しい気持で見られます。そうした事で生活を愉しく出来ればそれは私達夫婦の一番の贅沢に入る事でしよう。

大いに享楽する事

作曲家　黛　敏郎

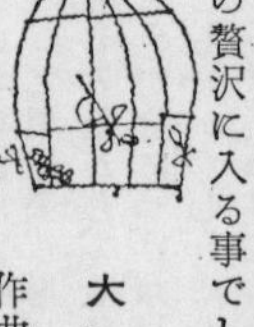

日本人は享楽ということを罪悪視する傾向があるが生活というものは大いに享楽すべきものだと思う。

その欲望を満すことによつて心が豊かになる。そんな物質に対しては衣食住すべてにわたつて惜しまず費したい。

そのような意味から、精神生活に少しも寄与しないもの、例えば必要のない電気やガスをつけつ放しにしておくなどは一番無駄なことではないだろうか。

そして、精神生活に寄与しない出費で僕の一番いやなものは税金です。

必ずしも実用的、合理的なものでなくてもそれを手に入れることによつて非常に心が豊かになるというような、そんな贅沢をたのしみたい。

臨時にお金が入つたというような時、貯蓄に廻すこともいゝかもしれないが、それを思いきつて使うことによつて、思いがけない心のたのしさを味うことが出来ればそれは決して、無駄ではないと思う。

生活の中から割り出す

舞踊家　西崎　緑

勿論、私等有り余る程持つてる訳でありませんので身の廻りは出来る丈つめてやつてはいますが、私他所眼に之見よがしの倹約は大嫌いです。ケチは大嫌い。又食事をつめる事は最も肯けない事

に通念化しているためからおこつてきているものである。しかしこれは偏見である。

男が女房の知らない金をもつていたら碌なことをしないなんてどうして断言できよう。たとえば亭主が女房になにか心尽しの品ものを買つて帰つたとする。もしそれが給料日であつたとして、その給料のなかから家計の幾分を犠牲にして買つたものであるとしたら、それで女房ははたしてうれしいであろうか。また亭主にしても責任上それを勇敢にやつてのけるほど強気ではない。

しかしそれにもかかわらず世の夫たるものは妻に突如思いがけずなにか品ものを買求めてやつて、その驚喜するところを眺めてみたい欲望をもつているものである。〝これは出張旅費を浮かせて買つたのだよ〟と説明してやつて、それを咎めだてする女房があつたら、ぼくはそんな男心のわからない公式主義一点ばりの女を軽蔑せずにはいられない。

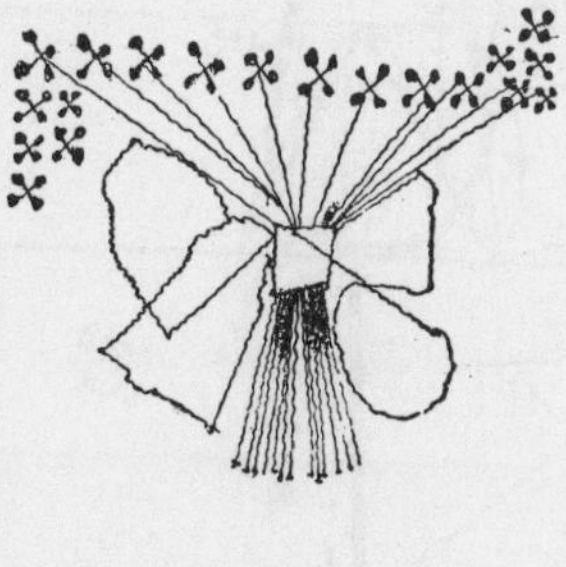

へそくりということばについて、およそ世のなかの金銭に関する暗いことばの内容、たとえば争奪とか浪費とか搾取とかそういつた意味はなに一つ考えられない。あの千円札をたしかにこの辺の本の間にいれておいたはずだつたが、さてどの本だつたか忘れてしまつて戸惑いするといつたような、そんな愛嬌こそ、このことばの本質的な意味ではあるまいか。ぼくは夫婦そろつて大いに明るいへそくりを奨励すべきものだと信じている。

(筆者は慶応大学教授)

です。食べものの怨みは恐いものらしいですからね。女中等に至る迄好きなものを食べたい時にと言う方針です。かと言つて、贅沢ばかしのようですが、只、主人がオートバイ等乗物のマニヤを除いては別に採りあげるものはありません。私の年配、私の立場などから自家用車が贅沢には見えますが、それも時間的に又経済的な理由から必要にせまられての事です。公演、発表会等については、良いものを出す為にはつい欲が出て費用を考えない場合もありますが、いつも芸の為衣裳も豪勢に気を配りますが、その点むしろ普段着の方がゼイタクととれるんじやないかしら。別には家元としての立場から贅沢らしい他所とのつき合いが眼立ちますが、之も已むを得ない事で贅沢と言うものではありませんでしよう。

倹約も贅沢も時間による

俳優　森繁久彌

一体に贅沢は敵のように考えられているが人間何がしたいかと言えば贅沢なんである。だから大いに贅沢してよろしい。只有り余る程金を持つていて湯水の如く使うのが所謂贅沢と言うものである。例えば、家を建てるにしても、何から何まで用足りたムダの無い家は或いは人間却つてやり切れないものである。或る程度の無駄は人生にホノボノとした味を齎らすんじやないか。又貧乏を貧乏としてみじめな気持を意識するのは愚の骨頂、そこに工夫があればみじめさからはきつと救われる。ドブ川のエビを素材にしても如何に贅沢に食うかと言う工夫があつて良い。一家の家計簿も、それは、飽く迄、倹約のメドであつて、綿密に追つて神経質になる必要はない。——只その統計学から何も生み出せないのは困るが。

ところで僕自身の事を一言。人間が一番倹約すべきもので、又一番贅沢に使うべきものは時間ではなかろうか、とそれを僕は一番痛切に感じている。僕ら時間に縛られて八方に飛び廻つている者は、家でのんびり放心している時が正に一番贅沢な気持に浸れるのである。

それから酒を飲む事。之は日本人の妙な習慣で、非常に長い時間をかけて大量に、全く酒を挨拶のように心得ている。勿論、僕もその例に漏れないようだが、時間的にも経済的にも納得いかない事である。他に楽しみがない訳でもあるまいに。総じて、この酒にしろ物品にしろ、家で出来るものを何も外で求める必要はない。之が倹約の第一歩だと思う。

それいゆ31号の製図

口絵・グラビア頁「秋を愉しく」「スラックス」

（製図寸法）標準

胸囲	85+5（ゆるみ）	ウエスト	60
腰囲	91	背丈	38
肩巾	38	スカート丈	74

（製図記号）

①＝直角起点　　①〜②＝$\frac{胸囲}{2}$+2.5（ゆるみ）

②〜③＝背丈+1.2　　①〜④＝④〜②

①〜⑤＝$\frac{胸囲}{4}$　　①〜⑥＝⑥〜⑤

⑦〜②＝$\frac{胸囲}{12}$　　①〜⑧＝⑦〜②

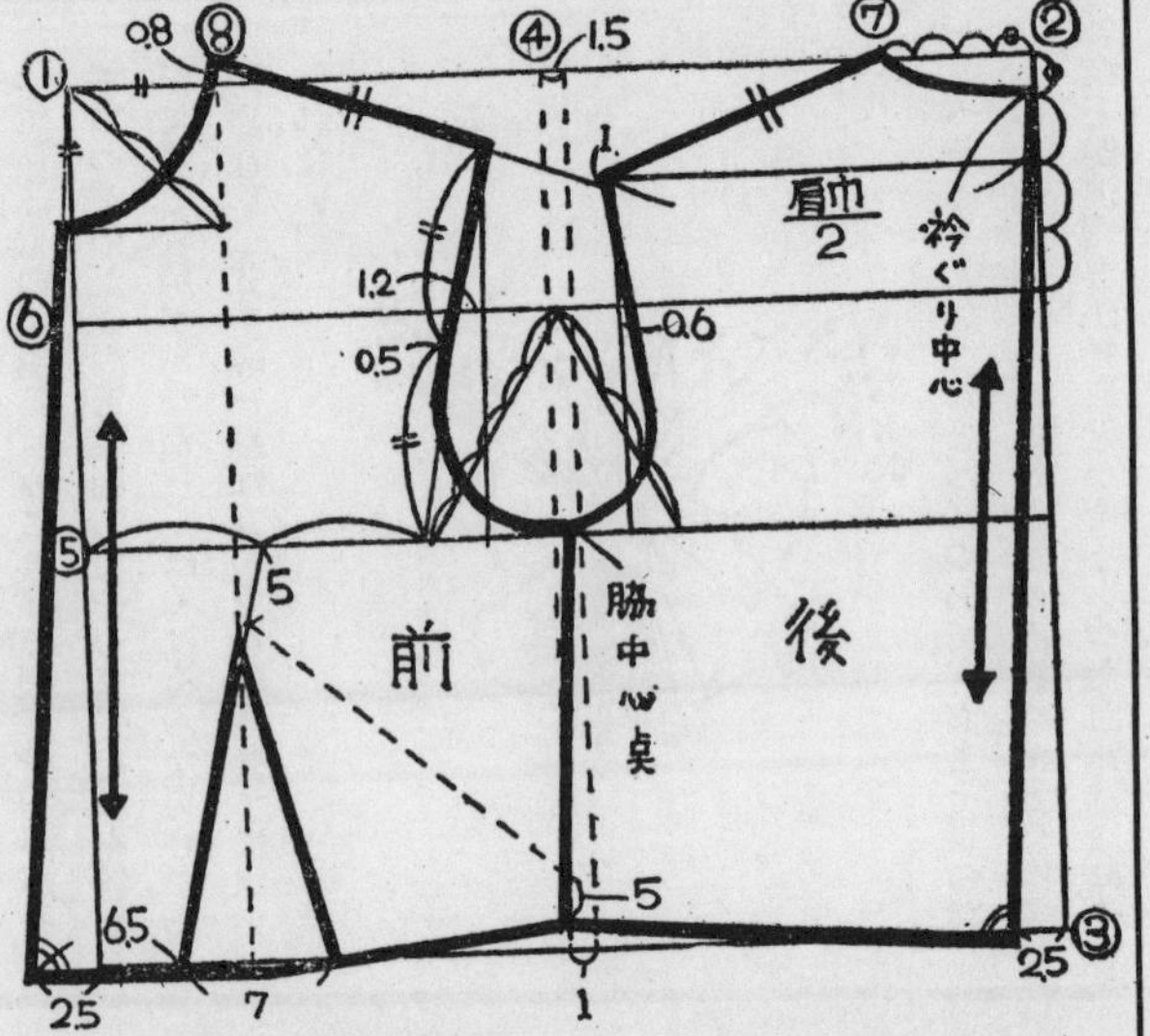

この原型は本誌独得のもので、背丈及び胸囲より割出す方法です。ここに挙げたスタイルはすべてこの原型によつて作図したものです。

原型製図の注意

後身頃は、背丈線より2.5糎内へ入つた所と、衿ぐり中心とをむすび、そこから直角に裾の線をひく。そこから更に直角線を脇中心点とむすぶ。原型の使い方は、布目に真直において裁つ。前身頃も同様にして裁つ。

前身頃は、前中心線より2.5糎出して①とむすび⑧の位置から垂線を下し、裾線と交つた点に向かつて直角に結ぶ。そこから後脇の裾線とさらに結ぶ。

ダーツはウエストでとる場合は図のように7糎のダーツ分をとるが、脇でとる場合は肩から図のようにおろした線がヴァストの線と交つた所を⑤との間で二等分し、そこと、裾で6.5糎入つたところとを結んだ線と、脇中心線の裾より5糎入つた所を結んだ斜線に切込みを入れ、ウエストのダーツをたたむと自然に切込みが開く。その開いた分を脇ダーツとする。

身頃のダーツの縫い方

製図上では直線だが、縫う時はウエストよりダーツの高さの約半分までを直線に近い線で縫い、そこから頂点に向つて縫い消す。（図参照）　後身頃のダーツは製図の通りの線で縫うが、その場合ダーツの長さが短いと背中がぶかぶかする。

【1 古くなったワンピースで】

用布量　W巾1.3ヤール
前立は斜布で裁ち、木綿の芯を一枚入れ記入の位置にボタンホールを作る。前立は身頃の裏からあて表に返して両端を1cmの巾にステッチする。

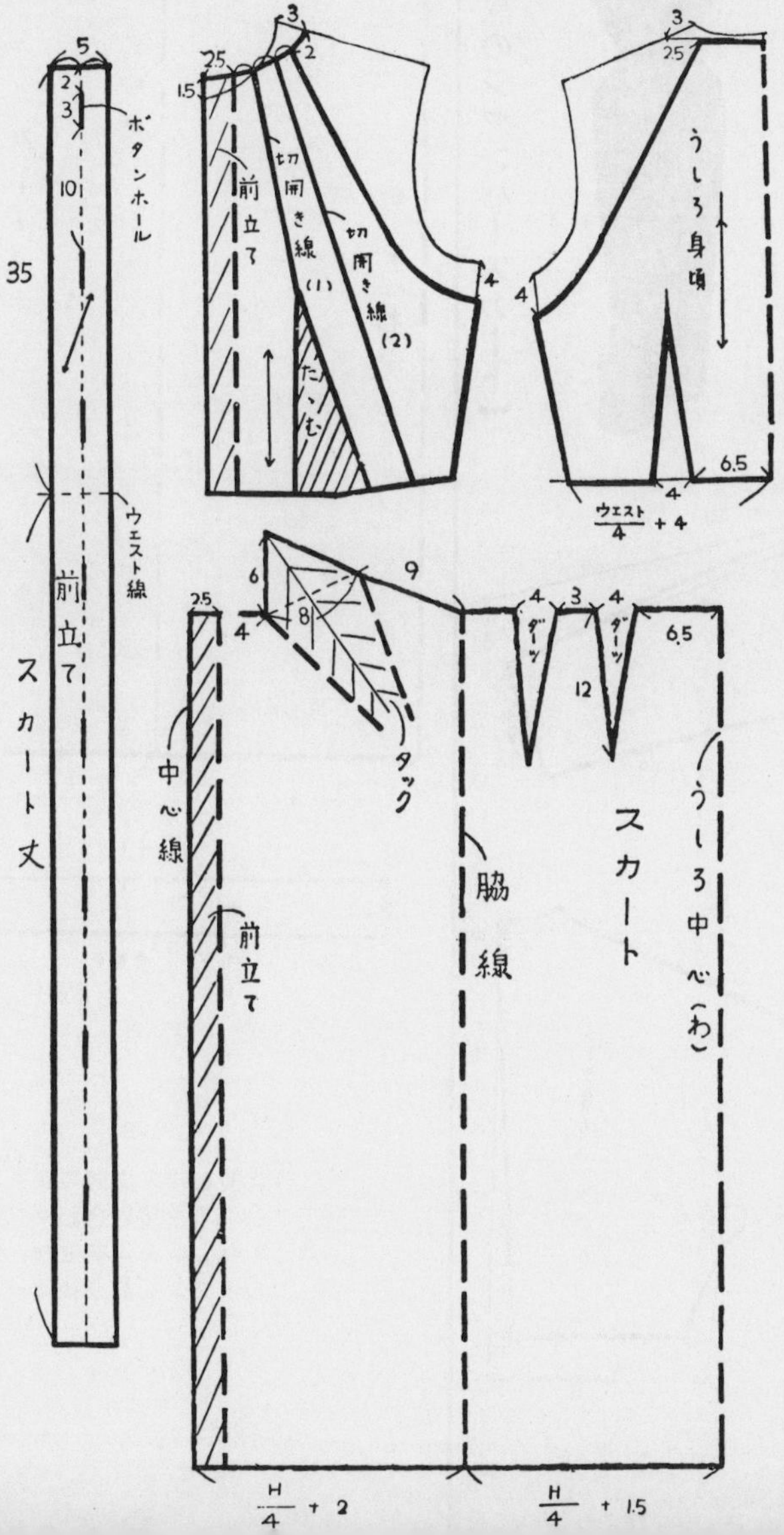

前身頃切開き図

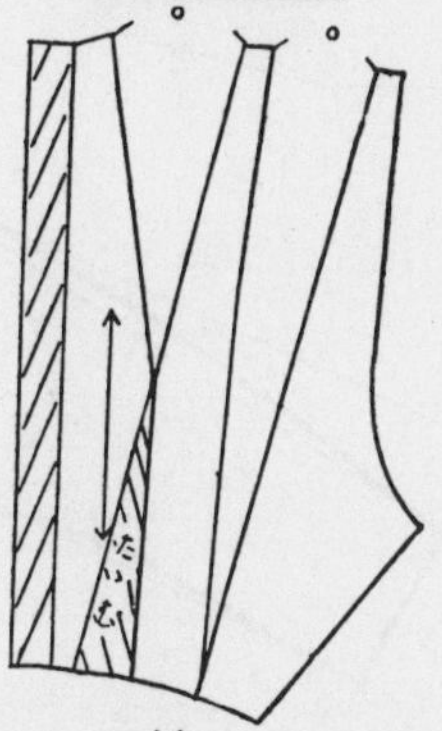

衿

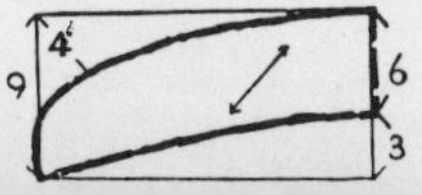

【2 二ヤールでつくるジャンパースカート】

用布量　W巾二ヤール
白い衿はとりはずしできるようにし、後の打合せでは白いボタン一個を片方の衿につけ、その上からボタンホールをした片方の衿を重ねる。ウエストまでは3個の共色のボタンでとめ、スカートはファスナーどめにする。

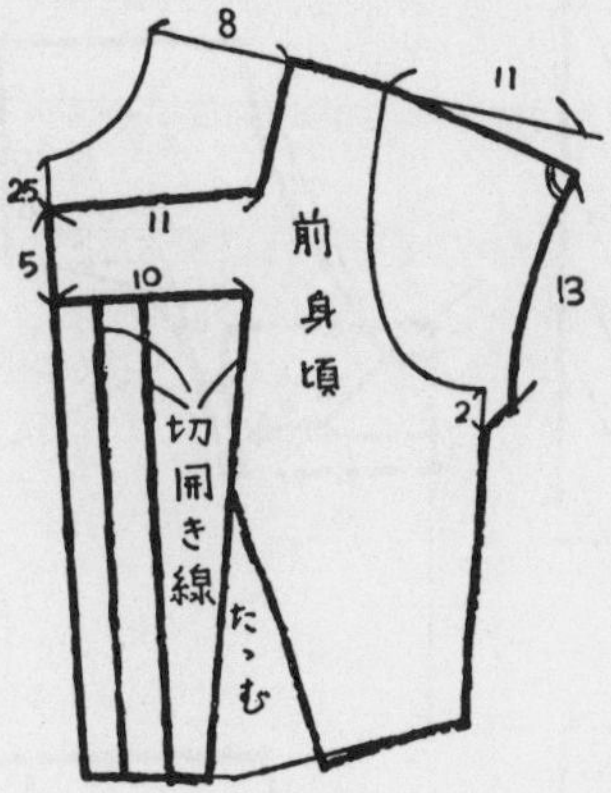

前身頃切開き図

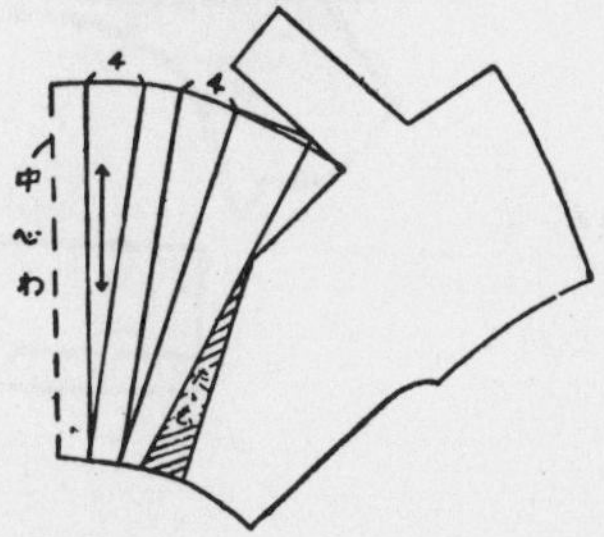

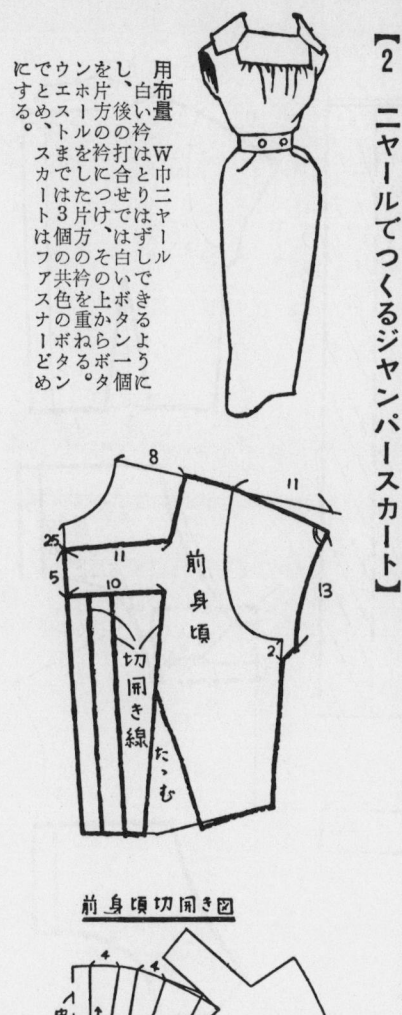

【3 黒のジャンパースカート】

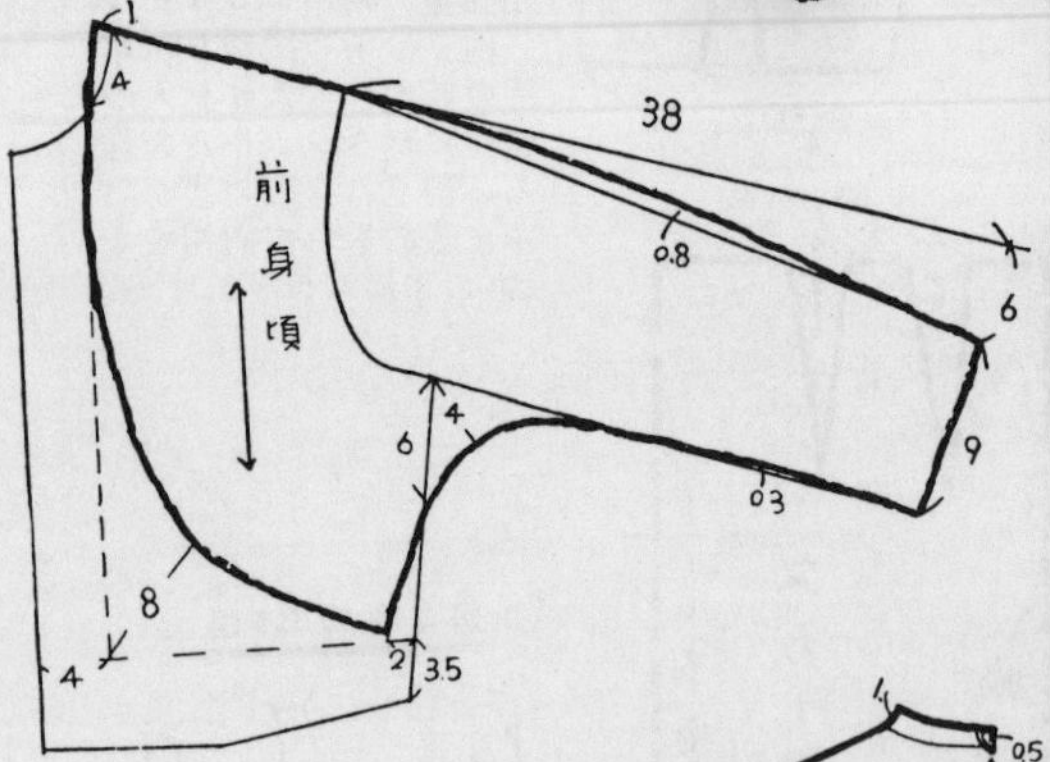

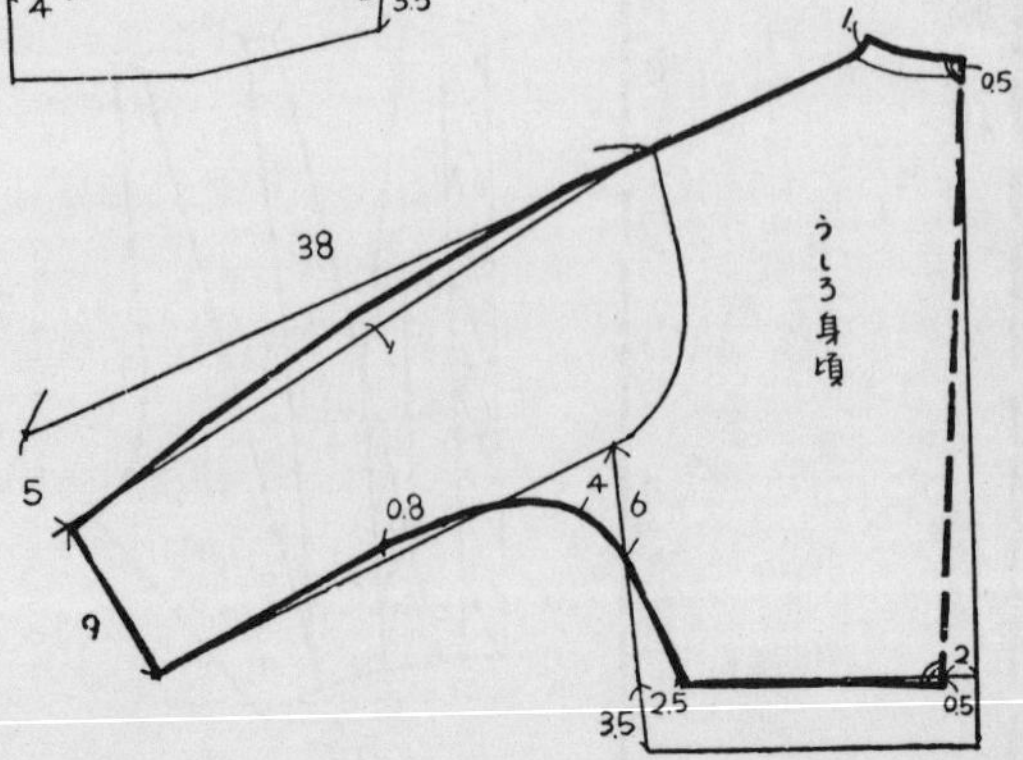

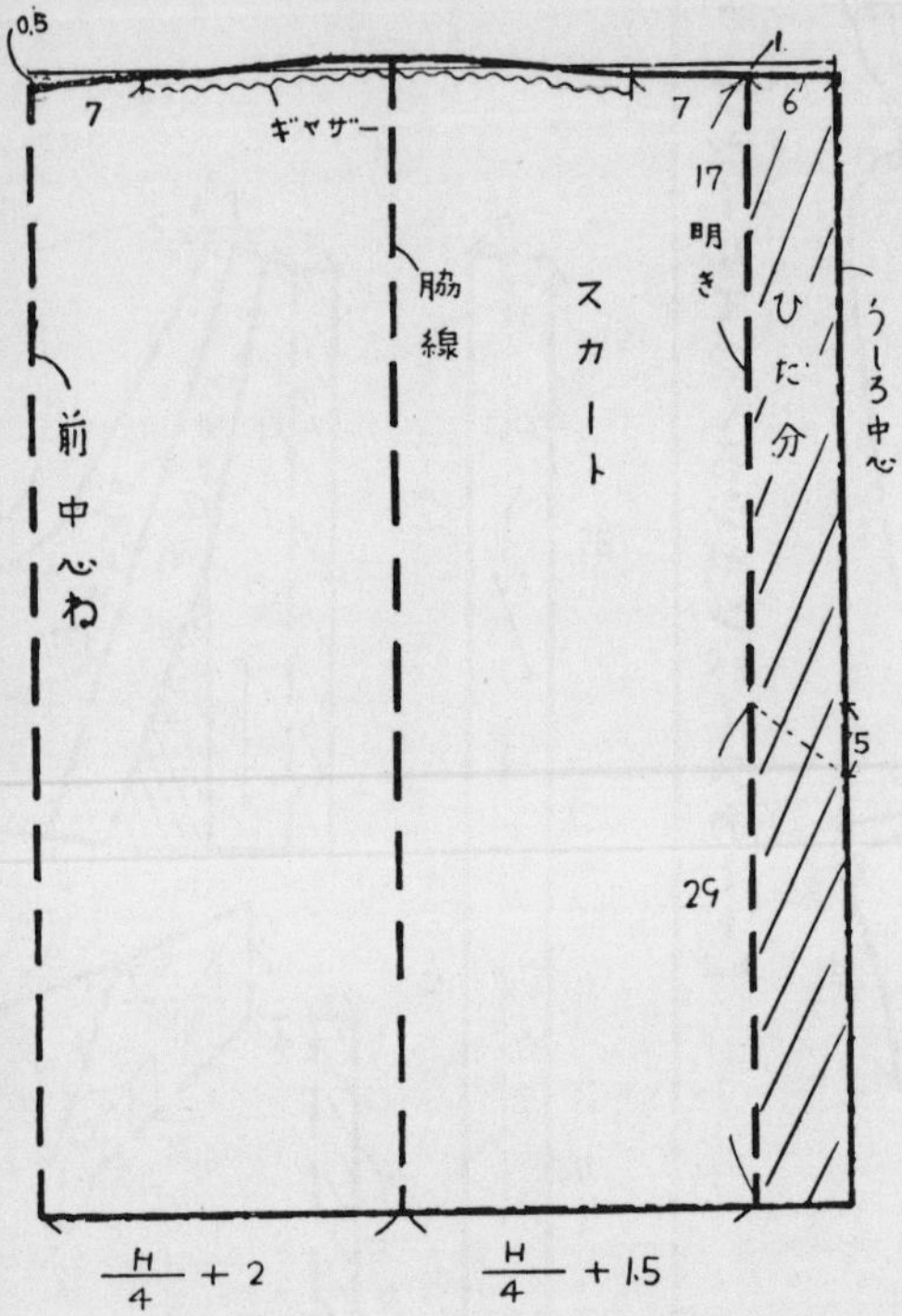

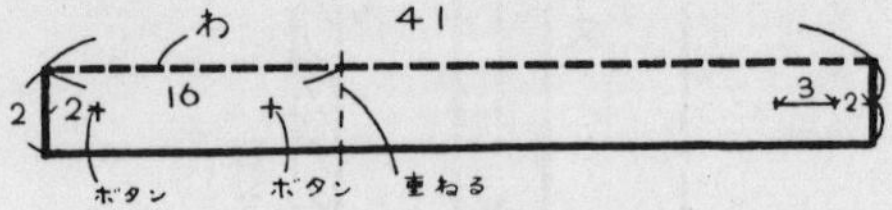

2枚作る

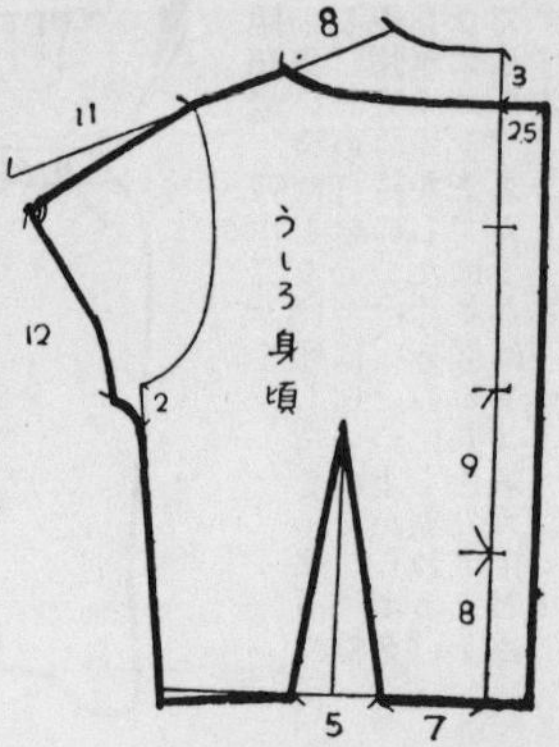

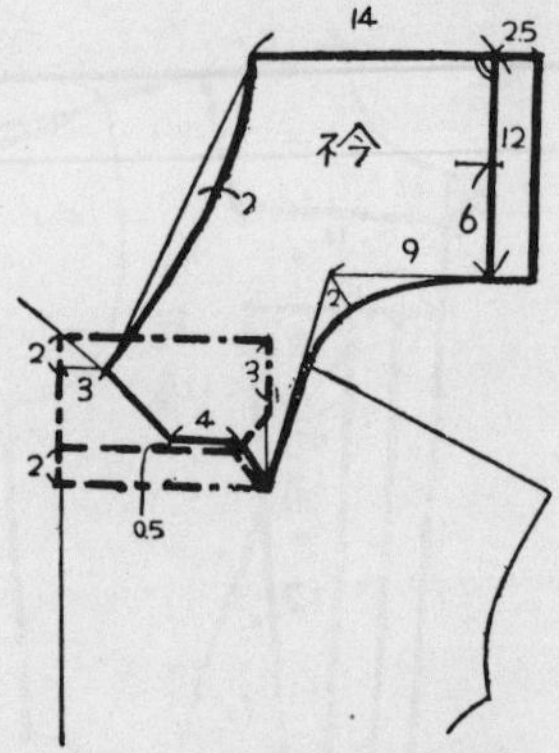

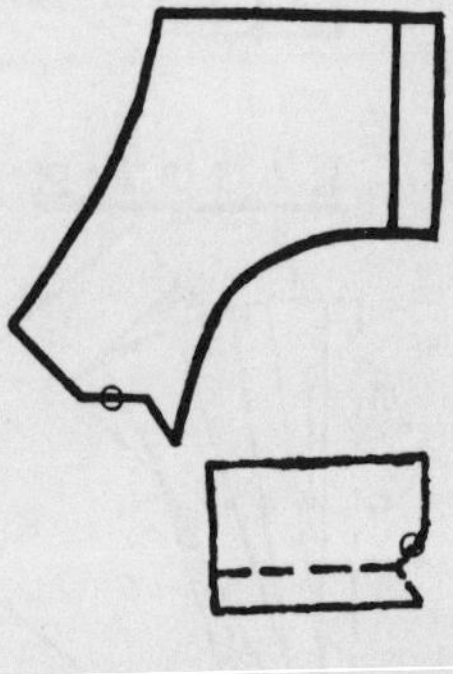

衿は前と後とを図のように別々に裁ち　○印のところを接ぎ合わせてつける。ベルトは41 cm のものを2本裁ち，前で16 cm 重ねて二つのボタンを飾り後は一つボタンで止める

【4　スラックス二種】

用布量　S巾一・三ヤール

スラックスのA型とB型とでは、ウエストの位置がBの方が2センチ高くなり、それにストラップがつくところが違うだけで、他はAと同じ。

ダーツを縫つて始末し、ウエスト寸法に合せて厚めの芯をつける。Bの方はこれに折返し布のつく下中央に二個のボタンホールを作り、ストラップにはボタンをつけてとめる。ストラップの後はクロスさせないでつき合せる。

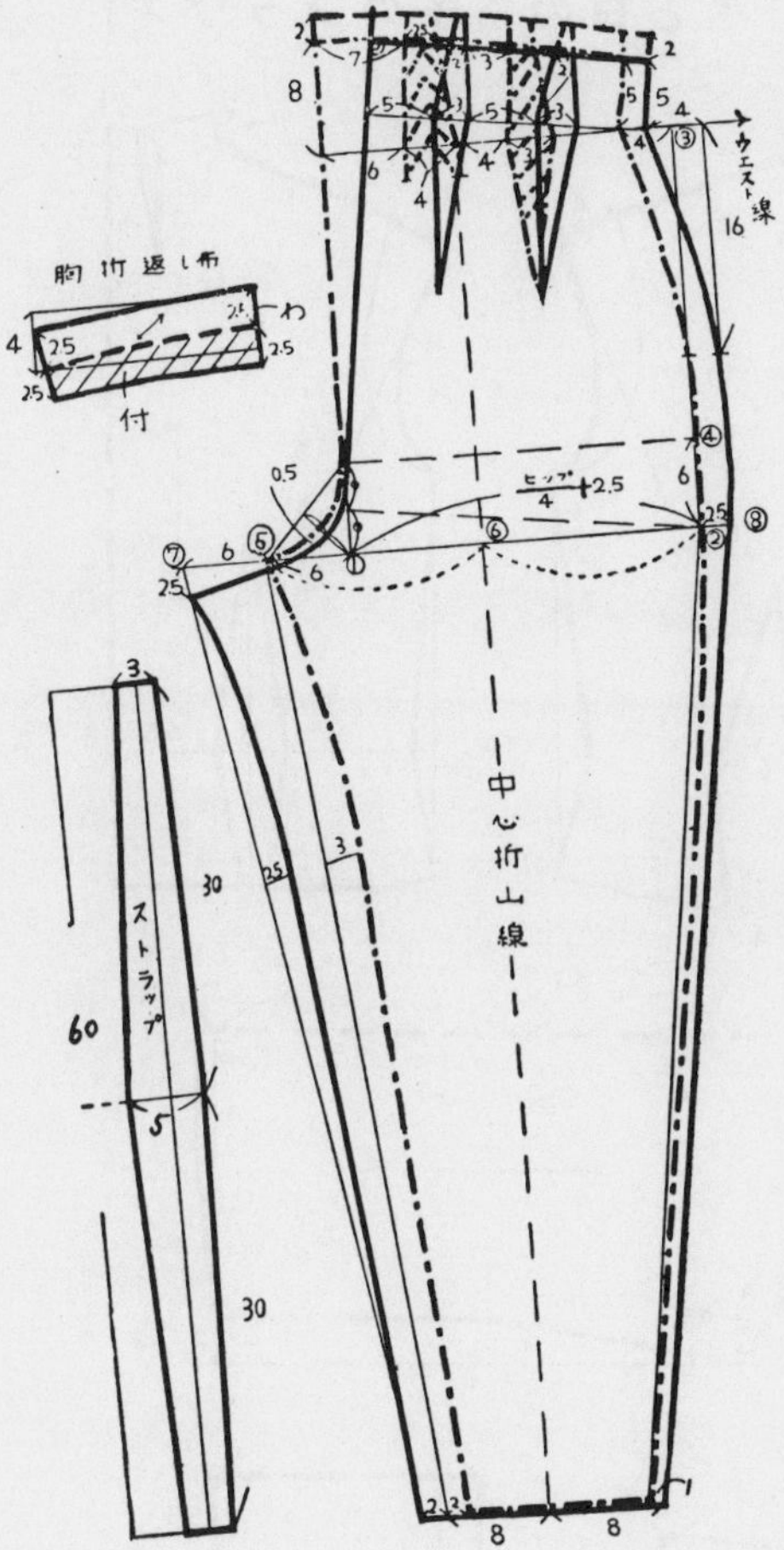

①＝直角起点　①：②＝$\frac{H}{4}$＋2.5(ゆるみ)

②：③＝股上寸法（約 27）

②：④＝$\frac{半H}{6}$　①：⑤＝②：④

⑤：⑦＝⑤：①　②：⑧＝2.5

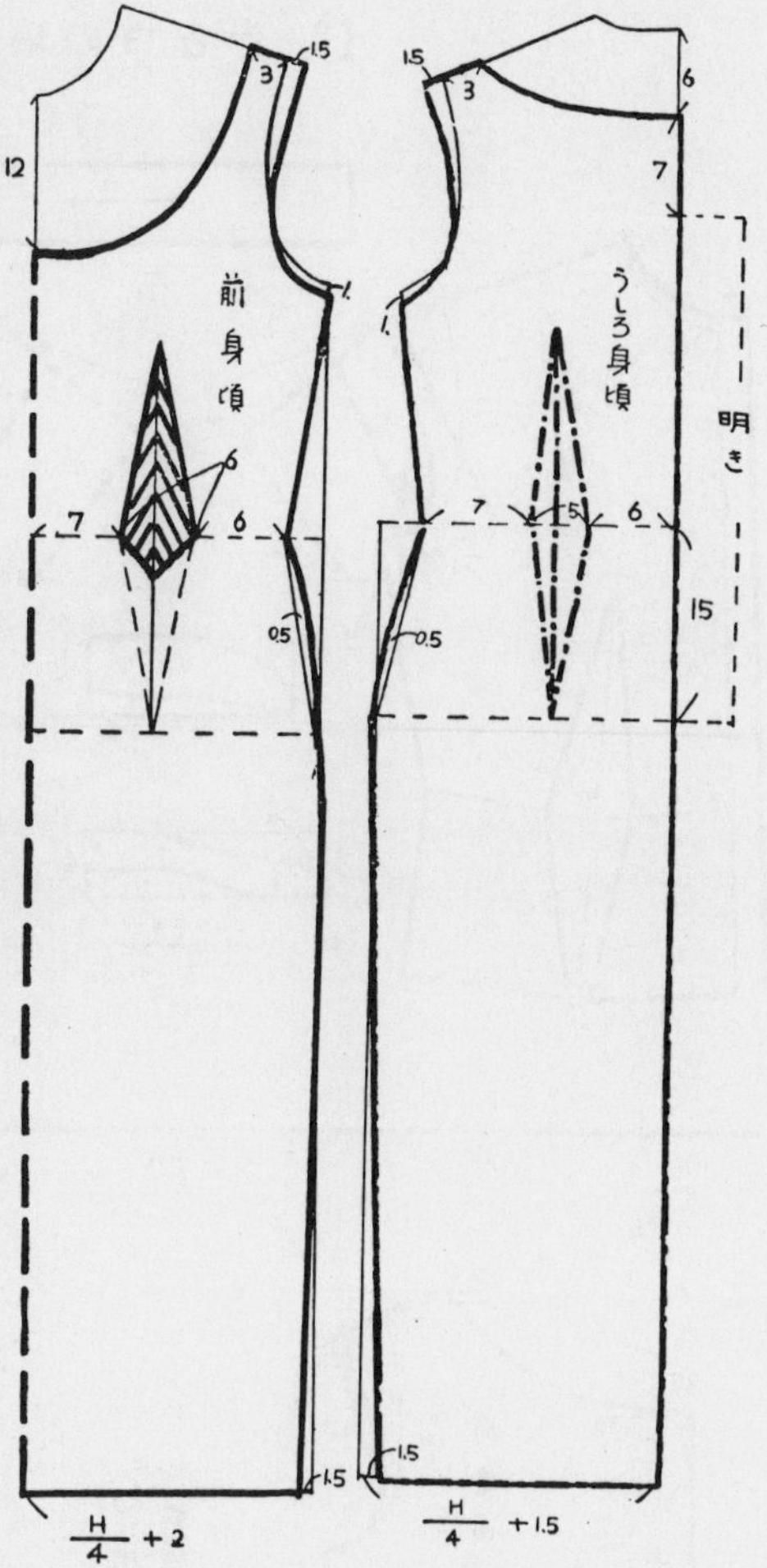

用布量　W巾1.7ヤール

前身頃のダーツはウエストラインまでを縫い、ウエストから下はそのままにしておく。ダーツは前後とも縫代を中心にたおす。

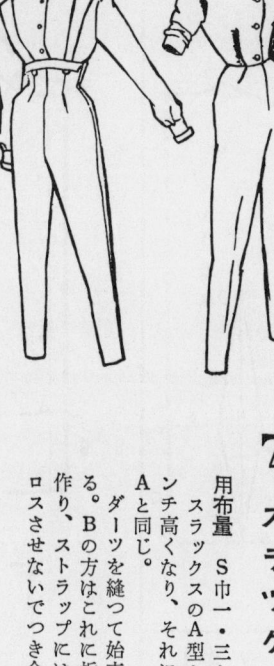

【5 黒と白の格子のブラウス】

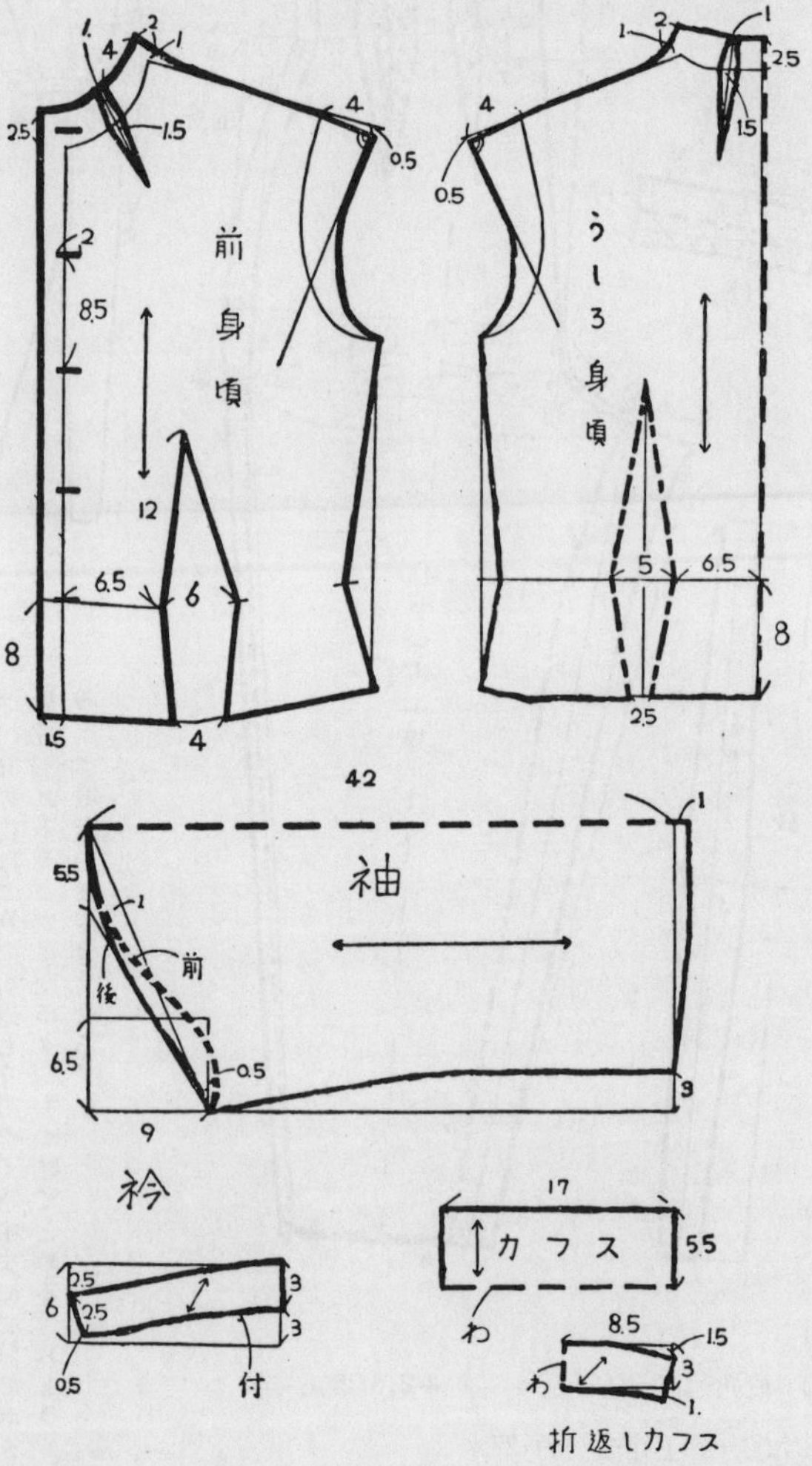

用布量　S巾 2.5 ヤール。ハイネックに小さな白い衿がつく。カフスの巾は普通より広く、それに折返しカフスの白い布をはさみ込んで縫いつける。

【6 赤と白の縞のブラウス】

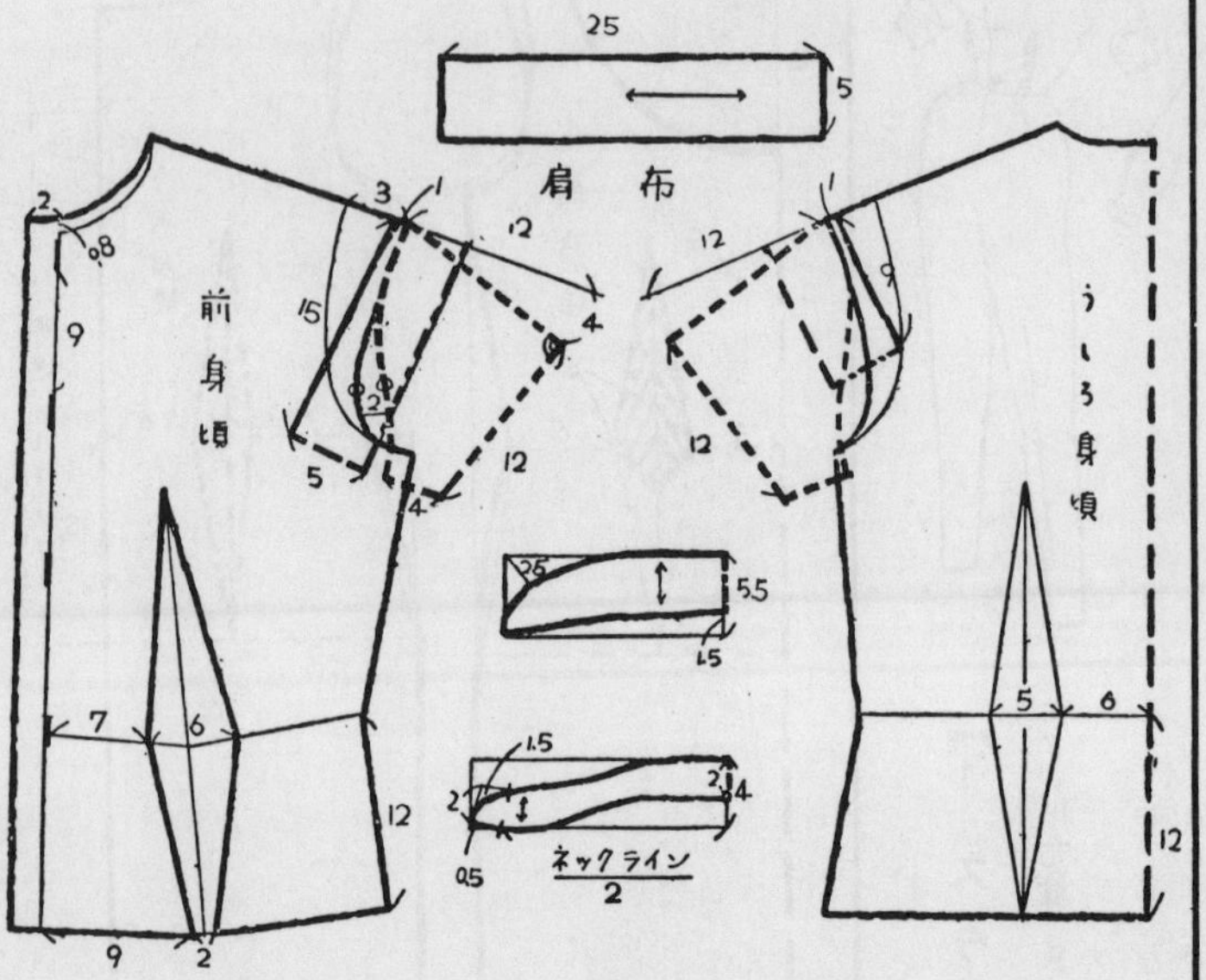

【7 赤いチヨツキ】

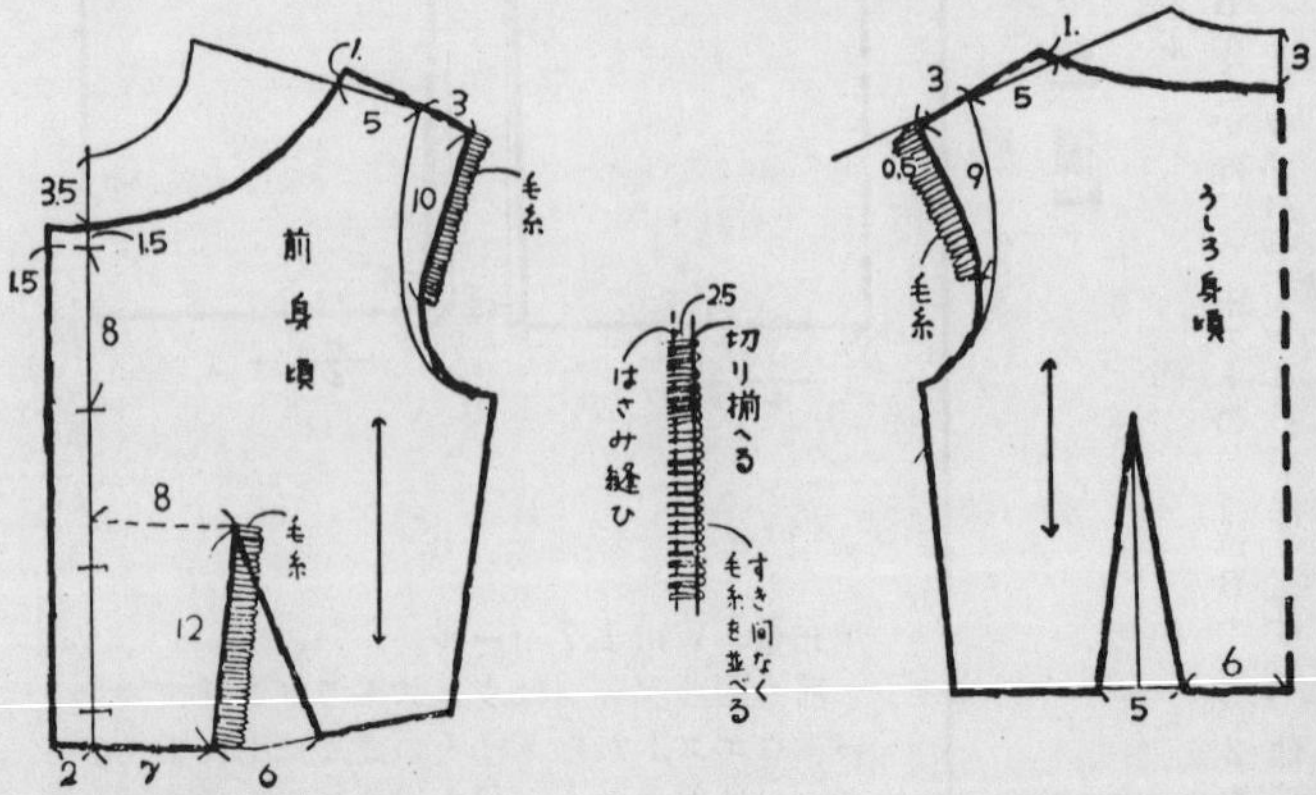

用量布　S巾一・五ヤール
肩布は袖付ができあがつてから記入の位置に上から重ね一方をミシンでおさえる。

用布量　S巾　〇・八ヤール
赤いスラックスとお揃いにつくる。肩と前脇に黒い毛糸のふさをはさみ込んでつける。

【8 紺サージのコート】

用布量　S巾二・五ヤール、裏地二ヤール、
衿は、後原型を肩先で五糎重ねて後衿ぐり線と中心線をうつす。ネックのダーツの位置より直角線ABをひき、その上に九糎を記し、裾で一〇糎の点と結び前折返り布とする。ABの線に更に六糎はかりBで直角線をひき、背中心より二〇糎を衿の長さとし、Cを直角にして一六糎衿巾をはかり、交わつた位置から更に四糎出して直角点Bと結ぶ。
縫い方　後衿と前の折返し布とをつなぎ衿を作つておく。身頃は裏表共ダーツを縫つて肩を縫合せる。ネックラインをはさみ縫いし、表に返して折返し布と身頃と打合わせて縫い上前にボタンホールをつくる。打合せの端は裏布とはさみ縫いし、ボタンホールの裏を始末する。裾は毛抜合せにしてくける。後身頃は記入の位置にタックをとりボタンをつける。

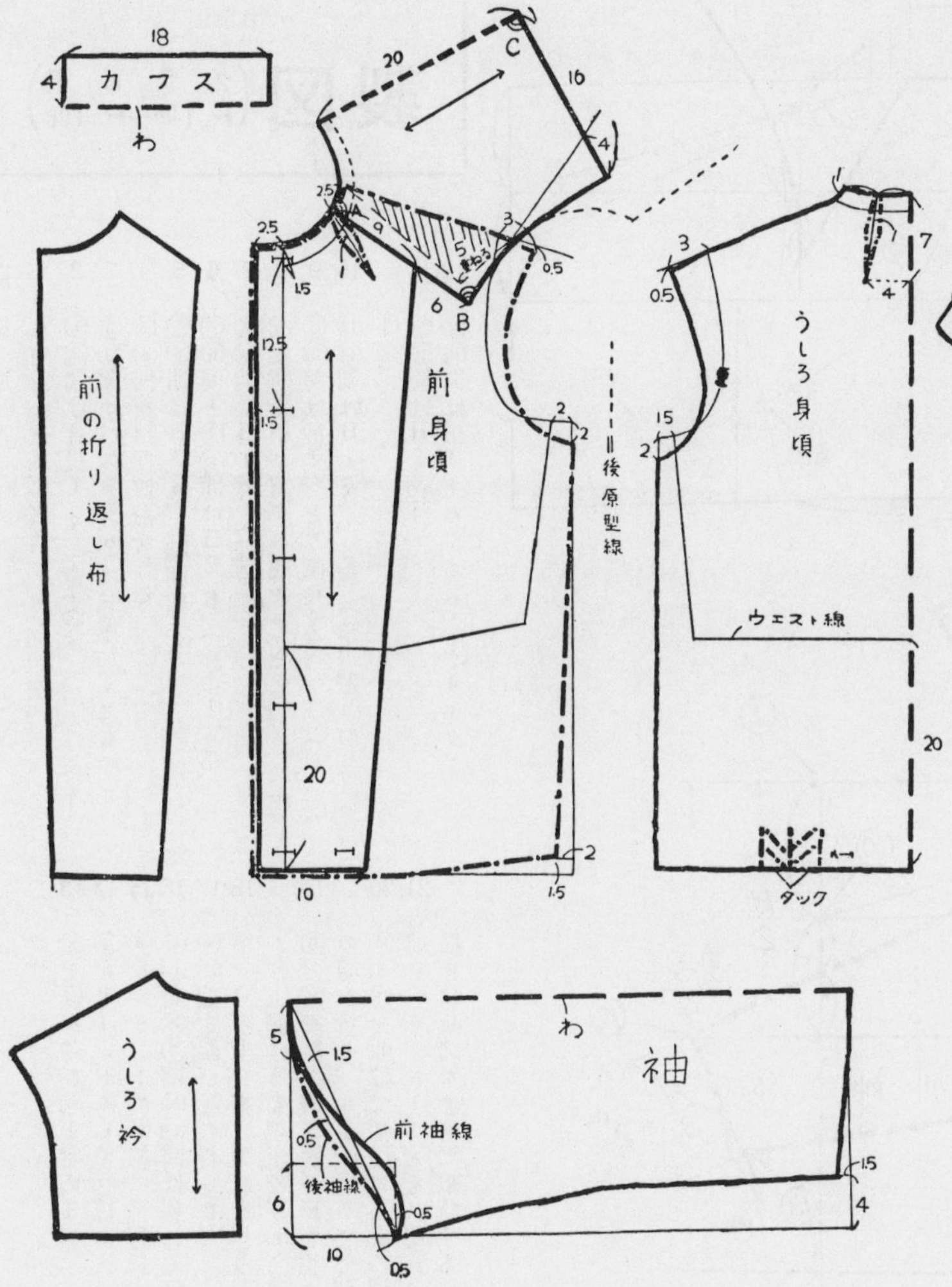

動く洋服の製図（グラビア P.106〜P.108）

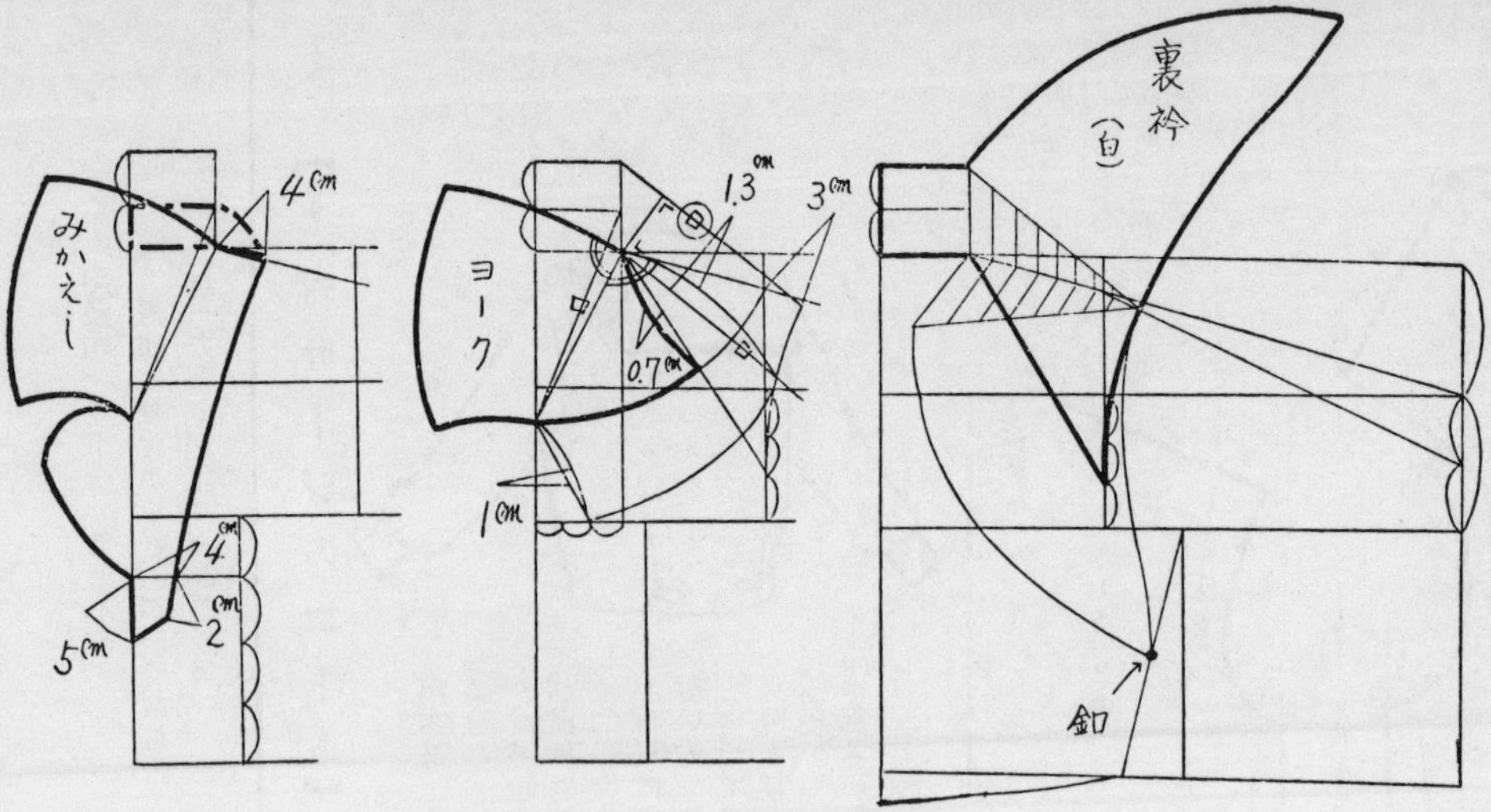

製図順序

1 右角①を基点に直角する
2 ①②間は身長1/4（背丈）
3 ②③間はバスト1/2に五糎加えたもの
4 ③④間を結び四角を作る
5 ①⑤間はH1/2（胸囲線）
6 ⑤⑥間と⑦⑧間はH2/5（背巾1/2）
7 ④⑨間はH1/6（前衿明）
8 ⑨と⑩を結び肩下り線をひく
9 ⑪⑫間は袖丈をとり直角する
10 ⑫⑬間はH1/3−二糎（袖口廻りの1/2）
11 ⑭⑮間はH1/12
12 ③⑯間は出来上りウエスト1/4＋ダーツ代
13 ⑬と⑰を結び㋺と定める
14 ⑨をポイントにして㋺線に直角する
15 ⑨をポイントに㋺線に平行線をひく
16 ⑬⑰間⑱⑨間⑳⑲間は何れも同寸
17 ⑨㉑間を結び袖の線をひく
18 第一衿の型を描き型紙を作り、⑬⑰の線より上側にその型紙を写して描く
19 ⑨と⑲を結び第二衿の形を描き、⑨と⑲の線を折り、ルーレットで外側へ写す
20 ⑪と⑲を曲線で結びヨークの切取線
21 前身、袖、ヨークとそれぞれの切取線を描き裁断図を参考に裁断する

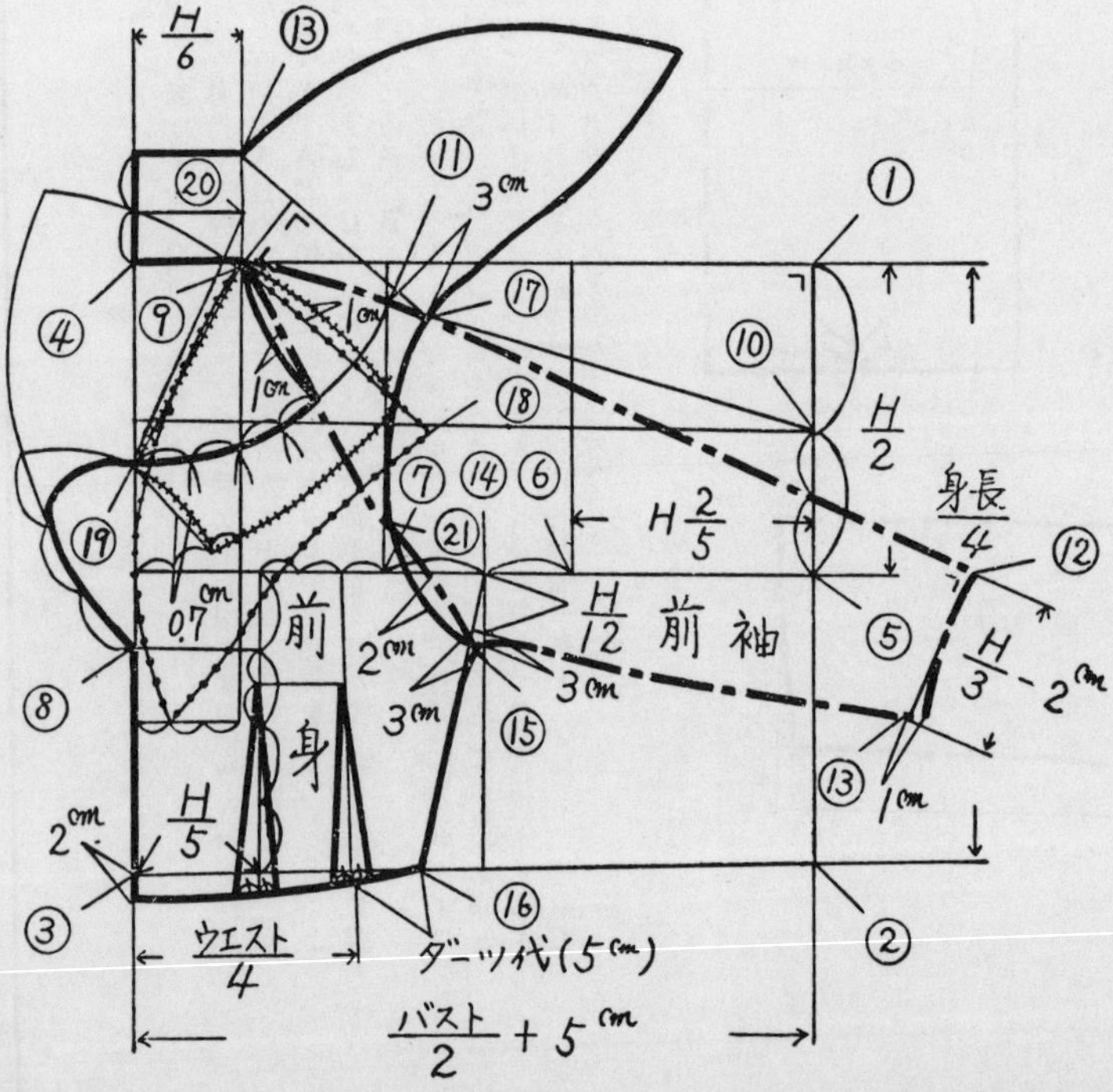

（製図符号）

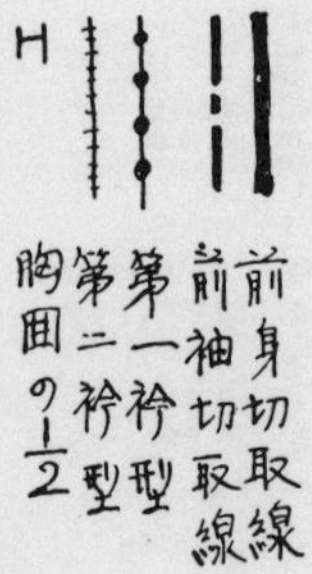

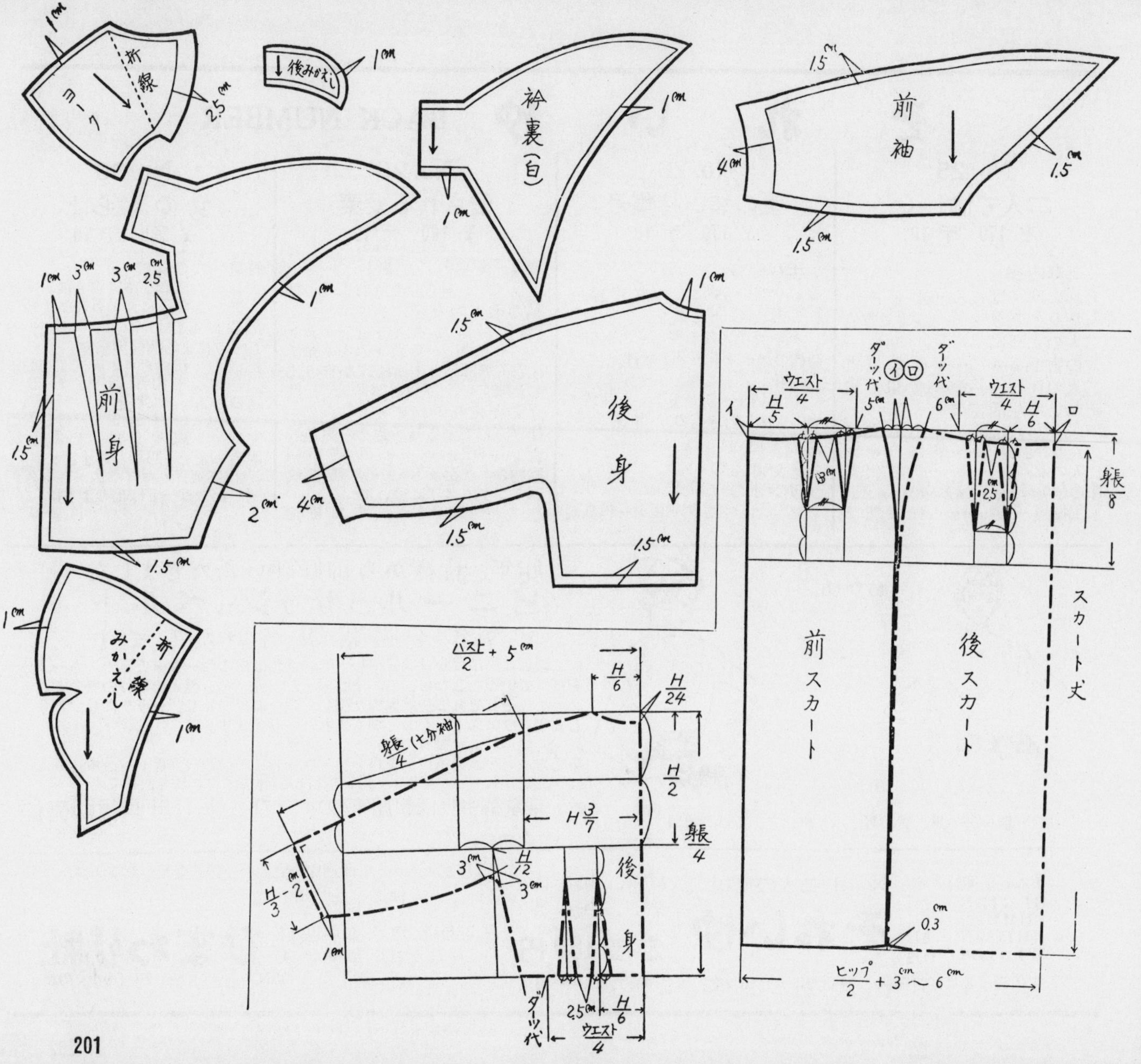

ヨーク
折線
1cm
2.5cm
後みかえし
衿裏(白)
前袖
1.5cm
4cm
前身
後身
1cm 3cm 3cm 2.5cm
2cm
みかえし
折線
ダーツ代
イ
ロ
ウエスト/4
H/5
H/6
5cm
6cm
2.5
躰長/8
前スカート
後スカート
スカート丈
0.3cm
ヒップ/2 + 3cm〜6cm
バスト/2 + 5cm
H/24
躰長/4 (七分袖)
H/2
H 3/7
躰長/4
H/12
3cm
H/3 - 2cm
後身
2.5cm
ウエスト/4

それいゆ BACK NUMBER

No. 25
二人で愉しく
¥ 170 〒10

主な内容

それいゆ・ぱたん…中原淳一
ふたりのとき………宇野重吉他
二人のために………串田孫一
愛の書簡………………山本健吉
二人の住居……………塩川　旭
それいゆ生活宝典
調理器具のことなど…小林文子
二人のお小遣い………益田金六
二人の本棚……………北村太郎
顔の歴史 ―高峰秀子さんの素顔をたどる―
女王物語………………村岡花子

No. 26
夏の装い特集号
¥ 170 〒10

主な内容

それいゆ・ぱたん…中原淳一
私の暮しのひとこま
高峰秀子・佐田啓二・乙羽信子
時代のスポットライトに浮ぶ三つの仕事
伊東絹子・新倉美子・土井玲子
太陽を愉しむきもの…中原淳一
洗濯宝典
新しいきもの
プリントのドレス
各デザイナー作品集

No. 28
愛される要素
¥ 180 〒10

特集「愛される要素」
神近市子・村岡花子他
私の七人の友達
森繁久彌・江利チエミ
高　英男・水谷八重子
住む人の职業と生活様式が作り出した家　古谷綱武氏宅訪問
冬のだんらん特集…中原淳一
仕立直しでするH子さんの服装計画………………………中原淳一
贈物のエチケット……水野正夫
ヘミングウエイについて
中田耕治

No. 30
女のくらし
¥ 180 〒10

特集「女の探求」
武者小路実篤・渋沢秀雄
森田たま・石井桃子他
雨の日も愉しく……中原淳一
しぼりによる個性実験室
江利チエミ・淡路恵子
片山明彦・水野正夫
私のごひいき女性七人
中村扇雀・吉村公三郎
高橋貞二・永井竜男
明治・大正・昭和女さまざま
山本健吉・西村孝次・杉森久英
開いたスカートは花のように
中原淳一

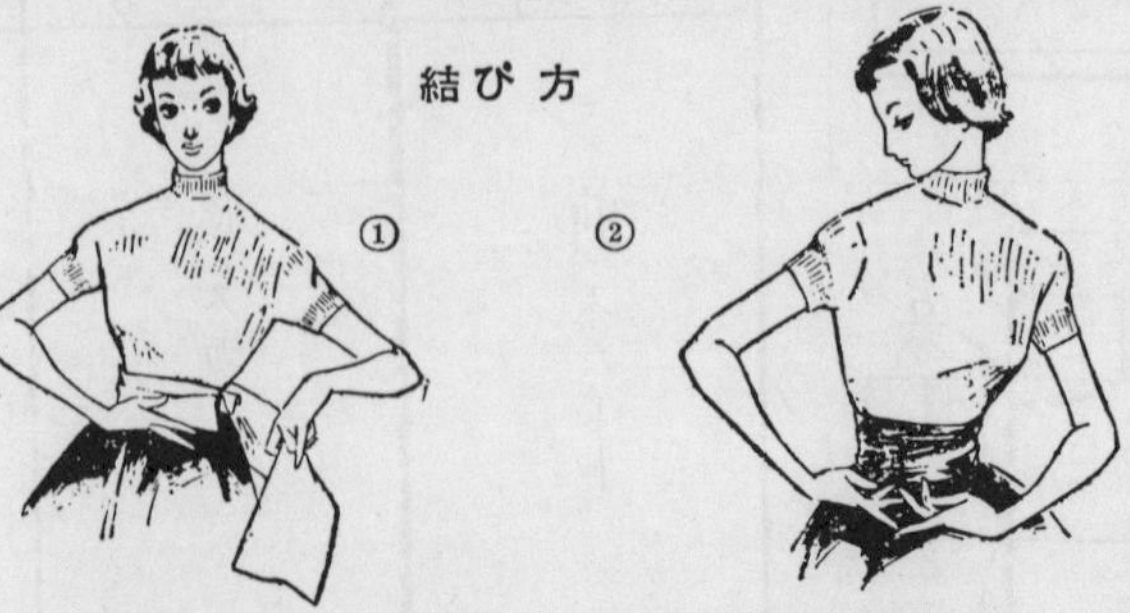

色………黒、黄、緑、白、紺、赤、茶の7種類

昨年，皆様から御好評いただきました
ビニールのサッシュベルト
を今年も通信販売いたします

このビニールのサッシュベルトは、例えば白のセーターと黒のスカートを持つているとしたら、ベルトは黒、白、赤、黄、緑とその時の気分でしめれば、それぞれに全然違つた感じで派手になつたり、シックになつたりします。ウエストもぐつと細くきれいにみえます。

お値段……各送料共100円
申込方法……お好みの色を書いて「ひまわり社通信販売係」へお申込み下さい。尚、振替を御利用下されば御便利です。

東京都中央区銀座東8の4　ひまわり社通信販売係
振替　東京2324

それいゆ発行予定
SPRING　2月
SUMMER　5月
AUTUMN　8月
WINTER　11月

No 31 二人の幸福
それいゆ
定価180円
地方売価185円

編集人　中原淳一
発行人　中原啓一

印刷所　ライト印刷株式会社　株式会社　東京印書館
株式会社　技報堂

発行所　東京都中央区銀座東8の4　ひまわり社
TEL　銀座（57）7611～4・7025

昭和29年8月10日印刷　昭和29年8月15日発行